WORKSHOP HUNDEFOTOGRAFIE

ELKE VOGELSANG

humboldt

INHALT

VORWORT

Wie sagt man so schön in Hollywood: „Arbeite nie mit Kindern oder Tieren, sie stehlen dir die Show." Genau das jedoch genieße ich. Hunde sind Stars ohne Allüren. Ja, sie stellen dich vor Herausforderungen, aber auch die liebe ich, genau wie ihre Vielfalt an Emotionen und Charaktereigenschaften, ihr unberechenbares Wesen, ihren Humor, ihre Ausdruckskraft und Lebensfreude. Hunde sind etwas Wunderbares. Das gilt es in Bildern einzufangen. Nur wie?

Ein unscharfer Schnappschuss unseres Vierbeiners kann uns das liebste Bild der Welt sein, wenn es unabsichtlich gelungen ist, seine Persönlichkeit oder eine lustige oder emotionale Situation einzufangen. Dieses Buch soll dir die Informationen an die Hand geben, die notwendig sind, um solche Bilder technisch einwandfrei und eindrucksvoll zu gestalten und nicht dem Zufall zu überlassen.

Wie mache ich gestochen scharfe, gut belichtete, interessante, emotionale Bilder, die den Charakter des Hundes wiedergeben? Was brauche ich dafür? Wie kann ich es erreichen, dass der Vierbeiner mit Begeisterung dabei ist? Wie schaffe ich es auch ohne Assistenten, Bilder zu bekommen, die Energie und Lebensfreude ausstrahlen? Diese und viele weitere Fragen beantworte ich in diesem Buch. Dabei werden die wichtigen Aspekte für Porträts und Bewegungsaufnahmen besprochen – so einfach wie möglich, so umfangreich wie notwendig, direkt aus dem Alltag einer Hundefotografin.

Das Buch ist für Anfänger gedacht, aber auch erfahrenere Hobbyfotografen werden noch viele Tipps zur Hundefotografie mitnehmen können. Seit über zehn Jahren fotografiere ich hauptsächlich Haustiere. Dabei waren Hunderte unterschiedlicher Hundepersönlichkeiten vor meiner Kamera.

Die Workshops im zweiten Teil des Buches geben dir Gelegenheit, die technischen Grundlagen der Hundefotografie, den Umgang mit dem Hund, die Aufnahmetechniken, aber auch die kreative Ideenfindung mit viel Spaß und immer am Hund orientiert zu üben und deinen eigenen Weg zu finden.

Unter den Fotos stehen die technischen Informationen und ein kurzer Text mit Hintergrundinformationen. Die Daten sind folgendermaßen angegeben:

Brennweite (bezogen auf das Vollformat) | Blende | Verschlusszeit | ISO-Wert | zusätzliche Ausrüstung (falls verwendet, z. B. Blitz)

Beispiel: 50 mm | f/4 | 1/400 s | ISO 200 | Studioblitz

Freu dich auf urige Gesichter und rasante Action und darauf, einzigartige Erinnerungen auf den Sensor zu bannen. Ich hoffe, dass ich dich mit meiner Begeisterung für das Genre anstecken kann.

Viel Spaß!

Deine

Elke Vogelsang

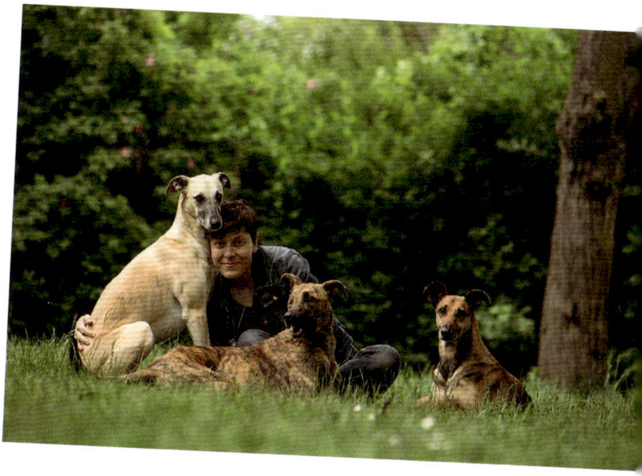

DER HUND

Eine Bande Welpen stürmt das Studio und sorgt für viel Wirbel und Aufwischarbeit. Da ist der abgeklärte Senior Balthasar, der meine seltsamen Geräusche allenfalls mitleidig zu ignorieren scheint. Alma, die ängstliche Tierschutzhündin, muss noch Vertrauen fassen. Der ignorante Dackel Leopold interessiert sich auf der Wiese ausschließlich für andere Hunde. Die Hundefotografie ist schon aufgrund ihrer unterschiedlichen Charaktere ein spannendes Abenteuer. Wir müssen nicht nur die Kamera beherrschen, das Licht vorteilhaft nutzen und eine ansprechende Kulisse auswählen. Mit einem Hund als Modell haben wir noch einen weiteren Faktor, der uns vor diverse Herausforderungen stellen kann. Es steht und fällt damit, ob wir in der Lage sind, diesen mit Fingerspitzengefühl zu motivieren, für die Kamera zu posieren. Wie das gelingt, erfährst du in diesem Kapitel.

Der Umgang mit dem Hund

Ein Hund könnte sich nicht weniger dafür interessieren, fotografiert zu werden. Das Shooting muss mit etwas Positivem verknüpft werden. Was der Hund hier lernt, ist nicht lebensnotwendig. Es sollte nicht als Gehorsamsübung angesehen werden, sondern als eine bindungsfestigende Beschäftigung. Arbeite nie mit Druck und fotografiere deinen Hund nicht, wenn du selber einen schlechten Tag hast. Egal wie sehr dein Motiv an deinen Nerven zerrt, bedenke, dass Ungeduld und Missmut nicht zum richtigen Ergebnis führen werden. Atme tief durch und lach drüber. Aber auch wenn der Hund bei der Sache ist, gibt es immer noch den kleinen Funken mehr Enthusiasmus, den du ihm entlocken kannst, indem du ihm Spaß und Spannung bereitest. Geduld, Ruhe und tiergerechte Fotografie sind immer oberste Devise!

SEI NICHT LANGWEILIG!

Du solltest die Kamera ohne längeres Hantieren bedienen können, um den Hund nicht zu langweilen. Übe an Gegenständen in Ruhe die verschiedenen Einstellmöglichkeiten deiner Kamera.

Vor dem Shooting sollte der Hund Gelegenheit gehabt haben, sich zu lösen. Ein Hund „unter Druck“ hat andere Sorgen, als für Fotos stillzuhalten. Die Session sollte nicht zu lang sein. Meine Shootings sind nicht länger als anderthalb Stunden. Bei sehr jungen, alten oder kranken Hunden können sie auch kürzer sein. Natürlich ist der ein oder andere Hund länger beanspruchbar, aber nicht nur die körperliche Anstrengung macht müde, sondern auch die Konzentration, die er aufbringen muss.

Schaffe dem Tier eine vertraute und ablenkungsfreie Umgebung. Mach es ihm so angenehm wie möglich. Es gibt sehr unsichere und ängstliche Hunde, insbesondere aus dem Tierschutz, die noch nicht genug Vertrauen in Menschen gefasst haben oder unbekannte Situationen erschreckend finden können. Ist dies der Fall, belohne zunächst das bloße Dulden der Anwesenheit der Kamera. Hebe sie gar nicht erst an, sondern lege sie auf den Boden. Lass den Hund Leckerlis davon fressen. Fasse den Hund nicht an. Sorge für Ruhe und eine entspannte Atmosphäre. Steigere den Schwierigkeitsgrad erst, wenn du merkst, dass der Hund angstfrei bei der Sache ist. Bei besonders ängstlichen Hunden kann dies ein paar Tage, Wochen oder Monate dauern. Mit Geduld ist sehr viel machbar. Freu dich über jeden kleinen Erfolg.

Belohne freigiebig und abwechslungsreich. Dazu gehören verbales Lob, Leckerlis, aber auch Spielrunden. Manch ein Hund liebt schon die Aufmerksamkeit, andere benötigen mehr Überzeugung. Bedenke, dass jeder Hund andere Sachen spannend findet. Quirlige Terrier lasse ich durch mein Studio sausen, um Energie abzubauen. Die Porträts entstehen dann in kurzen Pausen zwischen zwei Sporteinlagen und sehen aufgrund der freudigen Erwartung des Tieres umso aufmerksamer und freundlicher aus, während z. B. der sensible Windhund mehr Ruhe und ein unaufgeregtes Umfeld brauchen kann.

Hat der Hund noch keinen Grundgehorsam oder möchtest du Bewegungsbilder von ihm machen, kann ein Assistent sehr hilfreich sein, der mit dem Hund spielt oder ihn in die gewünschten Positionen lockt. Für Tipps zum Motivieren des Hundes ohne Assistenten siehe den Abschnitt „Bewegungsbilder ohne Assistenten“.

Bei einem fremden Hund ist eine Eingewöhnung wichtig. Wenn ich Besitzer und Hund zum ersten Mal treffe, begrüße ich den Besitzer und ignoriere den Hund. Möchte Letzterer gerne eine Kontaktaufnahme, halte ich ihm freundlich meine Hand zum Beschnüffeln hin. Dafür gehe ich in einem ruhigen, aber nicht zögerlichen Tempo in die Hocke, wobei ich mich leicht abwende. Es ist keinesfalls notwendig, im Zeitlupentempo zu agieren. In der Hundesprache bedeuten sehr langsame Bewegungen ein Lauern oder Drohen. Vor allem bestürme ich ihn nicht gleich mit Liebkosungen. Viele Hunde sind nicht auf Streicheleinheiten aus, insbesondere nicht bei Fremden.

DER SCHLÜSSEL ZUM ERFOLG

Scheue dich nicht davor, dich zum Clown zu machen, ob durch Geräusche, ansteckende Freude oder indem du eine schnelle Runde mit dem Hund zusammen läufst. Er wird deine Begeisterung freudig teilen, findet dich spannend und du entlockst ihm fröhliche Gesichter. Der Schlüssel zum Erfolg besteht aus Geduld, Wiederholung, Spaß und viel „Bestechung".

Häufig ist auch das Gelände neu, auf dem wir uns treffen. Das gilt es zu erkunden. Mein Studio kann sehr aufregend sein, da die meisten Hunde es nicht gewöhnt sind, in fremde Häuser zu spazieren und Aufmerksamkeit zu bekommen – allenfalls beim Tierarzt ist das der Fall, und das bedeutet aus Hundesicht oft nichts Gutes.

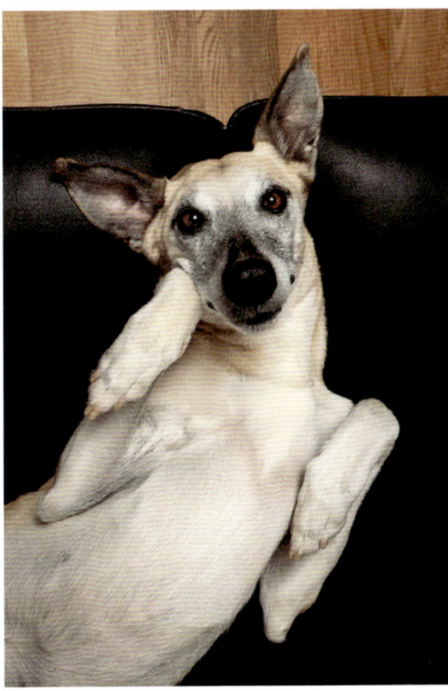

35 mm | f/7.1 | 1/1250 s | ISO 250 | Studioblitz – Meine Tierschutzhündin Scout war sehr schüchtern, als ich sie mit wenigen Monaten bekam. Ich habe sie (auch ohne Kamera) vor kleine Herausforderungen gestellt und, wenn sie diese bewältigte, mit Lob überschüttet. Man sah ihr förmlich an, wie sie mutiger wurde. Die Herausforderungen wurden Schritt für Schritt gesteigert. Einfache Aufgaben wurden dann auch nicht mehr überschwänglich belohnt, denn diese waren mittlerweile normal geworden. Größere dagegen erhielten als Antwort immer noch eine „große Partie". Heute ist sie ein sehr entspannter Hund, insbesondere vor der Kamera.

Im Studio schalte ich zunächst meine Blitze ein. Nach ein paar Minuten der Eingewöhnung, in denen der Hund mein Studio erforschen konnte, feuere ich ein paar Testschüsse mit niedriger Leistung ab. Reagiert er auf den Blitz durch leichte Verunsicherung, ist weiter Vorsicht geboten und ich lasse ihm mehr Zeit. Die allermeisten Hunde haben kein Problem mit Blitzlicht. Wenn ein Hund Angst hat, ist es eher das Geräusch als das Licht. Damit der Blitz möglichst leise auslöst, kann man eine niedrige Leistung wählen. Nach einer Weile teste ich, wie ansprechbar der Hund ist. Wenn er in Ruhe ein paar Übungen mitmacht, gerne Leckerlis annimmt und das Blitzlicht ignoriert, kann ich mit dem Fotografieren beginnen.

Zuletzt erhält der Hund beim Shooting viel Lob und viele Leckerlis oder Spaß durch Spiel. Die meisten Hunde wollen dann gar nicht mehr gehen und scheinen ihr Glück gar nicht fassen zu können.

Der Welpe

Alarm, die Welpen kommen! Auch wenn Welpen eine Herausforderung darstellen, da sie noch keinen Gehorsam besitzen, bieten sie den Vorteil, dass sie noch alles spannend finden können. Sie halten zwar zumeist nicht brav still, sind aber von vielen Geräuschen beeindruckt und spielen sehr gern.

Im Alter ab fünf Wochen sind Welpen meiner Meinung nach am spannendsten. Ab der achten Woche siedeln sie vom Züchter in ihr neues Zuhause um. Dann sind sie gänzlich entwickelt, voller Energie, mit allen Sinnen dabei und haben noch ihr niedliches junges Aussehen. Zu dieser Zeit ist die Immunisierung gegen ansteckende Krankheiten noch nicht abgeschlossen. Die empfohlenen Impfungen finden ungefähr in den Wochen acht bis 16 statt. Danach ist der Schutz gegen Krankheiten wie Staupe und Parvovirose gegeben.

Ein Shooting im Freien sollte vorher eher auf der heimischen Wiese und nicht mit Hunden aus anderen Haushalten stattfinden. Fotografierst du fremde Tiere, solltest du vor und nach einem Shooting im Studio die Dinge reinigen, mit denen die Tiere in Berührung kommen. Oberflächen und Utensilien sollten waschbar sein, damit man sie auch in Zukunft noch verwenden kann.

WENN'S LÄUFT, DANN LÄUFT'S

Halte in jedem Fall Wischzeug bereit, denn in der Aufregung kann ein Malheur passieren. Papiertücher zum Abputzen und Aufwischen sowie Reinigungsmittel oder Desinfektionsmittel wirst du sicherlich benötigen.

Welpen müssen alles erkunden und kauen noch alles an. Die Umgebung sollte welpensicher sein und die Bande nicht sich selber überlassen werden. Sie kommen auf die seltsamsten Ideen. Kabel sind außer Reichweite zu bringen. Es sollten keine kleinen Gegenstände, die verschluckt werden können, herumliegen. Schmuck wie Ohrringe werden nur allzu gerne untersucht und angenagt, wenn man nicht aufpasst. Ich lege vor einem Welpenshooting sämtlichen Schmuck ab, damit ich auch einmal kuscheln kann, ohne dass der Kleine meinen Ohrring hinunterschlingt.

Für mehrere Welpen nutze ich gerne einen Sessel, eine Kiste oder einen Korb, damit die Kleinen besser am Platz gehalten werden. Auch daraus werden sie entweichen können, aber man hat ein paar Sekunden, in denen sie erst herausfinden müssen, wie sie aus dem Behälter herauskommen. Ist der Welpe hinausgehüpft, wird er wieder hineingesetzt und bespaßt, damit die Kiste spannend bleibt. Das können anstrengende Minuten werden, aber mit Geduld und Ruhe und Beharrlichkeit können wunderbare Bilder entstehen.

Podeste in verschiedenen Höhen sind vorteilhaft, um Modelle daraufzusetzen. So sind die Welpen örtlich eingeschränkt, und du hast es leichter, mit ihnen auf Augenhöhe zu sein. Bei Welpen ist es ratsam, eine weitere Person direkt daneben zu platzieren, um aufzupassen, dass der Welpe nicht herunterpurzelt. Das Podest sollte dennoch nicht so hoch sein, dass Verletzungen die Folge wären, falls es doch mal geschieht. Legst du den Bereich um das Podest mit weichen Kissen und Decken aus, ist größtmögliche Sicherheit gegeben.

Welpen kann man prima mit Spielzeug bei Laune halten und damit den Blick lenken. Das können alle Gegenstände sein, die knistern oder gejagt werden können. Es muss keinesfalls der teure Plüschtierhase aus dem Zoofachgeschäft sein. Zerknülltes Papier, eine Feder, Stofffetzen usw. reichen schon, um den Kleinen in Spiellaune zu bringen.

Auch wenn Welpen gerne spielen, können sie schnell das Interesse verlieren und sich anderen Dingen zuwenden, denn alles ist spannend, aber häufig nur für kurze Zeit. Versuche, durch Überraschungen, Wegziehen des Spielzeugs, Necken, Änderung der Geschwindigkeit usw. die Spannung aufrechtzuerhalten.

Welpen sind fast immer in Bewegung, daher solltest du deine Kamera auf Sportfotografie mit kontinuierlichem Autofokus und Serienbildfunktion eingestellt haben. Alles zur Fotografie von Hunden in Bewegung gibt es im Kapitel „Bewegungsaufnahmen“.

Welpen sind sehr schnell müde. Man kann nicht damit rechnen, dass sie länger als eine Stunde wach mitmachen. Pausen sind wichtig. Zum Schluss der Session schaue ich immer, ob ich auch noch ein paar Bilder vom schlafenden Welpen erhaschen kann, der sich nun müde gespielt in ein Körbchen gekuschelt hat.

Es werden bei einem Welpenshooting auch einige Bilder entstehen, die nicht den Weg ins Album schaffen, aber auch die Outtakes können wunderbare Erinnerungen sein.

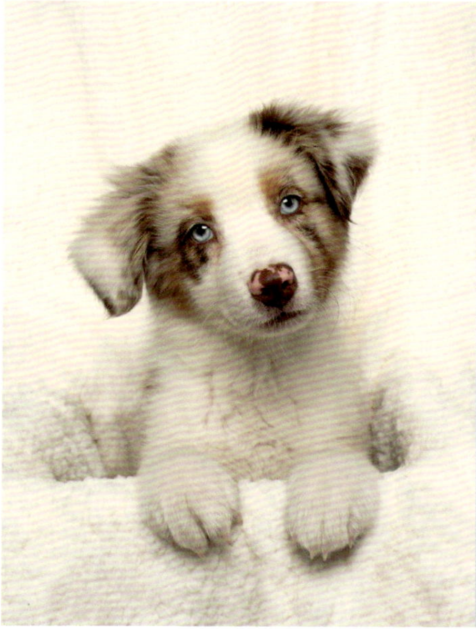

45 mm | f/10 | 1/800 s | ISO 200 | Studioblitz – Eine mit einer Decke ausgeschlagene Kiste kann eine einfache, aber effektive Kulisse für ein Welpenporträt sein. Hier habe ich einfach nur geflüstert, um Bandits Aufmerksamkeit zu bekommen. Für ein paar Sekunden kann das gut klappen.

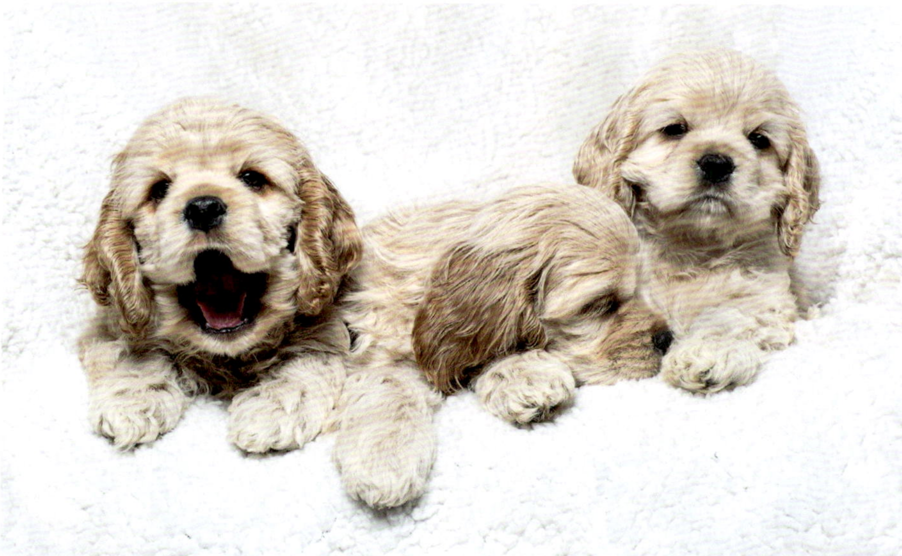

80 mm | f/13 | 1/200 s | ISO 200 | Studioblitz – Zum Schluss sind alle müde.

Der übermütige Jungspund

Die übermütigen Jungspunde sind mir die liebsten. Je energiegeladener, desto interessanter und ausdrucksvoller können die Bilder werden. Oft haben sie schon Grundgehorsam, bleiben auch mal eine Sekunde lang sitzen und sind häufig mit Eifer und Elan bei der Sache.

Sehr energiegeladene Hunde können zunächst ein wenig Dampf ablassen, indem du sie ein paar Runden laufen lässt. Aber wirklich nur kurz und möglichst ohne Spielzeug, da manch ein Hund danach nur noch Augen für dieses hat.

Dann folgen die Porträts, für die der Hund noch seine volle Konzentration benötigt. Für die Bewegungsaufnahmen zum Schluss lässt du ihn noch mal so richtig Gas geben. Da du deine Porträts im Kasten hast, brauchst du dir dann keine Gedanken mehr um heraushängende Zungen oder mangelnde Konzentration machen.

Für die Rabauken unter den Hunden habe ich meine Studio-Ausrüstung (z. B. Blitz) an der Decke befestigt, sodass auch mal in etwas hineingerannt werden kann, ohne dass es auf den Hund fällt oder auf dem Boden zerschellt.

Der alte und kranke Hund

Die Senioren unter den Hunden faszinieren besonders. Sie können abgeklärt wirken und innere Ruhe ausstrahlen. Sie sind aber zuweilen schwer zu beeindrucken, haben sie doch im Leben schon viel erlebt und gehört. Hier gilt es, die Trickkiste aufzumachen und besonders interessante Prämien und Aufmerksamkeitslenker herauszuholen.

Dann gibt es wiederum die energiegeladenen Senioren, die nicht mitbekommen haben, dass sie in die Jahre gekommen sind. Pass hier besonders auf, dass sie sich nicht überanstrengen, verletzen oder zu schnell müde werden.

Bevor ich einen mir unbekannten Hund fotografiere, erkundige ich mich über das Alter, Allergien und den Gesundheitszustand. Arthrosegeplagte Hunde möchten eventuell nicht gerne sitzen, dann sind Motive für stehende oder liegende Hunde gefragt. So habe ich eine bequeme und fotogene Unterlage, auf die ich das Tier legen kann. Im Freien kann man den Hund darauf ablegen und aus einer sehr niedrigen Perspektive fotografieren, sodass diese (z. B. eine Decke) nicht mehr im Bild zu sehen ist. Im Studio sollte die Unterlage so fotogen wie möglich sein, damit sie ohne Probleme Teil des Bildes sein kann.

TIERGERECHT IST DIE DEVISE

Die Session ist eventuell kürzer, da alte Hunde schneller müde werden können. Längere Pausen können auch angesagt sein. Achte immer darauf, dass es deinem Modell gut geht und es nicht überfordert wird.

Möchtest du actionreiche Bilder vom Senior oder kranken Hund, kannst du ihn nach Leckerlis schnappen lassen. Hierfür kann er an Ort und Stelle sitzen bleiben, denn das erfordert keine zu großen Sprünge oder Laufbewegungen. Oder du kitzelst ihn leicht am Ohr, um ein Kopfschütteln zu provozieren. Das kann wunderbar lustige Bilder geben, ohne dass du den Hund über Stock und Stein scheuchst.

Ist aufgrund des Alters oder der Erkrankung all dies nicht mehr möglich, dann ist ein gemütlicher Spaziergang in schöner Natur bei Abendlicht eine wunderbare Möglichkeit, um Natur und Licht als stimmungsvolle Kulisse zu nutzen und so emotionale Erinnerungen festzuhalten, ohne dass der Hund selber gefordert wird.

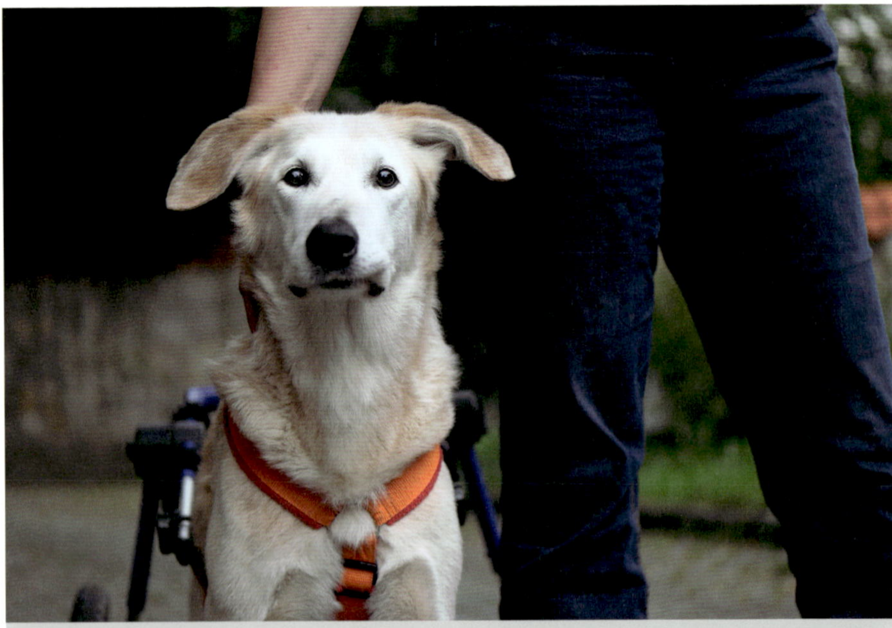

75 mm | f/2 | 1/500 s | ISO 250 – Bei einer Senior-Session ist man zuweilen froh, wenn man ein Bild bekommt, wo der Hund wach und fröhlich aussieht. 30 Minuten hatte ich mit diesem hübschen Kerl. Man sollte sich bei einer Senior-Session daher nicht darauf versteifen, viele unterschiedliche Bilder in den Kasten zu bekommen. Zu schnell wird der Hund müde und schaut eher matt.

Der Tierschutzhund

Dein Tierheim um die Ecke oder private Tierschutzvereine bekommen ständig neue Tiere herein, die ein Zuhause suchen. Vermittlungsfotos zu machen, ist eine wunderbare Chance für dich, deine Hundefotografie zu üben, viele unterschiedliche Hundepersönlichkeiten zu treffen, herausfordernde Situationen meistern zu lernen und dabei auch noch helfen zu können.

Natürlich müssen beide Seiten etwas davon haben. Tierschutzarbeit ist oft anstrengend, häufig ehrenamtlich, zuweilen dreckig und kann auch sehr frustrierend sein. Frage freundlich an, ob deine Hilfe in den Arbeitsalltag integriert werden kann. Wenn ja, wird dir der Verein jemanden zur Verfügung stellen, um dir die Tiere vor die Kamera zu bringen.

Biete deine Dienste nicht an, wenn du deine Kamera noch nicht einwandfrei beherrschst. Frag dich selber, ob du dem Verein einen Mehrwert bieten kannst. Selbstverständlich sollte sein, dass man keine Gefühle verletzt, indem man die fotografischen Fähigkeiten der Mitarbeiter des Vereins kritisiert. Sei ehrlich und sag, dass du gerne helfen würdest, aber auch du durch die Aktion lernen möchtest.

Aus Sicherheitsgründen muss der Hund häufig an der Leine bleiben, wenn der Verein nicht das Risiko eingehen möchte, dass dir oder deiner Ausrüstung etwas passiert. Halte dich an die Bedingungen des Vereins. So lernst du, auch aus schwierigen Situationen das Beste herauszuholen. Sollte die Leine am Hund bleiben müssen, achte darauf, dass Halsband und Leine fotogen und nicht zu auffällig sind. Es sollen Porträts vom Tier werden und keine Produktfotos. Ich habe immer eine schmale Fettlederleine dabei, die ich leicht herausretuschieren kann, wenn es sein muss. Aus fotografischer Sicht ist häufig ein Halsband einem Geschirr vorzuziehen, da dieses am Hund sehr auffällig sein kann.

DU WÄCHST AN DEINEN AUFGABEN

Die Modelle können zuweilen weder „Sitz!" noch „Platz!". Ein Tierschutzhund stellt dich vor eine neue Herausforderung und lehrt dich mehr über Hunde und Fotografie als jeder Fotoworkshop.

Wahrscheinlich muss das Shooting auf dem Tierheimgelände stattfinden. Halte Ausschau nach einem möglichst fotogenen Fleckchen. Es sollten fröhliche und aufmunternde Bilder werden. Traurige Gesichter hinter Gittern sorgen für Mitleid, aber das sollte nicht der

Motivator für Adoption sein. Potenzielle Adoptionsfamilien suchen nach einem neuen Familienmitglied, das Freude ins Haus mitbringt. Im Idealfall spiegeln deine Bilder den Charakter des jeweiligen Hundes wider und stellen ihn positiv dar, ohne auf die Tränendrüse zu drücken.

Sehr schön ist es, wenn man Bilder in Aktion zeigen kann. Suche dir eine Wiese. Sollte der Hund an der Leine bleiben müssen, sollte diese lang genug sein, damit der Hund ein wenig Bewegungsspielraum hat. So kann er nach Leckerlis springen und schaut begeistert und voller Leben.

Dies können die schwierigeren Bilder sein. Lass dich nicht zu sehr demotivieren, sondern sieh jedes gelungene Bild als Erfolg an und freu dich über die Arbeit mit dem Tier und darüber, dass du helfen kannst. Liefere deine Fotos so schnell wie möglich, damit durch deine Hilfe ein Tier zeitnah ein neues Zuhause finden kann. Wenn du dann eines Tages von einem stolzen neuen Besitzer die Nachricht bekommst, dass man den Hund aufgrund deiner Fotos entdeckt hat, ist das ein wunderbares Gefühl.

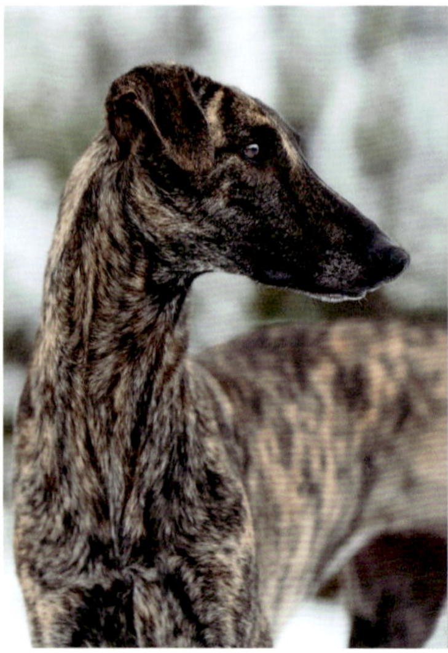

135 mm | f/2 | 1/320 s | ISO 1000 – Diese wunderschöne Hündin habe ich auf einem eingezäunten Gelände fotografiert, wo sie ohne Geschirr für Porträts posieren konnte. Da sie keinerlei Grundgehorsam hatte und sehr schüchtern war, musste ich beobachten und schauen, was sie mir bietet. Sie stand die meiste Zeit nur da und schaute fasziniert die Umgebung an. So wartete ich, dass sie etwas beobachtete, das sie dazu verleitete, ihre Ohren ein wenig aufzustellen. Zuweilen ist man froh, wenn man mit einem ansprechenden Standardporträt aufwarten kann. Windhundfreunde wird ihr schönes Profil in den Bann ziehen.

Die Aufmerksamkeit des Hundes steuern

Egal um welche Art von Hundemodell es sich handelt, es soll nicht nur angstfrei und freudig mitmachen, sondern auch aufgeweckt, interessiert, niedlich, ausgeschlafen, neugierig dabei aussehen. Direkter Blickkontakt mit dem Betrachter sorgt für Intimität. Ein niedliches Kopfschieflegen ist ein Plus. Lenke die Aufmerksamkeit des Hundes durch drei Motivationshilfen: Geräusche (Stimme oder Geräuschmacher), Leckerlis und Bewegung.

Geräusche

Lob und Sprache sind nicht nur Belohnung, sondern ziehen auch die Aufmerksamkeit des Hundes an. Möchtest du einen direkten Blick zur Kamera einfangen, ziehe alle Register.

Manche Hunde haben Lieblingswörter. So führt z. B. bei dem ein oder anderen Hund das Wort „Leckerli?“ oder „Katze?“ zu einem aufmerksamen Schieflegen des Kopfes. Werden diese Wörter jedoch nur während des Fotografierens verwendet und folgt keine besondere Aktion darauf, werden sie schnell langweilig. Übe und belohne den Hund auch neben der Fotografie. Meine Hündin Noodles hat ein großes Repertoire an Lieblingswörtern. Frage ich sie „Leckerli?“, schaut sie mich erwartungsvoll an.

Geräusche jeder Art können den Blick des Hundes auf sich ziehen. Es gilt: Weniger ist mehr. Leise Geräusche wecken eher die Neugier. Erschrecke das Tier nicht. Welpen finden häufig noch vieles interessant. Hier kann ein Flüstern schon zu einem tollen Blick führen. Reicht das nicht aus, miepse, fiepse, grunze, quake usw. hinter deiner Kamera. Geräusche hinter der Kamera sind am besten dazu geeignet, tatsächlich einen Kamerablick zu bekommen und nicht den Blick an der Kamera vorbei.

HIER SPIELT DIE MUSIK

Eine Sammlung an „Geräuschmachern" habe ich immer dabei. Dazu gehören Quietschies, Jagdpfeifen, Kazoos und vieles mehr. Alles, was man in nur einer Hand halten kann, wird hier irgendwann mal ausprobiert. Dabei gibt es viele günstige Alternativen zur teuren Jagdpfeife. Quietschies, die man Plüschtieren einnäht, gibt es im Dutzenderpack im Bastelladen. Man muss nicht die teuren Quietschtiere kaufen, die ohnehin nur den Hund dazu ermuntern, damit spielen zu wollen.

Für den coolen Senior, der schon viel im Leben gesehen und gehört hat, muss man tiefer in diese die Trickkiste greifen. Für solche Fälle habe ich auch ausgefallene Musikinstrumente, die urige Geräusche machen können.

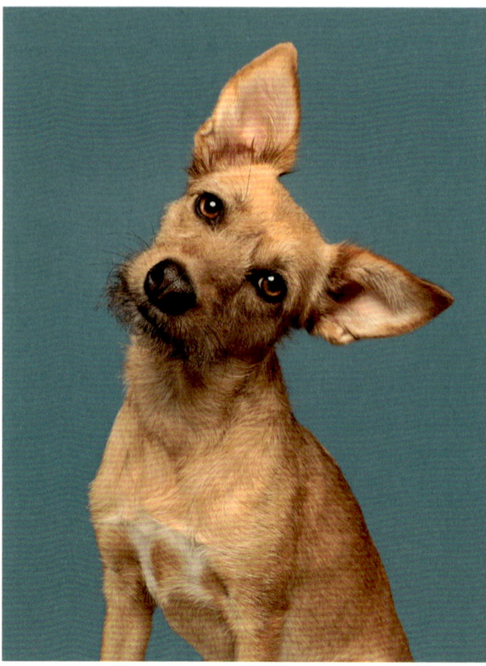

40 mm | f/10 | 1/800 s | ISO 320 | Studioblitz – Hier reagierte die Hündin auf meine seltsamen Geräusche mit einem niedlichen Schieflegen des Kopfes.

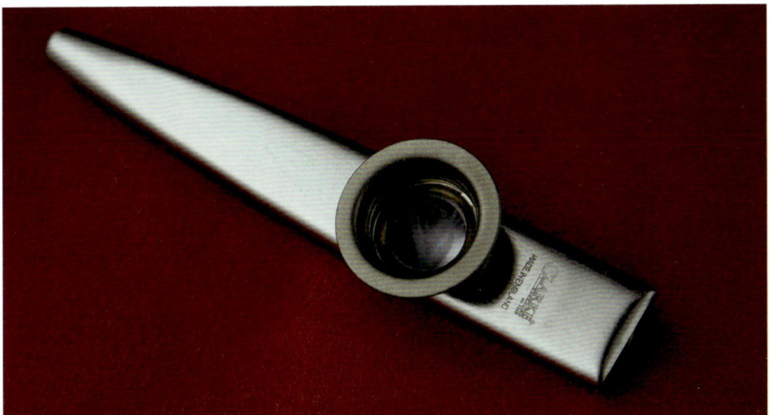

75 mm | f/5.6 | 1/125 s | ISO 640 – Ich habe eine ganze Sammlung an Geräuschmachern wie Quietschies und Jagdpfeifen, aber auch kleine Musikinstrumente wie hier ein Kazoo.

Leckerlis

Für Leckerlis machen die allermeisten Hunde fast alles. Beginne jedoch zum Austesten nicht gleich mit den aufregendsten Prämien. Dies kann kontraproduktiv sein, wenn der Leckerli-obsessive Labrador keine zwei Sekunden für ein Porträt stillhalten kann, weil du gleich zu Beginn die leckere Fleischwurst rausgeholt hast und er dir nunmehr auf dem Schoß sitzt.

Auch kann ein Sabbern zum Problem werden, insbesondere bei Hunden mit langem Fell an der Schnauze. Hier kann es ratsamer sein, eher mit Lob und Spiel zu arbeiten.

Steigere die Belohnung, bis du denkst, das richtige Maß gefunden zu haben, bei dem das Tier freudig, aber ohne zu überdrehen mitmacht, und wechsle die Art der Prämie, um die Spannung aufrechtzuerhalten.

Halte ein Leckerli immer so nah wie möglich an die Kamera, um den Eindruck des direkten Blickkontaktes zu erreichen. Da der Hund nicht wirklich in die Kamera schaut, sondern auf das Leckerli, ist ein weiterer Abstand zum Hund ratsam, da ansonsten sichtbar wird, dass er an der Kamera vorbeischaut.

Nimm kleine Stücke, damit der Hund nicht gleich satt ist. Außerdem feiert er jedes Leckerli, als wäre es ein großes. Lustige Zungenbilder erhältst du beispielsweise, indem du den Hund Reste aus einem Joghurtbecher schlecken lässt.

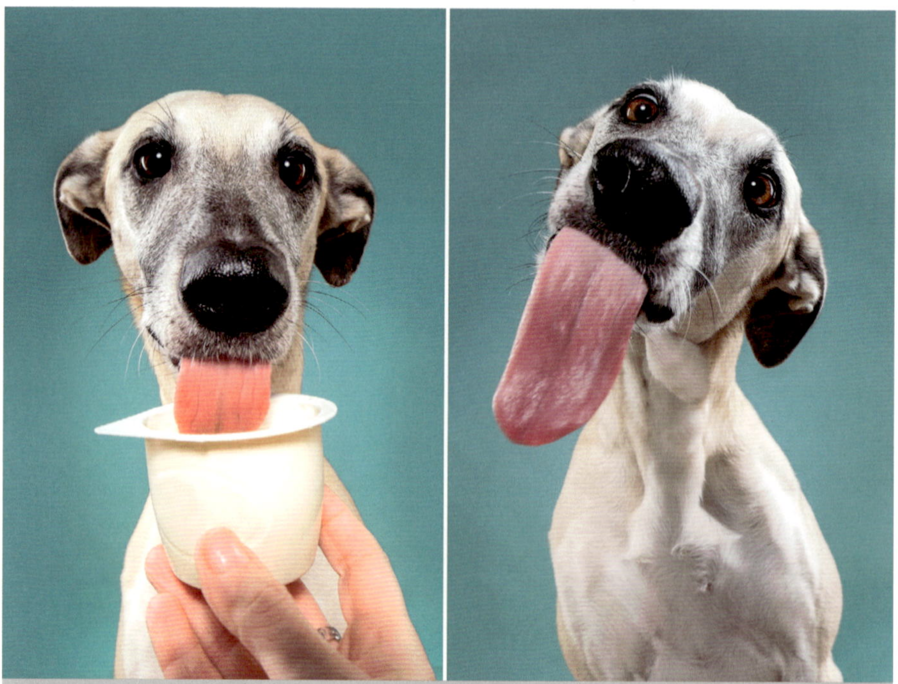

40 mm | f/11 | 1/200 s | ISO 200 | Studioblitz – Nein, das war nicht Photoshop. Scout kann eine so lange Zunge machen. Hier hat sie den Rest eines Joghurts aus einem Becher geschleckt. Ich habe mitten im Schlecken den Becher weggezogen, sodass es zu diesem skurrilen Bild kam. Nicht schön, aber lustig.

Spielzeug

Auch ein Spielzeug, etwa ein Ball, kann den Blick des Tieres auf sich ziehen. Bedenke aber, dass manch Hund jeden Grundgehorsam vergisst, sobald ein Ball ins Spiel kommt.

Gerade für Bewegungsaufnahmen sind Spielzeuge, die man werfen kann, unentbehrlich. Sollen sie mit im Bild erscheinen, sollten sie fotogen sein. Es nutzt einem das spektakulärste Actionfoto nichts, wenn der Hund einen zerkauten und matschigen Plüschknäuel im Maul hat, der auf dem Bild wirkt, als wäre ein Waschlappen durch Entengrütze gezogen worden.

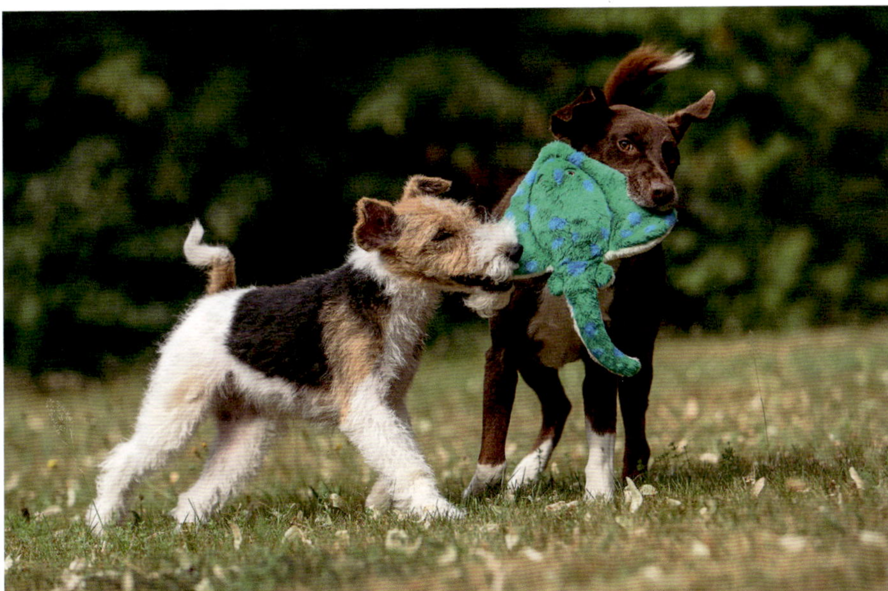

140 mm | f/3.5 | 1/1600 s | ISO 320 – Wenn mehrere Hunde versonnen mit einem Spielzeug spielen, heißt es, die Kamera bereitzuhalten und Fotos zu machen. Das können ungestellte, schöne Szenen werden.

Stöcke oder ähnliche Gegenstände, die spitz sind, brechen oder splittern, können zu schweren Verletzungen führen und sollten daher gar nicht eingesetzt werden.

Spielzeuge sollten aus Gummi oder splittersicherem Holz sein. Filzbälle oder Seile führen in Verbindung mit Sand und anderen Körnern, die sich darauf absetzen können, auf Dauer zum Abreiben der Zähne. Ich hatte schon so manchen Hund vor meiner Linse, der abgewetzte Stümpfe als Zähne hatte. Das ist ein sicheres Zeichen dafür, dass mit dem Hund über Jahre mit Filzbällen oder anderen reibungsintensiven Spielzeugen gespielt wurde.

Arbeiten ohne Assistenten

Wenn du die Fotografie hobbymäßig betreibst, wirst du zumeist deinen eigenen Hund fotografieren. Hierfür ist es selten möglich, einen Assistent zur Hand zu haben. Dann bist du nicht nur Fotograf, sondern auch Entertainer.

Für das Fotografieren solltest du einen Ort aufsuchen, der wenig Ablenkung bietet. Es ist von großem Vorteil, wenn der Hund Grundkommandos beherrscht und für Porträts brav sitzt. Da Gehorsamsübungen auch für den Alltag nützlich sind, ist es spätestens jetzt an der Zeit, mit dem Hund zu arbeiten. Aber auch hier mit Geduld und Ruhe.

Sollte dein Hund noch nicht soweit sein, dass er für ein Porträt abgesetzt werden kann, ist es ratsam, näher am Hund zu sitzen, um ihn beispielsweise mit einem Leckerli vor der Nase bei Laune zu halten.

Hierzu benötigst du eine kürzere Brennweite. Informationen über Brennweiten findest du im Abschnitt „Brennweiten".

Setzt du den Hund auf eine erhöhte Fläche, kannst du ihn durch Belohnung auf diesem Podest halten und so auf Augenhöhe fotografieren. Die Höhe sollte der Größe und dem gesundheitlichen Zustand des Hundes angepasst sein.

Für einen übermütigen Jungspund, der partout nicht an einer Stelle bleiben möchte, suche ich mir gerne ein Hindernis, das er zunächst überspringen müsste, um aus dem Bild zu sein. Eine tolle Kulisse ist z. B. eine Tür oder ein Tor, in die ich den Hund locke. Diese Tür sollte so blockiert sein, dass sie nicht versehentlich zuklappen kann, was den Hund ängstigen könnte. Dann suche ich mir ein Hindernis wie einen höheren Blumentopf oder ein Brett, das ich dem Hund, der jetzt aus der Tür schaut, vor die Beine stelle. Nun halte ich den Hund mit etwas Leckerem an Ort und Stelle und mache Fotos mit einer kürzeren Brennweite, sodass ich direkt am Hund bin und ihn die ganze Zeit mit meiner leckeren Paste bei Laune halten kann.

Überlege dir auch immer, welche ungestellten Situationen du einfangen könntest. Hierbei lernst du beobachten und planen. Informationen hierüber findest du im Kapitel „Ungestellte Szenen".

WENN DU AUF DICH ALLEIN GESTELLT BIST

Im Abschnitt „Bewegungsbilder ohne Assistenten" findest du viele Tipps dazu, wie du auch Bewegungsaufnahmen ohne Assistenten besser planen kannst.

DIE AUSRÜSTUNG

Man kann auch mit einfachster Ausrüstung wunderbare Bilder machen. Zuweilen ist es sogar ratsam, sich bewusst zu beschränken, um kreativer sein zu müssen. Die eierlegende Wollmilchsau unter den Kameras oder unter den Objektiven gibt es nicht. Aber ein paar Funktionen sind in der Hundefotografie sehr nützlich, möchte man sich das Leben nicht allzu schwermachen. Das folgende Kapitel bietet dir einen Überblick über das, was du an Ausrüstung benötigst und wie (und ob) es in der Hundefotografie eingesetzt werden kann.

Kameras

Man unterscheidet bei Kameras grundsätzlich zwischen folgenden Bauarten:

- Kompaktkameras
- Bridgekameras und
- Systemkameras,

wobei die Systemkameras unterschieden werden in

- spiegellose Systemkameras und
- Spiegelreflexkameras.

Wichtig ist, dass die Kamera manuell einstellbar ist. Du solltest Blende, Verschlusszeit und ISO-Wert auswählen können.

Bei den Kompakt- und Bridgekameras ist das Objektiv fest verbaut. Dies unterscheidet sie von den Systemkameras, die aus Gehäuse und unterschiedlichen passenden Objektiven bestehen. So nennt man Systemkameras auch Wechselobjektivkameras.

Man stößt bei einer Kompaktkamera oder Bridgekamera mit fest verbautem Objektiv in Bezug auf Lichtstärke und Brennweitenbereich schnell an Grenzen. Da wir in der Hundefotografie verschiedene Anwendungsgebiete haben wie Porträts, Umgebungsaufnahmen, Nahaufnahmen, Bewegungsaufnahmen (auch mal bei nicht optimalen Bedingungen), empfehle ich die Anschaffung einer Systemkamera. Hier kannst du Objektive dazukaufen, wenn du merkst, dass noch etwas fehlt. Stößt du an die Grenzen einer Kompaktkamera, ist ein Erweitern nicht möglich, und du musst damit leben, was du gekauft hast, oder eine gänzlich neue Kamera kaufen.

HANDYKAMERAS

Handykameras werde ich hier nicht weiter erwähnen, denn auch wenn man mit dem Handy schöne Porträts von einem brav sitzenden Hund machen kann, bieten diese heutzutage meiner Meinung nach noch nicht zufriedenstellende Funktionen als Allrounder für die Hundefotografie, insbesondere nicht für Hunde in Bewegung.

Wie der Name schon sagt, besitzen Spiegelreflexkameras einen Spiegel, spiegellose nicht. Bei der Spiegelreflexkamera fällt das Licht durch das Objektiv und wird über einen Spiegel zum Sucher reflektiert. So hast du ein Realbild (ohne Verarbeitung) in genau dem Bildausschnitt, den du fotografieren wirst. Löst du aus, klappt der Spiegel hoch und gibt den dahinter befindlichen Sensor frei.

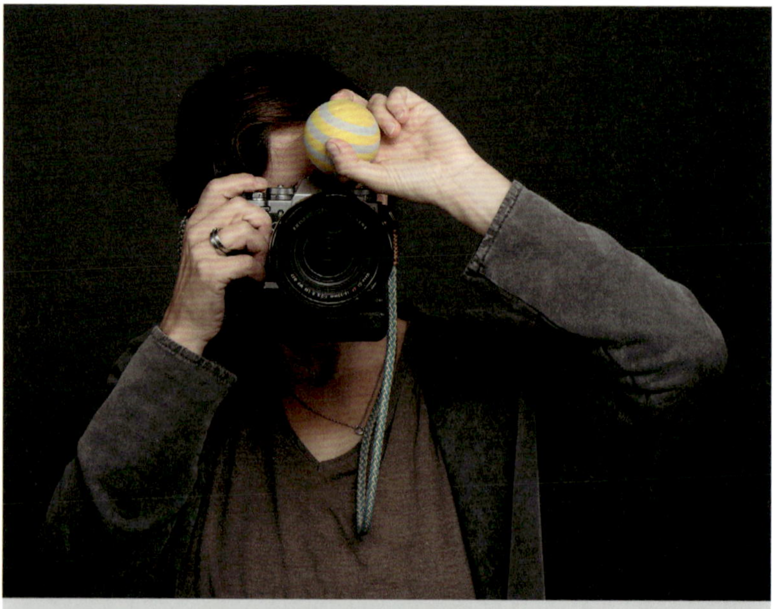

Selbst mit Batteriegriff (sehr praktisch mit Auslöser für Bilder im Hochformat) ist eine spiegellose Kamera handlicher als eine Spiegelreflexkamera. So hat man immer noch die andere frei für den „Motivator".

Die spiegellose Kamera hat diesen Spiegel nicht. Somit muss ein digitales Bild erzeugt werden, das auf dem Display wiedergegeben oder durch den Sucher zu sehen ist. Man sieht bei einer spiegellosen Kamera bereits die Auswirkungen der Einstellungen auf das Bild, das heißt das Endergebnis in Bezug auf die Helligkeit, den Weißabgleich usw.

Auch bei einer Spiegelreflexkamera kann man zumeist, wenn man die Display-Anzeige aktiviert, das bereits digital verarbeitete Endergebnis der Aufnahme sehen. Hier ist die Verarbeitungsdauer jedoch lang, sodass sie für unsere schnellen Motive nicht hilfreich ist.

Spiegelreflexkameras waren bis vor einiger Zeit den spiegellosen Kameras in Bezug auf die Geschwindigkeit des Autofokus und die Serienbildfunktion überlegen. Dies ändert sich nach und nach durch Innovationen im Bereich der spiegellosen Kameras, deren Profimodelle in den meisten Bereichen den Spiegelreflexkameras in nichts mehr nachstehen.

Spiegellose Kameras sind aufgrund ihrer einfacheren Bauart kleiner und leichter als vergleichbare Modelle mit Spiegel. Das ist in der Hundefotografie von Vorteil, da man gerne eine Hand für die Motivationshilfe frei haben möchte.

Sensorgröße

Die Sensoren von Kameras können unterschiedliche Größen haben. Es gibt Vollformatkameras mit einer Sensorgröße, die dem analogen Kleinbildformat entspricht, das heißt 36 x 24 mm. Weiterhin gibt es sogenannte APS-C-Kameras, deren Sensoren kleiner sind. Man spricht auch von einem Crop-Sensor (mit einem bestimmten Crop-Faktor), denn bei einem gleichen Objektiv ist der Bildausschnitt um einen bestimmten Faktor kleiner als beim Vollformat. Dieser Faktor ist kameraabhängig und kann z. B. 1,5 oder 1,6 oder auch 2 betragen. Die am Objektiv angegebene Brennweite bezieht sich meist auf das Vollformat und muss daher um diesen Faktor multipliziert werden, um die effektive Brennweite für eine Crop-Kamera zu errechnen.

Kontrast- und Dynamikumfang sowie Schärfe können bei größeren Sensoren besser sein. Je größer der Sensor, desto geringer die Schärfentiefe, was bei Porträts für eine bessere Freistellung vor unscharfem Hintergrund sorgt.

Je größer der Sensor ist, desto größer und teurer sind die Kameras und zugehörigen Objektive und desto mehr Bildschärfe, Details, Auflösung und Farbtiefe bieten die RAW-Dateien. Die Datenmengen steigen damit jedoch ebenfalls.

Eine kleinere Sensorgröße als das APS-C-Format empfehle ich nicht, denn hier wird die Freistellung vor einem unscharfen Hintergrund immer schwieriger.

Fazit: Sowohl Kameras mit Vollformatsensor als auch Kameras mit APS-C-Sensor sind wunderbar für die Hundefotografie geeignet. Musst du auf das Budget achten, solltest du mehr Wert auf die Qualität des Objektivs legen als auf die Funktionen der Kamera.

Objektive

Objektive für Systemkameras gibt es mit unterschiedlichen Eigenschaften in verschiedenen Bauarten. Die wichtigsten Parameter eines Objektivs sind die Lichtstärke, also welche größtmögliche Blendenöffnung sie bietet, und die Brennweite (Weitwinkel, Telebereich, Festbrennweite oder Zoomobjektiv).

Lichtstärke

Als „lichtstark" bezeichnet man ein Objektiv mit großer Blendenöffnung. Informationen über die Blende findest du im Abschnitt „Blende". Eine große Blendenöffnung ist beispielsweise f/2.8.

Je weniger Lichtstärke ein Objektiv besitzt, desto schneller wird man bei widrigen Bedingungen an die Grenzen der Kamera stoßen. Die Blende f/2.8 lässt etwa doppelt so viel Licht herein wie die Blende f/4. Das ist ein enormer Unterschied und kann in vielen Situationen sehr hilfreich sein, etwa beim Fotografieren eines Hundes in Bewegung bei schlechten Lichtverhältnissen.

Bei einigen Zoomobjektiven nimmt die Lichtstärke über den Zoombereich ab. Man hat hier im kürzeren Bereich der Brennweite eine größere Blendenöffnung zur Verfügung als im längeren. Ein Objektiv mit dem Brennweitenbereich von z. B. 18–55 mm und einer Angabe der Lichtstärke von 2.8–4 bietet eine größtmögliche Blende von f/2.8 im Bereich von 18 mm, aber nur noch f/4 bei 55 mm.

Bedingt durch die kompliziertere Bauart sind durch den gesamten Brennweitenbereich hindurch lichtstarke Zoomobjektive (also z. B. f/2.8 von 16–55 mm) häufig um einiges teurer als ein Festbrennweiten-Objektiv mit gleicher oder gar besserer Lichtstärke.

Man nennt lichtstarke Objektive auch „schnelle" Objektive, da hier bei ansonsten gleichbleibenden Bedingungen kürzere Verschlusszeiten möglich werden. Das ist für die Hundefotografie von Vorteil, da du bei Hunden in Aktion schnelle Verschlusszeiten benötigst und nicht immer auf Sonnenschein warten willst.

Ein weiterer Vorteil eines lichtstarken Objektivs ist die Möglichkeit der Freistellung des Motivs vor einem unscharfen Hintergrund: Je größer die Blendenöffnung, desto geringer die Tiefenschärfe. Da lichtstarke Objektive einen größeren Linsendurchmesser benötigen, können sie jedoch auch schwerer und größer sein.

Brennweiten

Die Brennweite legt fest, wie groß der Bildausschnitt ist, der auf dem Sensor abgebildet wird. Sie wird in Millimeter angegeben und ist meistens auf dem Objektiv vermerkt. Ein Weitwinkelobjektiv hat eine kurze Brennweite von z. B. 14 mm und zeigt einen großen Bildausschnitt an. Ein Teleobjektiv hat eine lange Brennweite von z. B. 200 mm und zeigt einen kleinen Bildausschnitt an.

Die Brennweitenbereiche werden wie folgt unterschieden:

- 12–23 mm: Ultraweitwinkel
- 24–34 mm: Weitwinkel
- 35–50 mm: Normalbereich
- 51–99 mm: leichtes Tele
- 100–199 mm: Tele
- ab 200 mm: Supertele

Auf den folgenden Bildern findest du einen Vergleich zwischen den Brennweiten bei gleichem Abstand zum Hund.

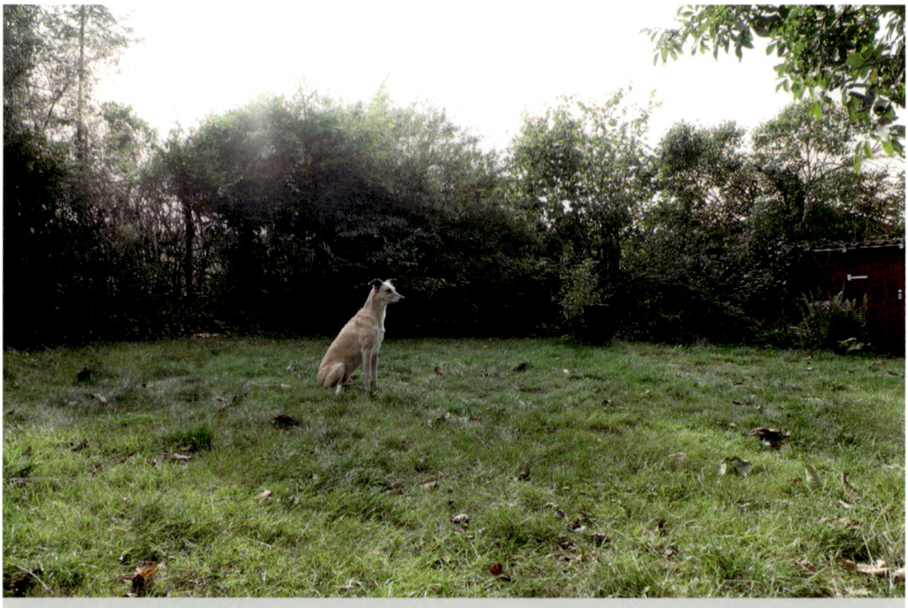

24 mm | f/4 | 1/400 s | ISO 640 – Im Weitwinkel wird viel von der Umgebung mit einbezogen. Wenn man nicht sehr nah am Hund sitzt, ist es eher eine Umgebungsaufnahme als ein Porträt.

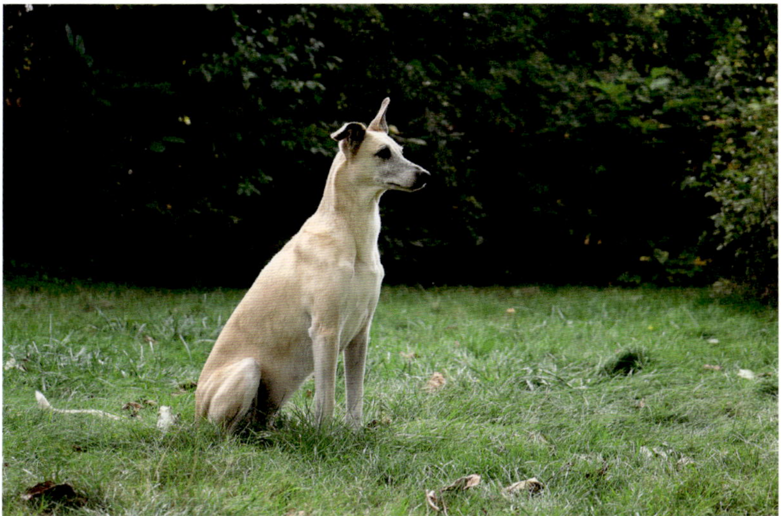

75 mm | f/4 | 1/400 s | ISO 640 – Hier ist mit einer leichten Telebrennweite der Hund schon eher zum Hauptdarsteller geworden.

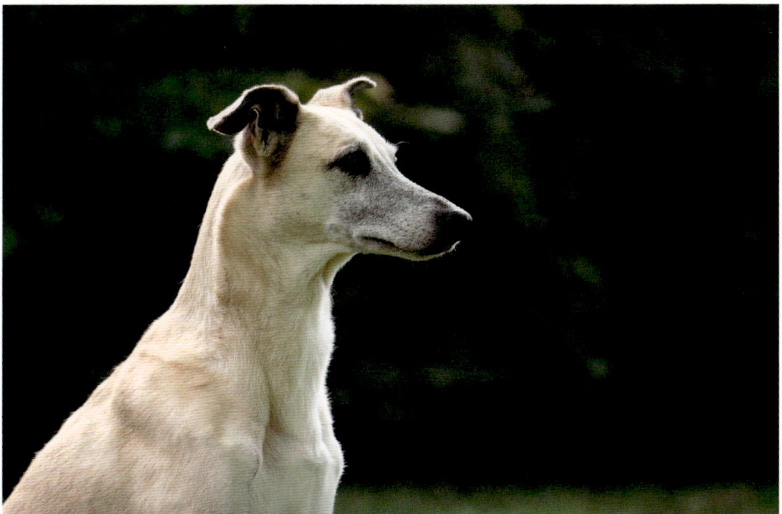

210 mm | f/4 | 1/400 s | ISO 640 – Mit einer Telebrennweite war es beim gewählten Abstand nicht mehr möglich, den ganzen Hund im Bildausschnitt zu positionieren. Es ist nunmehr ein Porträt und keine Umgebungsaufnahme.

Wichtig: Die angegebenen Brennweiten beziehen sich auf das Vollformat. Die angegebenen Brennweiten würden an einem APS-C-Sensor mit einem Crop-Faktor von 1,5 einen 1,5-fach kleineren Bildausschnitt anzeigen als eine Vollformatkamera. Ein 12-mm-Weitwinkel entspricht daher an einer Kamera mit 1,5-Crop-Sensor einer effektiven Brennweite von 18 mm. Bei Crop-Kameras ist daher ein Umrechnen notwendig, um sich kameraübergreifend unterhalten zu können.

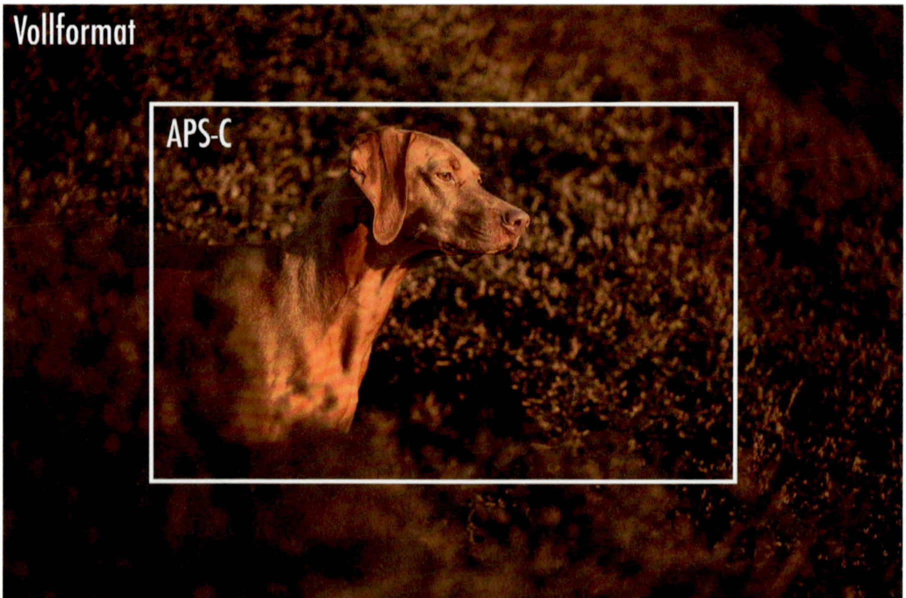

150 mm | f/2.8 | 1/800 s | ISO 500 – Aufgenommen wurde das Bild mit einer Vollformatkamera. Der Rahmen zeigt den Vergleich zwischen den Bildausschnitten, wie sie sich in etwa beim Vollformat und bei einer Crop-Kamera ergeben würden.

Festbrennweite vs. Zoom

Objektive mit Festbrennweite bieten, wie der Name bereits sagt, nur eine festgelegte Brennweite, z. B. 100 mm. Man kann nicht zoomen. Bei einem Zoomobjektiv kann man dagegen die Brennweite aus einem Brennweitenbereich (z. B. 24–70 mm oder 70–200 mm) fließend wählen.

Festbrennweiten können günstiger verbaut werden als Zoomobjektive, daher sind sie bei sonst ähnlichen Eigenschaften (wie Lichtstärke) häufig günstiger als das Zoomobjektiv.

Zoomobjektive sind bei sich bewegenden Motiven verständlicherweise sehr hilfreich. Wer das nötige Kleingeld hat, sollte überlegen, ob eine Investition in ein lichtstarkes Weitwinkelzoom und ein lichtstarkes Telezoom lohnt. Das wäre beispielsweise ein Weitwinkel mit Brennweitenbereich von ca. 24–70 mm und einer größtmöglichen Blende von f/2.8 und ein Teleobjektiv mit einem Brennweitenbereich von 70–200 mm und f/2.8. Damit bist du sehr gut ausgerüstet für alle Bedingungen in der Hundefotografie.

SPARE AM RICHTIGEN ENDE

Eine lichtstarke Festbrennweite für wunderbar freigestellte Porträts auch an dunklen Tagen oder in Innenräumen bei Schummerlicht ist eine wunderbare Ergänzung. Ein lichtstarkes Objektiv kann teuer sein. Dennoch: Spare lieber bei der Kamera als bei den Objektiven. Und auch eine Blende von f/4 bei einem Teleobjektiv ist vielseitig einsetzbar. Vielleicht fotografierst du ohnehin selten im Weitwinkelbereich, dann kaufe dir hier lieber eine lichtstarke Festbrennweite statt ein teures Zoomobjektiv.

Teleobjektive

Möchtest du Motive, die in größerer Entfernung liegen, formatfüllend auf dem Sensor abbilden, benötigst du ein Teleobjektiv mit langer Brennweite. Unterschiedliche Brennweiten haben unterschiedliche Auswirkungen auf das Erscheinungsbild eines Porträts. Hier hängt alles vom Abstand zwischen Objektiv und Motiv ab. Beim Einsatz einer langen Brennweite steht man weiter entfernt vom Motiv, wodurch die Perspektive naturgetreuer und ansprechender ist.

Besonders bei Bewegungsaufnahmen ist ein Teleobjektiv unabdingbar. Spielt sich die Aktion direkt vor deiner Nase ab und willst du den Hund mit einem Weitwinkel formatfüllend in Bewegung abbilden, ist dies für das Autofokussystem der Kamera sehr viel schwieriger, als das Geschehen mit Abstand zum Hund mit einem Teleobjektiv einzufangen.

Mit einer langen Brennweite erhältst du eine geringere Tiefenschärfe, was zu einer schönen Freistellung des Motivs vor dem Hintergrund führt, wenn du offenblendig fotografierst. Weitere Informationen darüber, wie du den Hintergrund möglichst unscharf gestaltest, findest du im Kapitel „Wie bekomme ich den Hintergrund unscharf?“

Weitwinkelobjektive

Möchtest du ein Motiv, das direkt vor dir ist, möglichst groß im Bild haben, benötigst du ein Weitwinkelobjektiv. Weitwinkelobjektive wird man zumeist für Umgebungsporträts einsetzen, das heißt für Aufnahmen, auf denen sowohl der Hund als auch Szenerie drumherum zu sehen ist.

Gehst du mit einem Weitwinkel nah an dein Motiv heran, wird alles, was dem Objektiv am nächsten ist, überzogen groß dargestellt. Je näher und weitwinkliger, desto auffälliger der Effekt. Dies führt zu den Porträts mit dicken Nasen. Was weiter hinten und an den Bildrändern liegt, wie z. B. die Gliedmaßen des Hundes, können langgezogen und dünn aussehen. Dieser „Look“ ist recht ungewohnt und mag nicht jedem gefallen. Es führt zu einem comichaften Aussehen des Hundes, das nicht gerade elegant ist, möchten die meisten doch ihren Hund so elegant und vorteilhaft wie möglich präsentiert sehen.

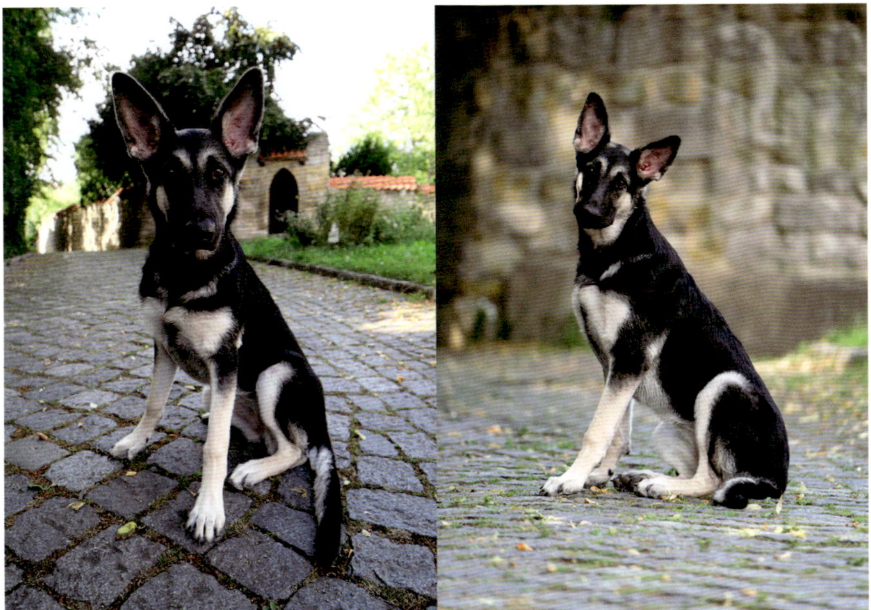

Links: 24 mm | f/2.8 | 1/250 s | ISO 500 – Rechts: 210 mm | f/2.8 | 1/250 s | ISO 500 – Hier ein Vergleich zwischen einem mit Weitwinkel (links) und einem mit Teleobjektiv (rechts) aufgenommenen Porträt vom gleichen Hund, am selben Ort, mit gleicher Blende. Abgesehen von der Brennweite hat sich noch der Abstand zum Motiv geändert, um beide Porträts formatfüllend aufzunehmen. Man sieht, dass die Brennweite enorme Auswirkungen auf den Hintergrund hat. Bei der Weitwinkelaufnahme wird sehr viel mehr Umgebung mit einbezogen, die noch detailliert dargestellt ist, während die Telebrennweite rechts für einen komprimierten, unscharfen Hintergrund sorgt. Der Hund wirkt im Weitwinkelbereich schlaksiger und comichafter, während sein Erscheinungsbild bei der Teleaufnahme natürlicher und eleganter ist.

RÜCK MIR NICHT AUF DIE PELLE!

Sitzt du mit dem Weitwinkel direkt vor dem Hund, kann die Nähe für den ein oder anderen Hund sehr unangenehm sein. Ein cooler Hund, der Vertrauen in seinen Besitzer hat, wird es hinnehmen und bei entsprechender Belohnung auch mit Spaß dabei sein. Dennoch solltest du bei einem fremden Hund erst einmal schauen, wie nah du sein kannst, bis er dich vielleicht zu lästig findet. Auch ein Über-den-Hund-Beugen ist nicht jederhunds Sache.

Normalbrennweite

Eine Brennweite, die einen Bildausschnitt anzeigt, der am ehesten dem Sehen des menschlichen Auges entspricht, liegt bei etwa 50 mm bezogen auf das Vollformat. Man spricht hier von der sogenannten „Normalbrennweite".

Möchtest du dein Motiv möglichst naturgetreu darstellen, empfiehlt sich ein Abstand zum Motiv wie im realen Leben, also nicht direkt davor oder weit entfernt, sondern ein normaler Abstand zum Tier, etwa 1,5 m, und der Einsatz einer Normalbrennweite von 50 mm.

Die Normalbrennweite wird häufig als „langweilige" Brennweite angesehen, da sie keine Gestaltung für uns übernimmt, wie dies beim Weitwinkel oder beim Teleobjektiv der Fall ist. Das Weitwinkel suggeriert Nähe und verzerrt. Das Teleobjektiv staucht die Szenerie, lässt alles näher beieinander aussehen und sorgt für einen schön unscharfen Hintergrund. Dennoch halte ich die Normalbrennweite für sehr wichtig und interessant. Ich mag die Natürlichkeit, die sie wiedergibt. Möchte man kreativer sein, muss man mit ihr mehr Eigeninitiative zeigen und sich mehr Gedanken über eine interessante Bildgestaltung machen. Zudem ist sie eine gute Brennweite, um ein wenig näher am Hund zu sein und dennoch nicht zu weitwinklig zu fotografieren.

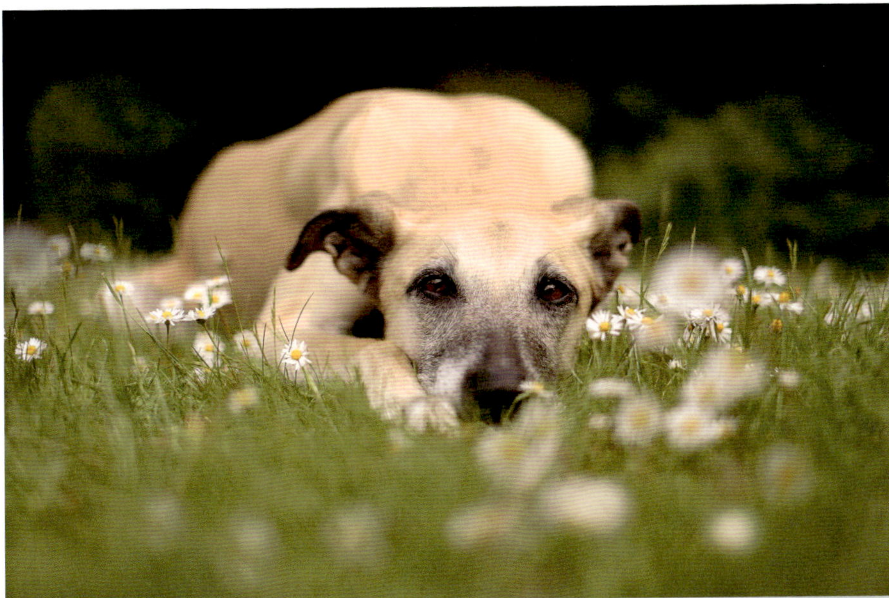

50 mm | f/1.4 | 1/4000 s | ISO 200 – Mit der Normalbrennweite wird die Welt in einem Blickwinkel dargestellt, der dem menschlichen Sehen am nächsten ist.

Studioausrüstung

Für eine professionelle Studioausrüstung kann man viel Geld ausgeben, das muss aber nicht sein. Hier nenne ich dir die Dinge, ohne die man nicht auskommt, wenn man die Studiofotografie betreiben möchte, aber nur über ein beschränktes Budget verfügt. Ich selber fotografiere mit recht einfacher Ausrüstung im Studio.

Für eine einfache Studioausrüstung benötigst du:

- Blitz (mit Sender-/Empfängerset) oder Dauerlicht
- Lichtformer
- Stative
- Hintergründe

Blitz

Wichtig ist, dass du den Blitz nicht an der Kamera angebracht verwendest, denn von der Kamera aus ausgelöst wirkt das Licht unschön und kann zu roten Augen führen. Betreibt man einen Blitz losgelöst von der Kamera, benötigt man Stative und ein Sender-/Empfängerset oder Blitzkabel. Besonders wichtig sind die sogenannten Lichtformer, mit denen man dem Licht die gewünschten Eigenschaften gibt (Richtung, Fläche, Weichheit usw.). Mehr dazu im Abschnitt „Lichtformer“.

Da man die Auswirkungen des Blitzes auf die Szenerie nicht sofort sieht, benötigt der Einsatz mehr Erfahrung als die Nutzung eines Dauerlichts. Die Lichtstärke ist jedoch größer als beim Dauerlicht.

Letztendlich reicht schon ein einfacher Aufsteckblitz für wenig Geld (ab ca. 60 Euro erhältlich). Dieser hat jedoch kein Einstelllicht, das heißt, er kann nicht dauerhaft leuchten, um für ein helles Studio zu sorgen. Man bräuchte hier zusätzliche Beleuchtung. Ein Studioblitz bietet dagegen auch ein Einstelllicht. Vorteilhaft ist es, wenn du mehrere Blitze zur Verfügung hast, um interessante Lichtstimmungen zu erzeugen und vielseitiger zu sein.

Für einen Blitz, der unabhängig von der Kamera ausgelöst wird, benötigt man einen Sender und ggf. Empfänger. Bei einem Studioblitz ist der Empfänger bereits integriert. Der Sender wird auf den Blitzschuh der Kamera aufgesteckt.

Eine hohe Leistung ist nicht notwendig, um Hunde zu fotografieren. Du kannst sparen, indem du leistungsmäßig nicht gleich im hohen Segment Ausschau hältst. Auch mit einem Studioblitz mit 200 Watt bekommt man Hunde im Studio wunderbar beleuchtet.

Ich setze gerne auf Vielseitigkeit und habe daher einen Studioblitz, den ich mit Akku betreiben kann. So brauche ich keinen anderen Blitz, wenn ich im Freien blitzen möchte.

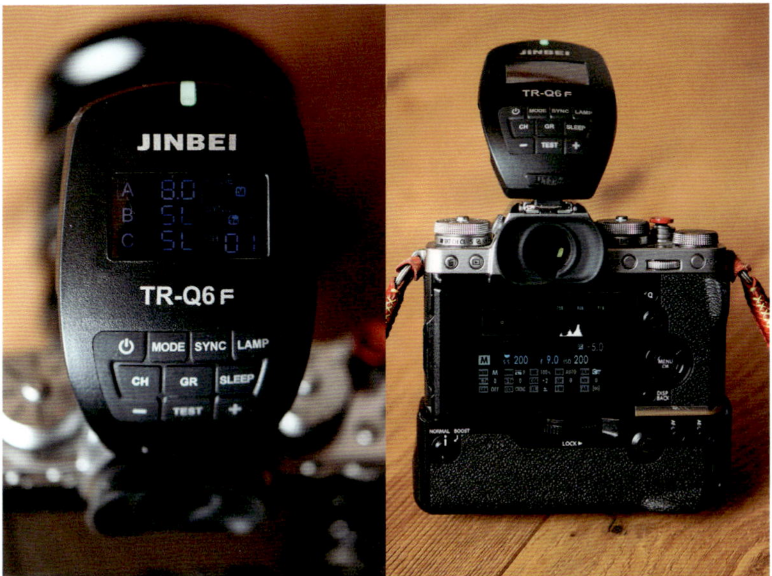

Der auf der Kamera befindliche Sender, über den der Blitz ausgelöst wird, wenn man den Auslöser der Kamera betätigt.

Zudem ist mir wichtig, dass ich mit schnellen Verschlusszeiten fotografieren kann, um problemlos Bewegung einzufrieren. Insbesondere bei Aufnahmen im Freien sind schnelle Verschlusszeiten wichtig. Viele Studioblitze bieten diese nicht. Die bei den normalen Studioblitzen maximal mögliche Verschlusszeit wird „Synchronisationszeit“ genannt und hängt von der Kombination aus Kamera und Blitz ab. Sie liegt meist bei etwa 1/200 s. Damit kann man je nach Blitz durchaus auch Bewegung in Innenräumen ohne zusätzliche Beleuchtung einfrieren. Dennoch rate ich zu einem Blitz, der eine sogenannte „High-Speed-Synchronisation“ bietet, also die Möglichkeit der schnellen Verschlusszeit.

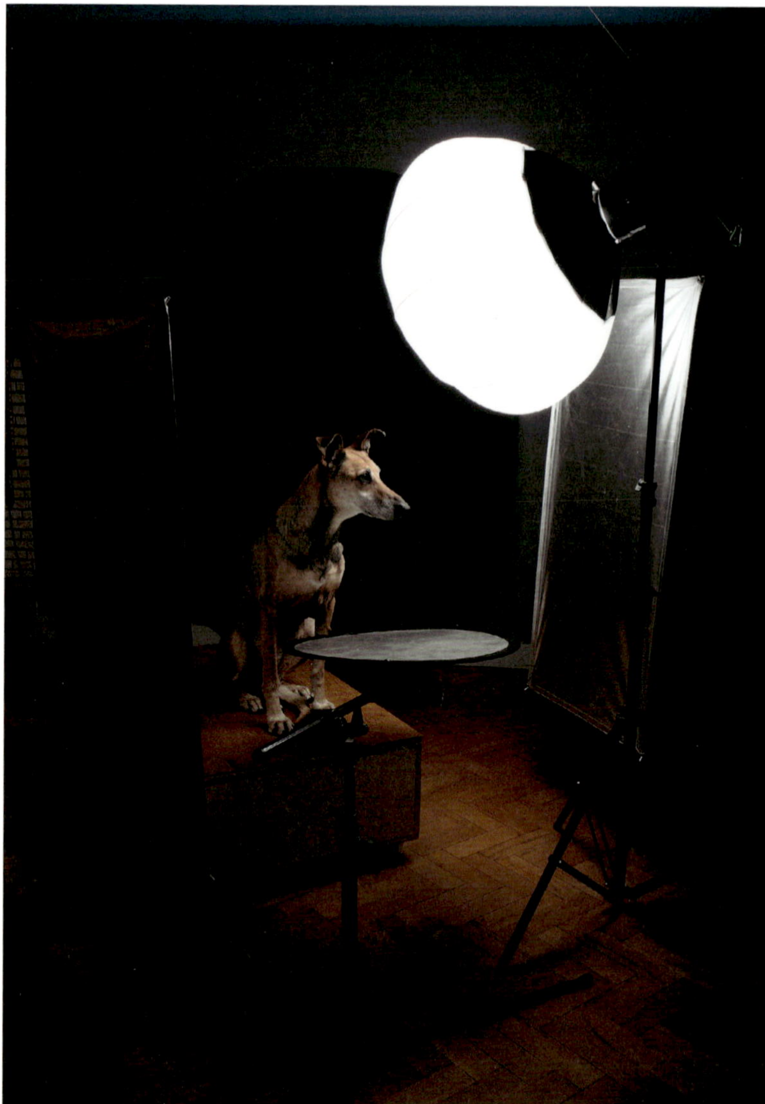

Ein sehr einfacher Aufbau im Studio mit nur einem Studioblitz und Reflektoren. Der Hund sitzt auf einer erhöhten Fläche, damit der Raum ein wenig eingeschränkt ist und die Fotografin es einfacher hat, auf Augenhöhe mit dem Hund zu sein.

Dauerlicht

Von Dauerlicht spricht man bei einem künstlichen Licht, das dauerhaft leuchtet und nicht blitzt. Hier gibt es LEDs und Tageslichtlampen. Dauerlichter können hilfreich sein, wenn du im Innenbereich Hunde fotografieren möchtest, die kein Blitzlicht dulden. Die Auswirkungen des Lichtes auf die Szenerie sieht man im Gegensatz zum Blitz sofort.

Dauerlichtlampen sind häufig nicht allzu lichtstark, sodass du mit sehr großer Blende fotografieren musst. Das bedeutet, dass du eine geringe Tiefenschärfe hast. Musst du daher einen hohen ISO-Wert nutzen, kann es zu Bildrauschen kommen. Allzu viel Leistung ist auch nicht ratsam, da grelles Licht anstrengend für die Augen der Hunde ist, was sich darin äußert, dass sie mit nur halb geöffneten Augen dasitzen.

Man kann mit Dauerlicht wunderbar atmosphärische Porträts machen, wenn man es nicht vermisst, schnelle Verschlusszeiten wählen zu können.

BAUSTRAHLER ALS DAUERLICHT

Ein Dauerlicht muss nicht teuer sein. Letztendlich kann es der Baustrahler aus dem Baumarkt sein. Aber auch Dauerlichter für das Fotostudio sind schon recht günstig zu haben. Sie bieten den großen Vorteil, eher farbneutral zu sein und nicht so heiß zu werden wie Baustrahler.

Lichtformer

Lichtformer nennt man die Hilfsmittel für Blitze und Dauerlichtlampen, mittels derer man die Lichtcharakteristik formt und lenkt. Es gibt Schirme, Softboxen, Striplights und vieles mehr.

Eine **Softbox** besteht aus einem Körper, der um den Blitz umschließt. Die Innenseite ist weiß oder silberfarben und reflektiert das Blitzlicht, das durch einen **Diffusor** (ein vor die Softbox gespanntes Tuch) fällt. Softboxen gibt es in unterschiedlichen Größen. Je größer, desto mehr Fläche hat das Licht und ist somit weicher. Die Softbox kann unterschiedliche Formen haben: quadratisch, rechteckig oder rund. Eine sogenannte Octabox (so genannt, da sie acht Ecken hat) führt zu besonders schönen Reflexen im Auge des Hundes.

Ein **Schirm** sieht aus wie ein Regenschirm. Es gibt sie in weißem Stoff, durch den das Licht fällt, aber auch mit silber- oder goldfarbener Reflektorfolie, wobei man das Blitzlicht zumeist reflektiert nutzt. Auch Schirme führen zu einer schönen, einheitlichen, fast runden Reflexion in den Augen des porträtierten Hundes.

Striplights sind längliche, viereckige Softboxen, die gerne für die Konturlichter eingesetzt werden, das heißt, man richtet hier den Blitz auf die Flanken des Hundes.

Zudem kann man Lichtformer ohne Diffusor nutzen, was zu einem härteren Licht führt. Hier sind z. B. die **Reflektoren** zu nennen, die auf den Blitz gesteckt werden und mit silberfarbener Reflektorfolie ausgeschlagen sind. Ohne Diffusor ergeben sie eine hohe Lichtausbeute und hartes Licht. Man kann diese wiederum mit weiteren Elementen ausstatten, um das Licht zu lenken und zu formen. Wenn du nicht mehrere Blitze kaufen möchtest, kannst du das Licht eines Blitzes auch durch Reflektoren auf die Konturen des Hundes lenken.

Bei einer sogenannten **Beauty-Dish** handelt es sich um einen runden, flachen Reflektor, bei dem der Blitz hinter einer Abdeckung liegt und somit das Modell nicht direkt anstrahlt, sondern über die hellen Innenflächen des Reflektors geleitet wird.

ACHTUNG BLITZANSCHLUSS

Achte beim Kauf von Lichtformern darauf, dass der Anschluss mit dem Blitz kompatibel ist, für den sie gekauft werden. Verschiedene Hersteller bieten unterschiedliche Arten von Anschlüssen an.

Hintergründe

Im Studio wirst du meistens mit einem einheitlichen Hintergrund arbeiten. Hier bieten sich Falthintergründe oder Pappe auf Rollen an. Für Hunde benötigt man nicht dringend die breitesten Hintergründe. Es reicht für vieles schon ein 1,5 m breiter Karton von der Rolle.

Die Rollen werden an der Wand oder auf Stativen befestigt und man rollt so viel ab, wie man benötigt, um Porträts oder auch Ganzkörperaufnahmen vom Hund zu machen. Wer den Platz hat, sollte jedoch unbedingt Rollen mit einer Breite von etwa zwei bis drei Metern in Betracht ziehen. Mit diesen hast du viel Fläche, um auch größere Hunde ins Bild zu bekommen. Karton ist Verbrauchsmaterial, er wird abgeschnitten und entsorgt, sobald er dreckig geworden ist, was bei der Tierfotografie recht schnell der Fall ist.

Auch Stoffe kannst du als Hintergründe im Studio einsetzen. Sie kann man waschen und wiederverwenden. Aufgrund des Faltenwurfs sind sie schwieriger zu handhaben als Karton, und das Entfernen von losem Fell kann lästig sein.

Bei den Farben und Strukturen von Karton und Stoff gibt es unzählige Optionen. Auch selbstgemalte Leinwände oder gebatikte Stoffe sind möglich. Du solltest in jedem Fall einen grauen und einen weißen Hintergrund im Repertoire haben. Auch ein schwarzer ist eine Überlegung wert. Man kann jedoch den grauen Hintergrund vielseitiger einsetzen, da man ihn mit der richtigen Beleuchtung und dem geeigneten Abstand von der Lichtquelle von Hellgrau bis Schwarz erscheinen lassen kann. Farbiger Karton kann dazu führen, dass die Farbe auf das Fell des Hundes reflektiert. Das neutrale Grau hat diese Auswirkung nicht. Schön ist es auch, wenn man eine Farbe hat, die komplementär zur Fellfarbe des Modells ist. So erstrahlt der hellbraune Labrador besonders schön vor einem Blauton.

WO KAUFT MAN EIN?

Im deutschsprachigen Raum gibt es einen äußerst engagierten Fotofachhandel. Hier erhält man Beratung beim Kauf. Einige Beispiele für Fotofachhändler:

- www.fotobrenner.de
- www.fotowalser.de
- www.fotokoch.de
- www.foto-erhardt.de
- www.calumetphoto.de
- www.probis.de

Stative

Stative kann man für eine Vielzahl an Ausrüstungsgegenständen verwenden. Du kannst die Kamera selber auf einem Stativ befestigen oder auch Blitze, Reflektoren, Hintergründe usw.

Eine Kamera auf einem Dreibeinstativ zu befestigen, halte ich in der Hundefotografie für eher hinderlich. Schon kleine Bewegungen des Motivs sind ein Grund, die Kamera neu auszurichten.

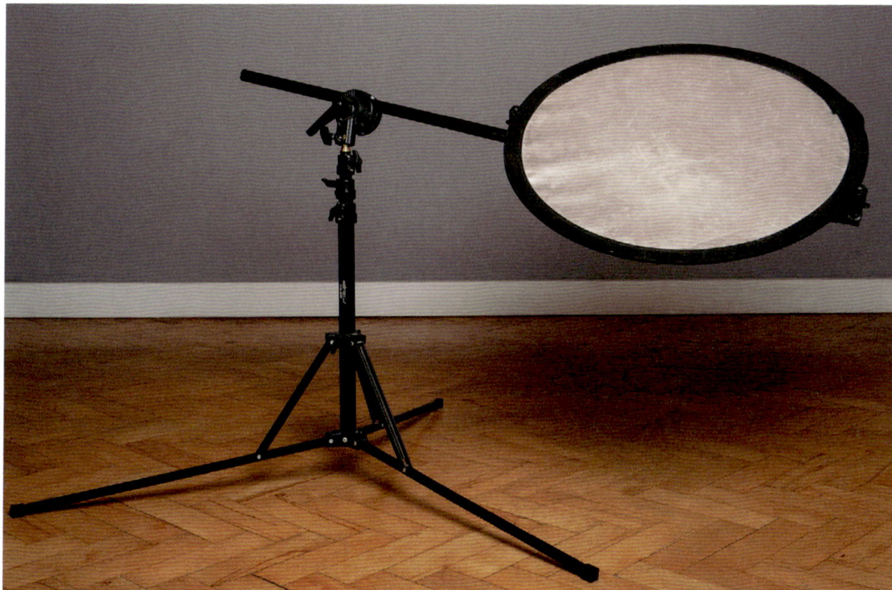

Es gibt Stative, deren Beine sehr flach ausgestellt werden können und nicht so leicht kippen.

Fotografierst du Hunde beim Sport aus größerer Entfernung, kann ein Einbeinstativ von Nutzen sein. Hier kannst du die Kamera mit der Bewegung des Hundes schwenken, und ein schnelles Umsetzen des Stativs ist ebenfalls möglich. Dies ist besonders hilfreich bei Sportveranstaltungen, bei denen der Parcours bekannt ist und somit die Bewegung planbar wird. Auch kann ein Einbeinstativ von Vorteil sein, wenn die restliche Ausrüstung bereits recht schwer zu tragen ist.

Andere Ausrüstung kann hingegen sehr gut auf einem Stativ gesichert werden, z. B. ein Studioblitz (ausgenommen ein Assistent soll diesen halten) oder Reflektoren, Dauerlichter oder Hintergründe.

Die im Studio eingesetzten Stative sollten möglichst „standhaft" sein. Eine allzu wackelige Angelegenheit ist bei der Arbeit mit Tieren nicht ratsam. Ein bisschen Gewicht sollten sie mitbringen, damit dein Modell es nicht zu leicht hat, etwas zum Einstürzen zu bringen. Eine Traglast von mindestens 6 kg für den Blitz ist von Vorteil. Eine zusätzliche Federdämpfung verhindert ein versehentliches Einfahren mit hartem Anschlag, was die auf dem Stativ befindliche Ausrüstung schädigen aber auch dein Modell erschrecken könnte. Insbesondere der Blitz sollte so gut es geht gesichert werden. Eine zusätzliche Aufhängung an der Decke kann Schlimmes verhindern. Stative solltest du zumindest mit einem Gewicht wie einem Sandsack sichern.

Um Reflektoren und auch Blitze möglichst flexibel einsetzen zu können, ist ein Galgenstativ eine gute Anschaffung. Hier kann man einen Auslegerarm, an dem der Reflektor oder der Blitz befestigt sind, vielseitig positionieren.

Sonstiges

Meine Modelle setze ich auf eine **Plattform**, damit sie leicht erhöht sind und ich nicht auf dem Boden liegen muss, um sie auf Augenhöhe zu haben. Zudem schaffe ich dadurch eine Fläche, die sie ein wenig einschränkt. So wird meine Lichtsetzung einfacher.

Die Oberfläche sollte nicht rutschig sein. Am besten legst du eine Antirutschmatte darauf, die du leicht sauber machen und austauschen kannst.

Über arretierbare Rollen kannst du die Plattform leicht verschieben, aber auch beim Einsatz rollsicher feststellen. Wenn man es praktisch mag, bietet die Plattform gleichzeitig noch Stauraum im Inneren. Meine Kameras und Objektive sind in sicherer Höhe in Koffern verstaut, die nicht umgeworfen werden können.

Eine Kamera kann über einen **Fernauslöser** auch von fern ausgelöst werden. Das bedeutet, dass man nicht selber auf den Auslöser drückt, sondern über einen Funk-/Infrarot- oder Draht-/Kabelauslöser die

Aufnahme von fern vornimmt. Die Kamera ist hierbei zumeist auf dem Stativ montiert.

Bei einem Infrarotauslöser benötigt die Infrarotschnittstelle „Sichtkontakt“ mit dem Sender (Infrarotschnittstelle an der Kamera). Ein Funkauslöser kann auch durch Hindernisse hindurch die Kamera auslösen. Hier brauchst du häufig Sender und Empfänger je nach Kamera. Bei einem Draht-/Kabelauslöser besteht ein direkter Kontakt zwischen Sender und Kamera über das Kabel.

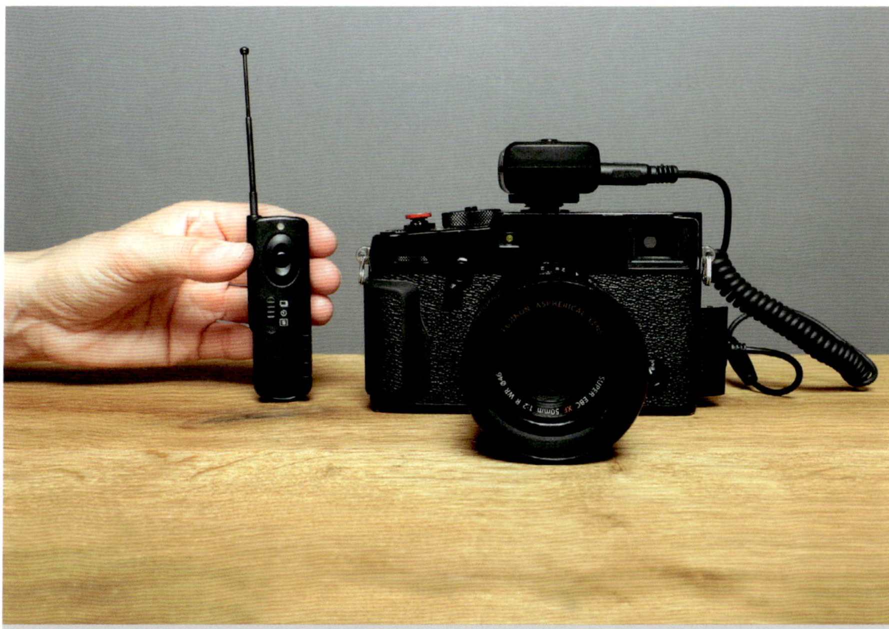

Ein Fernauslöser mit Sender und Empfänger

Einen Fernauslöser benötigt man, wenn man nicht direkt an der Kamera sein kann, um das Foto zu machen, wie beispielsweise bei Selfies oder Gruppenfotos. Auch um bei langen Verschlusszeiten ein Verwackeln durch Betätigen des Auslösers zu vermeiden, ist ein Fernauslöser hilfreich.

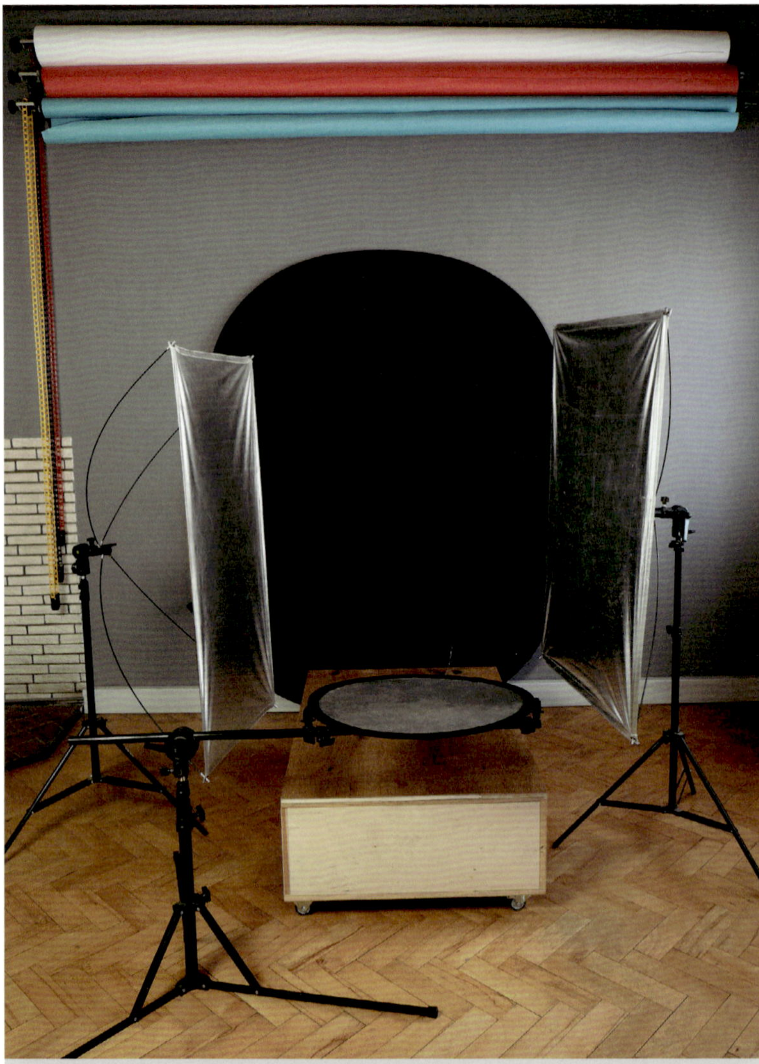

Ein Einblick in mein sehr einfach gehaltenes Studio. Die Kartons hängen an Rollen an der Wand. Auf eine fahrbare Plattform (mit arretierbaren Rollen) platziere ich den Hund für Porträts. Die Plattform selber enthält praktischerweise auch Stauraum. Statt mehreren Blitzen arbeite ich sehr häufig mit einem Blitz und mehreren Reflektoren, um sicherzugehen, dass auch unsichere Modelle mein Studio nicht zu gruselig finden.

Weiteres Zubehör

Egal, ob du im Studio fotografierst oder draußen, die beste Ausrüstung nützt dir nichts, wenn du Speicherkarte oder Akku vergessen hast. Was du außerdem noch benötigst, um für jede Situation gerüstet zu sein, erfährst du hier.

Akkus und Batteriegriff

Bevor du dich zum Shooting aufmachst, solltest du prüfen, ob du geladene Akkus dabei hast. Eigentlich ist das selbstverständlich, aber jeder wird diesen Fehler zu Anfang mal gemacht haben.

Meinen Batteriegriff möchte ich nicht missen. Dieser sorgt dafür, dass meine kleinere Kamera wieder ein bisschen größer wird, aber da er über einen eigenen Auslöser verfügt, kann ich hiermit im Hochformat fotografieren, ohne die Kamera in beiden Händen halten zu müssen. Das ist ein großer Vorteil in der Hundefotografie. Mit drei Akkus solltest du eine gute Weile fotografieren können, ohne dich um ein Aufladen kümmern zu müssen.

Die Betriebszeit von Akkus kann je nach Kameratyp sehr unterschiedlich ausfallen. Die Akkus von spiegellosen Kameras, bei denen dauerhaft ein digitales Bild erzeugt wird, werden im Vergleich zu denen einer Spiegelreflexkamera sehr viel mehr beansprucht und müssen daher eher wieder aufgeladen werden. Daher solltest du für solche Kameras mehr Akkus im Gepäck haben.

Speicherkarten

Für die Wahl der Speicherkarte sind Speicherkapazität und Lese-/ Schreibgeschwindigkeit wichtig.

Gerade bei Hunden in Bewegung können viele Bilder anfallen, wenn du im Serienbildmodus fotografierst. Je höher die Auflösung deiner Kamera ist, desto größer sind die einzelnen Bilddateien. Fotografierst du in RAW, was ich dir aufgrund der höheren Qualität der Daten empfehlen möchte, kann es zu einem hohen Datenanfall kommen.

Je mehr Speicherkapazität eine Karte bietet, desto geringer wird der Preis pro Gigabyte. Dabei sollte man jedoch beachten, wie viel Speicherplatz man benötigt, denn z. B. eine Speicherkarte mit einer Speicherkapazität von 200 Gigabyte wird wohl kaum je bei einem normalen Shooting von anderthalb Stunden ausgereizt. Auf eine 16-GB-Karte passen bereits Hunderte RAW-Dateien (ca. 450 bei einer Kamera mit 10 Megapixeln). Das sollte für die allermeisten Shootings ausreichen. Zur Sicherheit habe ich mehrere Karten mit geringerer Speicherkapazität dabei. So gehen auch nicht alle Bilder verloren, sollte mal eine Karte kaputtgehen.

SCHNELLIGKEIT IST GEFRAGT

Zudem sollten Speicherkarten möglichst schnell sein. Musst du warten, bis deine Kamera gespeichert hat, bevor du weiterfotografieren kannst, ist deine Speicherkarte zu langsam. Gerade bei Hunden in Aktion können hier wertvolle Sekunden verstreichen, in denen das Tier besonders tolle Motive bietet. Die wichtige Angabe ist „Megabyte pro Sekunde". Ich empfehle, eine Karte mit mindestens 90 MB/s zu verwenden.

Fotorucksack

Die Wahl des richtigen Fotorucksacks ist eine Wissenschaft für sich und sehr individuell. Hier nur ein paar Tipps, worauf ich achten würde.

Bist du viel zu Fuß unterwegs, ist es ratsam, einen Rucksack statt einer Tasche zu verwenden. Das schont den Rücken. Ein Trolley ist auch eine feine Sache. Es passt viel rein, und er schont gänzlich den Rücken, da er auf Rollen gezogen wird. Er kann aber bei unebenem und matschigem Gelände schnell verschleißen und das Weiterkommen erschweren. Bist du viel draußen und bei jedem Wetter unterwegs, ist ein schmutzabweisendes oder wetterdichtes Material prima, und bei einem plötzlich eintretenden Regen kann es so manche Ausrüstung vor dem Schlimmsten bewahren.

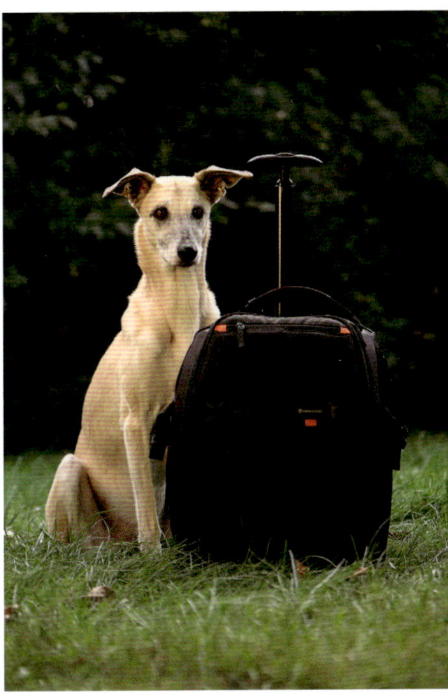

Ich habe unterwegs zumeist einen Trolley mit. Es passt viel rein, und ich muss nichts tragen, sondern kann ihn dank der Rollen ziehen. Hier sollte man nicht am falschen Ende sparen. Dieser Trolley hat schon einige Kilometer mitgemacht und läuft noch wie am ersten Tag.

Hier gebe ich dir einen Überblick darüber, was sich in meinem Fotorucksack befindet, wenn ich beruflich ein paar Tage auf Reisen gehe und für alle Fälle in der Hundefotografie aufgestellt sein möchte.

Kamera und Objektive:

- 2 Fujifilm X-Kameragehäuse, beide mit Batteriegriff
- Fujinon XF 16–55 mm f/2.8
- Fujinon XF 8–16 mm f/2.8
- Fujinon XF 50–140 mm f/2.8
- Fujinon XF 50 mm f/2

Aufsteckblitz:

- Fujifilm EF X-500

Studioausrüstung:

- Jinbei HD-610 HSS
- 60-cm-Oktabox
- Auslöser-Empfängerset von Jinbei
- Stative für Blitze und Reflektoren

Sonstiges:

- Reflektorset mit Diffusor
- mehrere Speicherkarten mit 16 GB und mindestens 90 MB/s
- insgesamt 3 Akkus je Kamera
- Ladegerät mit Kabel
- Kartenlesegerät
- Laptop
- externe Festplatten für Datenspeicherung
- Leckerlis in kleinen Stücken
- faltbarer Wassernapf und Wasser
- Quietschies und andere Geräuschmacher
- Ball oder anderes Hundespielzeug
- Bürste für Hund
- 2 Mikrofasertücher
- Hundekotbeutel

Meine Kameratasche fällt jedoch sehr viel kleiner aus, wenn ich nur Fotos von meinen eigenen Hunden im eigenen Garten oder auf einem Spaziergang mache:

- 1 Fujifilm X-Kameragehäuse
- Fujinon XF 50 mm f/2 (für elegante Porträts)
- Fujinon XF 16 mm f/1.4 (für lustige Porträts oder Umgebungsaufnahmen)
- 1 Speicherkarte mit 16 GB und mindestens 90 MB/s
- Leckerlis
- Kotbeutel

Wie du siehst, bin ich ein Fan von Festbrennweiten und bevorzuge diese, wenn ich meine eigenen Hunde fotografiere. Sie sind kleiner und leichter. Bei fremden Hunden oder Auftragsarbeiten bevorzuge ich jedoch Zooms, die mir Flexibilität bieten.

Nützliches für den Fotografen

Wird draußen fotografiert, ist wetterfeste Kleidung sinnvoll. Da du häufig auf dem Boden liegen wirst und Sabber und Hundefutter mit im Spiel sind, solltest du nicht im feinsten Zwirn oder heller Kleidung zum Shooting erscheinen.

Helle oder bunte Kleidung spiegelt sich auffällig in den Augen des Hundes, was im Porträt irritierend wirken kann. Fotografen, die Wind und Wetter trotzen möchten, werden Regenhose und Regenjacke zu schätzen wissen.

Wer es bequem und sauberer haben möchte, hat eine Matte (z. B. eine Yogamatte) mit. Eine leichte, dünne Matte ist von Vorteil, da man durch ein umständliches Umsetzen einer schweren, sperrigen Matte tolle Situationen verpassen könnte.

Auch ein Reflektor sollte im Gepäck nicht fehlen. Diesen kannst du nutzen, um bei Gegenlichtaufnahmen kurz vor Sonnenuntergang Licht in das Gesicht des Hundes zu reflektieren. Eine besonders praktische Variante ist ein Faltreflektorset mit silbernem, goldenem, schwarzem, weißem Reflektor und Diffusor. Damit hast du für alle Fälle der Porträtfotografie etwas dabei. Und zur Not kann man diesen als Unterlage nutzen.

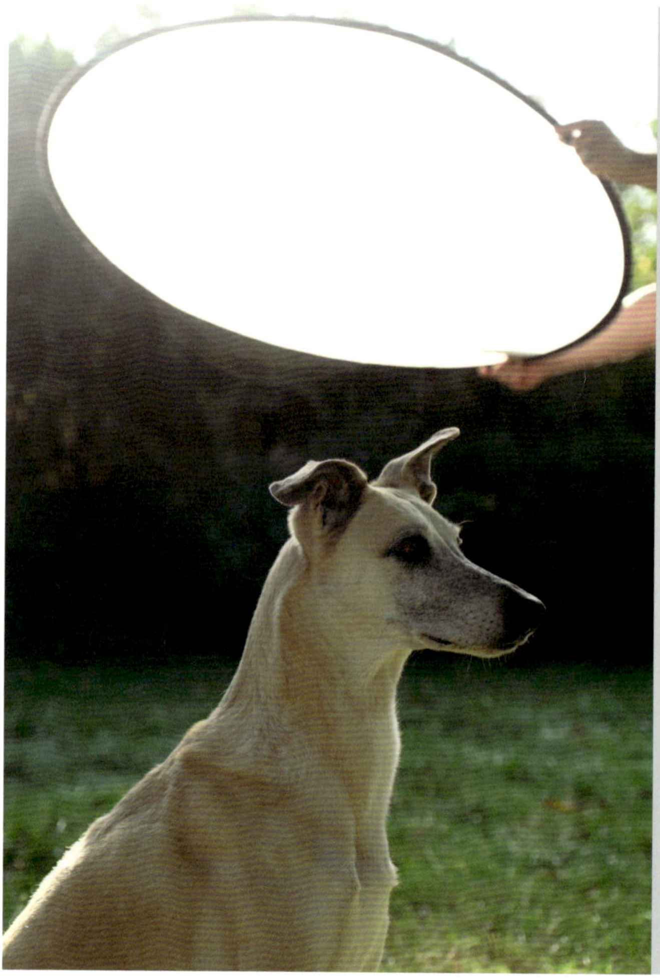

Ist Schatten nur schwer zu finden, kann ein Diffusor dafür sorgen, dass keine harsche Sonne auf den Hund fällt.

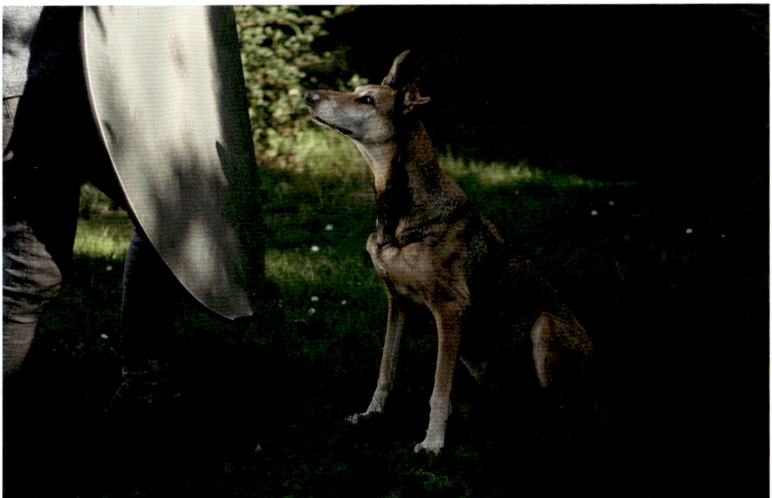

Hier kam ein Reflektor draußen zum Einsatz, um auf den Hund ein wenig Licht genau dorthin zu reflektieren, wo ich es haben wollte.

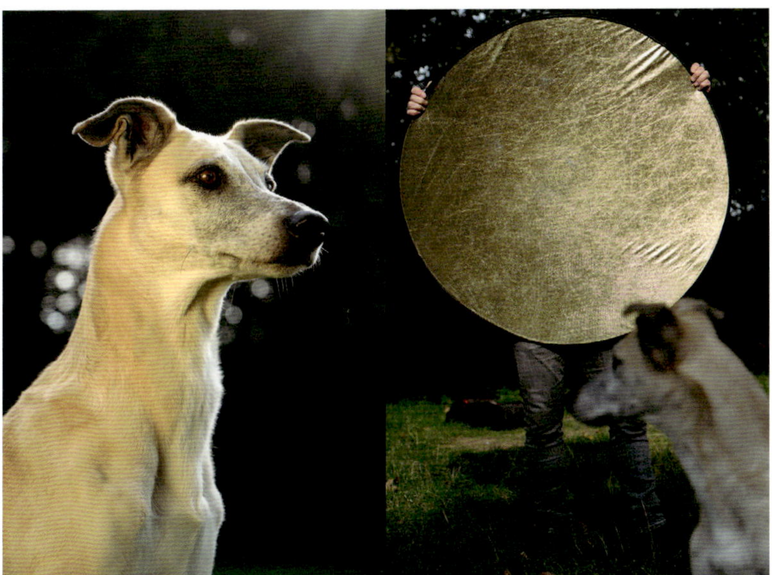

Hier wurde ein goldfarbener Reflektor eingesetzt, der einen warmen Farbton auf den Hund reflektiert. Rechts der Reflektor von der anderen Seite aus.

Sowohl für Objektive als auch für eine Brille solltest du Mikrofasertücher dabeihaben: Mancher Hund in Aktion schleudert dir gern Matsch auf die Linse.

Nützliches für den Hund

Einige Dinge solltest du immer im Gepäck haben, die für den Hund wichtig sind. Dazu gehört natürlich ein Napf und Wasser, insbesondere an heißen Tagen. Es gibt handliche Faltnäpfe, die in jede Fototasche passen.

Je nach Fellbeschaffenheit brauchst du ein paar Dinge zur Fellpflege, damit du auch zwischendurch den Hund fototauglicher machen kannst. Hierzu gehören Bürste und Kamm, aber auch Papiertücher zum Abputzen von Sabber oder schmierigem Dreck.

Für den Fall der Fälle solltest du auch immer Kotbeutel dabeihaben, um hinter dem Hund aufzuräumen und nicht negativ aufzufallen.

DIE ÄUSSEREN BEDINGUNGEN

In der Hundefotografie musst du nicht nur deine Ausrüstung bedienen, das Modell anleiten und die richtigen Einstellungen wählen können. Es gibt noch weitere Parameter, die deine Vorgehensweise beeinflussen. In diesem Kapitel geht es darum, wie du für Sicherheit beim Shooting sorgst und mit Variablen wie Wetter, Licht, Location umgehst.

Sicherheit

Mit Tieren zu arbeiten, bedeutet auch immer, für die Sicherheit der Tiere und aller Beteiligten zu sorgen. Tiere können unberechenbar sein. Man muss immer ein wenig mehr Vorsicht walten lassen, als angebracht erscheinen mag. Auch wenn mir der Besitzer sagt, dass sein Hund ohne Probleme von der Leine gelassen werden kann, sorge ich dafür, dass mein Gelände so sicher wie möglich ist.

Benötigst du ein eingezäuntes Gelände und hast kein eigenes, frag im örtlichen Hundeverein oder der Hundeschule an. Es gibt auch Hundewälder und eingezäunte Hundeauslaufgebiete. Sogar Grundstücke mit angrenzendem See kann man stunden- oder tageweise mieten.

Arbeitest du als Hundefotograf, solltest du eine Berufshaftpflichtversicherung in Betracht ziehen. Diese kostet auch gar nicht so viel, wie man meinen mag: Mit wenigen Hundert Euro im Jahr bist du schon recht gut grundabgesichert.

Sicherheit des Hundes

Natürlich solltest du nicht in ständiger Angst leben und den Teufel an die Wand malen. Es ist wichtig, mit Sorgfalt und Vorsicht einen unaufgeregten Umgang mit Tier und Mensch zu pflegen. Dennoch solltest du dir der Gefahren bewusst sein und sie mit Routine und Besonnenheit im Auge behalten, damit der Ernstfall niemals eintritt.

Ein Hund, der auf einem ungesicherten Gelände abhandenkommen könnte, sollte mit Leine gesichert werden, auch wenn dies Bewegungsaufnahmen erschwert.

Wenn du einen fremden Hund fotografierst, frag den Besitzer vor der Session, ob der Hund Vorerkrankungen oder Verletzungen hat. Einen alten Hund sollte man nicht zu sehr belasten. Hunde würden zumeist ihr Letztes geben, wenn man nicht für sie aufpasst. So mancher Balljunkie vergisst schnell die Arthrose oder ist sich seines Herzfehlers nicht bewusst.

Bevor ich einen Hund über eine mir unbekannte Wiese schicke, halte ich Ausschau, ob scharfe oder spitze Gegenstände oder tiefe Löcher oder andere Verletzungsgefahren lauern. Man kann zwar nicht alles verhindern, und in Watte zu packen brauchst du den Hund auch nicht, trotzdem: Eher einmal zu viel geschaut als zu wenig.

Meine Sessions sind nicht länger als anderthalb Stunden, Pausen inbegriffen. Bei energiegeladenen und alten Hunden sind die Sessions eher kürzer.

DER „BALLJUNKIE"

Für manche Hunde scheint die großartigste Beschäftigung das Balljagen zu sein. Bälle können wunderbar eingesetzt werden, um Bewegungsaufnahmen zu erhalten. So mancher Hund vergisst sich jedoch vollständig. Diese Extremfälle würden dem Ball hinterherjagen, bis sie kollabieren. Man nennt sie „Balljunkies". Wird der Ball herausgeholt, haben sie für nichts anderes mehr Augen, und ihr Blick wird starr und wirkt gehetzt. Meiner Meinung nach sollte man eine derartige Obsession nicht unterstützen. Für Fotos ist dieser wirre „Modus" auch nicht sonderlich geeignet.

Bei heißem Wetter ist Vorsicht geboten. Ist es allzu heiß, sollte man von Anstrengung für den Hund Abstand nehmen. Hunde regulieren ihre Körpertemperatur nicht durch Schwitzen wie wir Menschen. Sie hecheln. Aber auch dies muss nicht immer ausreichen, insbesondere nicht an einem heißen Tag und bei sportlicher Aktivität. Die normale Körpertemperatur eines Hundes liegt zwischen 37,5 und 39 Grad Celsius. Darüber hinaus steigt die Gefahr eines Hitzschlags, der letztendlich zu Organversagen und Herzstillstand führen kann. Von sportlichen Höchstleistungen an einem sehr heißen Tag ist daher abzuraten, auch bei jungen und gesunden Hunden. Außerdem: Lass Hunde niemals in einem aufgeheizten Auto zurück, auch nicht für kurze Zeit!

Zu den Warnsignalen eines Überhitzens gehören übermäßiges Hecheln, eine blaue oder hellrote Verfärbung von Zahnfleisch und Zunge bis hin zu Krämpfen, Erbrechen und Durchfall. Ein Dehydrieren des Hundes kannst du feststellen, indem du mit dem Finger auf das Zahnfleisch drückst. Gesundes Zahnfleisch sollte nach Entfernen des Fingers unmittelbar wieder die rosige Farbe annehmen. Bleibt das Zahnfleisch an der leicht gedrückten Stelle weiß, weist dies auf eine Dehydrierung hin. Diese Warnzeichen sind jedoch gravierend, und so weit sollte es erst gar nicht kommen.

Sämtliche Vorsichtsmaßnahmen gelten noch einmal mehr für kurznasige Hunde und Hunde mit anderen Atembeschwerden oder auch Herzproblemen. Mit diesen sollte man heißes Wetter gänzlich meiden. Sportliche Einlagen bei kühleren Bedingungen solltest du ebenfalls durch Pausen unterbrechen. Ein Hund kennt seine Grenzen nicht.

Beim ersten Anzeichen einer Überhitzung sollte der Hund an einen kühlen Ort gebracht werden. Ist Wasser vorhanden, sollte der Hund mit den Pfoten im kühlen Nass stehen. Nasse Tücher im Nacken (*nicht* über dem Kopf/Gesicht) und in den Achselhöhlen kühlen ab. Biete ihm Eiswürfel oder kühles Wasser zum Schlecken oder Trinken an. Im Winter dagegen ist zu beachten, dass man dem Hund keine Schneebälle zuwerfen sollte. Auch sollte der Hund anderweitig keinen Schnee fressen, denn dies kann zu Durchfall und Magen-Darm-Erkrankungen führen.

In den frühen Morgen- und späten Abendstunden ist es auch im Sommer noch ein wenig kühler. Ist es zu heiß, kann man mit wasserfreudigen Hunden schwimmen gehen. Hier können sie sich im kalten Nass abkühlen und man erhält tolle Aufnahmen mit spritzendem Wasser oder schwimmenden Hunden. Aber auch hier lauern Gefahren. Stehende Gewässer können für Hunde giftige Algen enthalten. Das sieht man dem Gewässer nicht gleich an. Ich bevorzuge daher leicht fließende Gewässer, wie einen Bach oder ein Flussbett. Bei heranziehendem Gewitter solltest du das Gewässer verlassen.

Für den Notfall kann man ein Erste-Hilfe-Set für Hunde dabei haben. Darin enthalten sollten sein: Verbandspäckchen, Rettungsdecke, Kompressen, Mull, Pflaster, Zeckenzange, Alkoholtupfer, Behelfsleine usw.

ERSTE-HILFE-KURSE

Wenn du viel mit Hunden zu tun hast oder für den eigenen Hund vorbereitet sein möchtest, kannst du einen Erste-Hilfe-Kurs belegen. Hundeschulen, Hundevereine und auch Tiermediziner bieten sie auch in deiner Stadt an. Hier lernst du das Erkennen von Krankheiten und Notsituationen, was in die Hundeapotheke gehört, wie Knochenbrüche stabilisiert werden, welche Maßnahmen bei Herz-Kreislauf-Störungen und Wiederbelebung ergriffen werden müssen. Die Wahrscheinlichkeit, dass du in eine derart dramatische Situation kommst, mag zwar gering sein, aber sicher ist sicher!

Sicherheit des Menschen

Fotografiert man, blendet man die Umgebung fast gänzlich aus und sieht nur noch den Bildausschnitt im Sucher. Ein Assistent, der die Umgebung im Blick hat, ist hier von Vorteil.

Mir selber ist es noch nie passiert, dass ein Hund mich ernsthaft verletzt hat oder mich angreifen wollte. Lerne zu sehen, wenn ein Hund etwas als unangenehm empfindet, und sorge dafür, dass die entsprechende Situation gar nicht erst eintritt oder umgehend abgestellt wird. Beuge dich nicht unvermittelt über den Hund, starre ihn nicht an, bewege dich ruhig, aber nicht verkrampft oder betont langsam. Schau dir zu Beginn der Session das Verhalten eines fremden Hundes erst einmal an. Wie reagiert er auf dich? Wie reagiert er darauf, dass du dich auf den Boden legst? Wie reagiert er auf Nähe? Halte dich im Zweifelsfall mehr zurück.

Selbstverständlich sollte sein, dass man den Hund nur von der Leine macht, wenn er nicht abhandenkommen oder Passanten oder Umgebung belästigen könnte.

KINDER

Insbesondere bei Kindern ist Vorsicht geboten, dass sie nicht im Eifer der Fotoaufnahmen Daisy zu sehr „liebhaben". So manches Kind lässt dem Hund zu wenig Raum. Da wird Daisy in Position gezerrt, die mit hängenden Ohren und rollenden Augen aus dem Würgegriff zu entkommen versucht. Löse solche Situationen freundlich, aber umgehend auf.

Du solltest die Warn- und Beschwichtigungssignale des Hundes kennen. Dazu gehören Züngeln, Pföteln, Zusammenkneifen der Augen, Abwenden des Blickes, Wegdrehen vom Menschen, Gähnen, angelegte Ohren, langsame Bewegungen, Zähne zeigen usw.

Wenn du dein Wissen zum Hundeverhalten vertiefen möchtest, empfehle ich dir den Besuch einer Hundeschule und das Lesen von Lektüre zu diesem Thema.

Sicherheit der Ausrüstung

Meine Ausrüstung muss einiges ertragen. Sie ist für mich ein Werkzeug und keine Trophäe für die Vitrine. Sie wird beansprucht und darf den ein oder anderen Kratzer abbekommen. Objektive und Kameras, die ich gerade nicht nutze, werden jedoch sicher und vor Schmutz geschützt in einer wetterfesten Tasche verstaut. Meine Kamera trage ich am fest gesicherten Schulterriemen, denn zuweilen kann es hektisch werden. Meine Kamera ist wetterfest und hält sogar einem mittleren Regen stand.

Mein Blitz im Studio ist an der Decke gesichert, damit er nicht umfällt. Das schont meine Nerven, selbst wenn ich mal ein äußerst ungestümes Modell im Studio haben sollte.

Eine Versicherung, die bei Verlust, Beschädigung und Diebstahl greift, kann bei teurer Profiausrüstung das berufliche Überleben sichern. Meine Ausrüstung habe ich immer bei mir und würde sie persönlich nie im Auto zurücklassen. Ich kenne zu viele Fotografen, die „nur kurz was erledigen“ wollten und zu einem aufgebrochenen Auto ohne Ausrüstung zurückkamen.

Wetter

Es gibt Wetter- und Regen-Apps, über die man sich über das bevorstehende Wetter informieren kann. Gänzlich darauf verlassen kann man sich nicht, insbesondere nicht mehrere Tage vor dem entsprechenden Termin. Dennoch sind sie gute Hilfen, wenn sie kurz vorher zurate gezogen werden. Gerade eine Regen-App ist vor und während des Shootings sehr hilfreich, möchte man erfahren, wann und wo der nächste Regen zu erwarten ist.

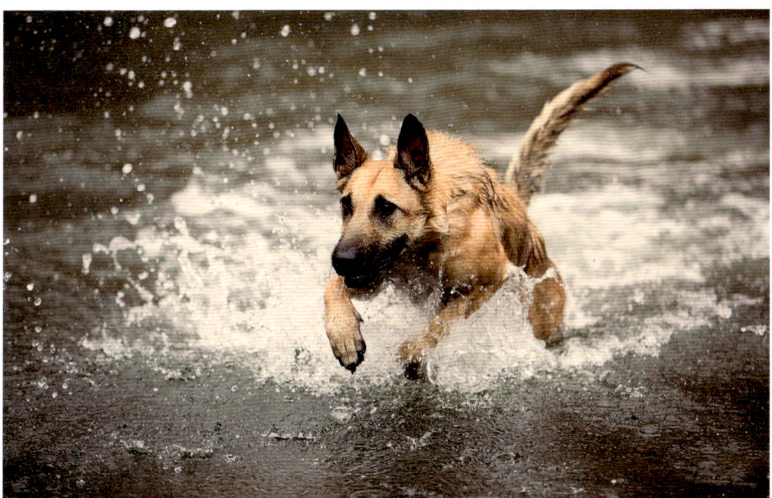

140 mm | f/2.8 | 1/1600 s | ISO 1000 – Hier regnete es den ganzen Tag, wir fanden keine Regenlücke. Hazel war bereits nass und sah bei Porträts ein wenig verloren aus. So haben wir einfach noch einen draufgesetzt und den ohnehin schon nassen Hund durchs Wasser gejagt – ihr hat's Spaß gemacht.

Ein heller, bedeckter Tag ist wunderbar für Fotos geeignet. Aber es müssen nicht immer die besten Bedingungen sein. Warum nicht einmal auch düsteres, graues Wetter nutzen? Gerade wenn alle bei möglichst guten Bedingungen fotografieren, solltest du mal die „schlechteren“ Bedingungen für etwas andere Fotos ausprobieren. Ich bin viel in Großbritannien unterwegs, wo es bekanntlich häufiger regnet. Hier packt man bei Regen nicht sofort die Kamera ein. Selbst meine sonst eher regenscheuen Windhunde vergessen schlechtes Wetter, wenn ich ihnen zur Ablenkung Unterhaltung in Form von Bewegung biete.

Jahreszeiten

Jede Jahreszeit hat ihre Vorzüge, aber auch Tücken. Man kann zu jeder Jahreszeit wunderbare Bilder im Freien machen, wenn man sie gut plant und die Vorzüge nutzt.

Frühjahr

Zu Beginn des Frühlings ist draußen alles noch recht karg. Erst im Laufe der Wochen wird es grün, und du findest für deine Fotos wunderbare Kulissen mit Blumen, blühenden Bäumen und saftigem Rasengrün bei nicht zu heißen Temperaturen. Seen und Strände hat man im Frühling noch für sich.

Achte darauf, dass du für deine Fotos generell keinen Flurschaden anrichtest. Insbesondere während der Brut- und Setzzeit ist besondere Vorsicht geboten, damit der Hund keine Gefahr für Vögel und Wildtiere darstellt. In einigen Regionen ist das Ableinen des Hundes im Freien daher untersagt. Um das Miteinander zwischen Natur, Hundebesitzern und Nichthundebesitzern nicht zu belasten, solltest du dich an die Vorschriften halten. Im Zweifelsfall bleibt der Hund, auch wenn es nicht verboten sein sollte, an der Leine oder wird auf einem gesicherten Gelände fotografiert.

Sommer

Viele halten den Sommer für die schönste Zeit für Fotos. Er bietet auf jeden Fall die meisten Sonnenstunden am Tag und herrlich lange Sommerabende mit wunderbaren Sonnenuntergängen. Aber nicht immer ist Sonne für Hundefotos gut geeignet. Eine hoch stehende Sonne ist für Fotos sehr nachteilig. Auch kann es an vielen Tagen einfach zu heiß für den Hund sein.

Um das schönste Licht zu nutzen und den Hund nicht durch zu große Hitze zu belasten, stehst du am besten entweder sehr früh auf oder legst die Session auf einen sehr späten Zeitpunkt am Tag.

Herbst

Der Herbst ist meine Lieblingsjahreszeit für Fotos. Im September und häufig noch im Oktober können die Temperaturen angenehm warm sein, ohne zu heiß zu sein. Die Sonne steht nicht mehr ganz so hoch. Das Laub färbt sich bunt und sorgt z. B. an einem Nebelmorgen für wunderschöne Kulissen, die Vegetation ist noch üppig.

Winter

Die meisten Hunde sollten keine zu großen Schwierigkeiten mit niedrigen Temperaturen haben. Es gibt die kurzfelligen Hunde, die leichter frieren können. Ein Mantel ist meistens nur notwendig, wenn der Hund krank ist oder aufgrund von fehlendem Unterfell allzu schnell friert. Bleibt der Hund in Bewegung, sollten ihm die Wintertemperaturen in unseren Regionen nichts ausmachen.

Dann stehen Fotos beim Toben über Schneewehen oder Springen nach Schneebällen nichts im Weg. So manch ein Hund wird zum irren Raser, wenn er den ersten Schnee des Jahres unter den Pfoten spürt. Auch alte Hunde werden wieder jung und bekommen ihre „fünf Minuten".

Auch wenn kein Schnee liegt, können wunderbare Fotos entstehen. Es gibt zwar nicht so viele Sonnenstunden wie in den anderen Monaten, aber dafür ist das Tageslicht zumeist zu jeder Uhrzeit nutzbar, da die Sonne den ganzen Tag über recht niedrig steht. Versuche ein Auge dafür zu entwickeln, welche Hintergründe gut zum Hund passen und nicht störend wirken. Mit ein wenig mehr Belichtung, Erhöhung von Sättigung und Kontrast kann man auch trübes und graues Wetter ein wenig lebhafter gestalten.

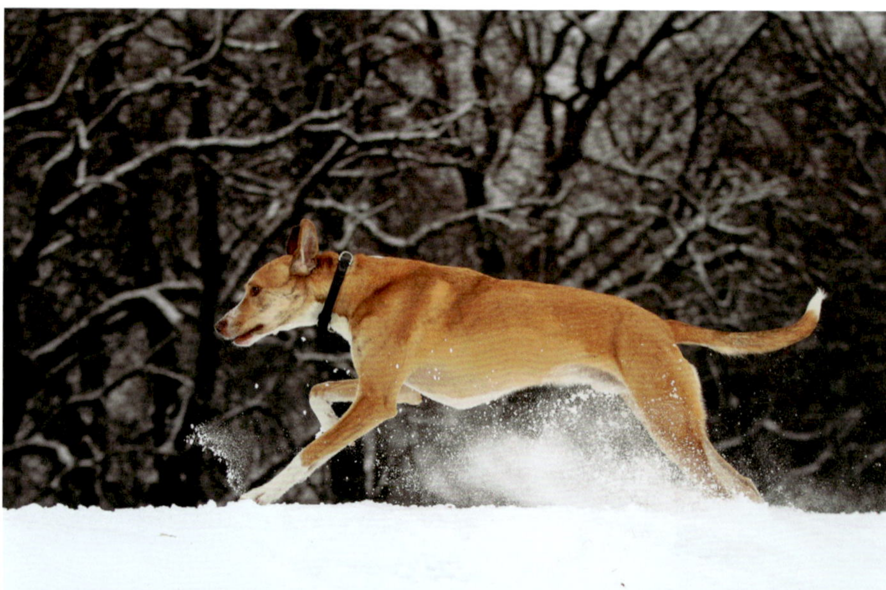

105 mm | f/3.2 | 1/1300 s | ISO 320 – Hier fliegt der Schnee schön hoch, und die mit Schnee bedeckten schwarzen Bäume im Hintergrund ergeben eine grafisch wirkende Kulisse.

Tageszeiten

Scheint die Sonne, gibt es das schönste Licht zum Sonnenaufgang und zum Sonnenuntergang. Man spricht von der goldenen Stunde und der blauen Stunde. Die blaue Stunde ist die Zeit kurz vor Sonnenaufgang und kurz nach Sonnenuntergang. Hier ist die Sonne hinter dem Horizont, das Land wird in blaues Licht getaucht. Die goldene Stunde ist die Zeit direkt nach Sonnenaufgang und vor Sonnenuntergang. Hier ist die Sonne am Horizont, steht besonders tief und sorgt für ein weiches, goldenes Licht. Es kann zu spektakulären Farben kommen.

Um herauszufinden, wann die Sonne an einem bestimmten Tag auf- oder untergeht, gib „Sonnenaufgang“ oder „Sonnenuntergang“ und das entsprechende Datum in Google ein, z. B. „Sonnenaufgang 22. Mai“. Das Ergebnis ist die exakte Minute des Sonnenaufgangs je nach Region in Deutschland, z. B. im Fall für Hildesheim 5:16 Uhr.

Zur Mittagszeit steht die Sonne am höchsten, insbesondere im Sommer. Das Licht ist hier hart und wirft unvorteilhafte Schatten bei Porträts. Zur Mittagszeit sollte man daher entweder gar nicht fotografieren oder in den Schatten ausweichen, um unschöne Kontraste auf dem Fell und starke Schatten (z. B. unter dem Kinn) zu vermeiden. Im Workshop „Zur Mittagszeit“ findest du weitere Informationen.

Licht

Die effektive Nutzung von Licht und Schatten ist einer der wichtigsten Aspekte in der Fotografie und so auch der Hundefotografie. Wetter, Jahreszeiten, Uhrzeit, Ort und Gebäudestrukturen beeinflussen die Qualität, die Richtung und die Farbe des natürlichen Lichtes. Um ausdrucksstarke Bilder mit beeindruckender Atmosphäre zu schaffen, lernst du hier, „schönes“ Licht zu erkennen und vorteilhaft zu nutzen.

Natürliches Licht

Auch an einem bedeckten Tag hat das Licht eine Richtung. Da ich zumeist möchte, dass das Gesicht „meines“ Hundes möglichst gut ausgeleuchtet ist, suche ich mir die Stelle aus, an der ich fotografiere, und die Richtung, in die der Hund am besten schauen soll. An einem Ort, der von einer oder mehreren Seiten bebaut oder bewaldet ist, sollte man den Hund in Richtung offenes Feld oder Lichtung schauen lassen.

Wolken sind natürliche Diffusoren, daher ist bei bewölktem Himmel das Licht weicher. Das Fell des Tieres wird durch die seichte, natürliche Beleuchtung einheitlich ausgeleuchtet. Dies ist insbesondere bei schwarzen oder schwarz-weißen Hunden von Vorteil.

An einem hellen bedeckten Tag sind zwar keine spannenden Spielereien mit Gegenlicht oder Sonnenstrahlen möglich, aber du kannst fast alle Kulissen nutzen, ohne in den Schatten ausweichen zu müssen.

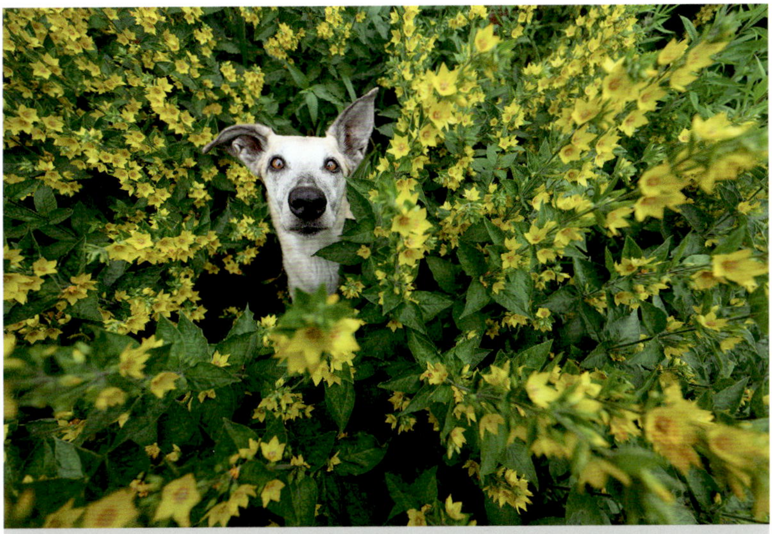

12 mm | f/2.8 | 1/500 s | ISO 200 – Ich fotografiere nur selten in der Sonne, sondern bevorzuge einen hellen, bedeckten Tag oder platziere mein Motiv im Schatten oder gegen Abend bei Gegenlicht.

Möchtest du das Tier bei Sonne fotografieren, wählst du am besten die frühen Morgen- oder die späten Abendstunden. Hier steht die Sonne tiefer, das Licht ist sanfter und es können unschöne Schattenwürfe so weit wie möglich vermieden werden. Hast du die Sonne im Rücken und schaut der Hund zu dir, hat er die volle Sonne im Gesicht. Bei Bewegungsaufnahmen ist dies von Vorteil, da so das Gesicht den bestmöglichen Kontrast für unseren Autofokus liefert. Für Porträts jedoch kann dies hinderlich sein, wenn der Hund die Augen zukneift. Daher empfehle ich dir, den Hund eher ganz leicht schräg zur Sonne zu platzieren, ohne dass die eine Gesichtshälfte abgeschattet wird.

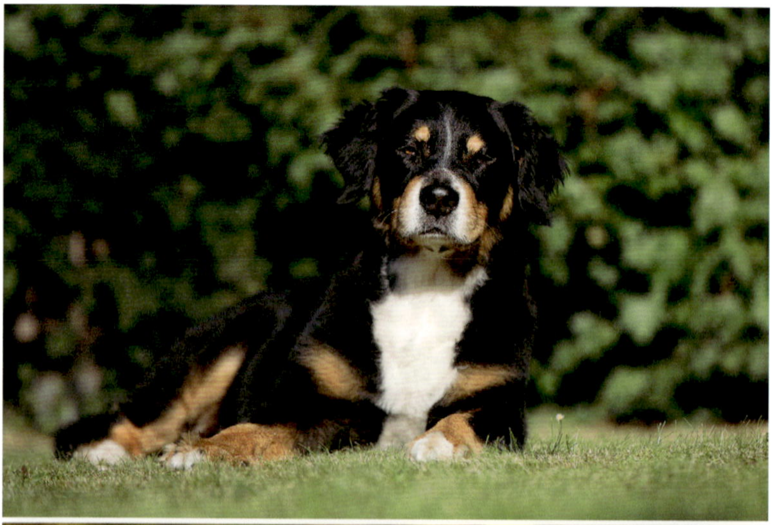

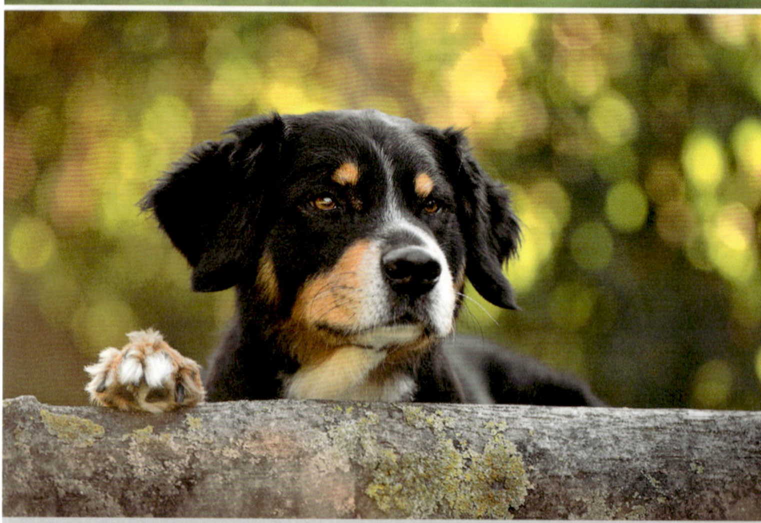

Oben: 180 mm | f/3.2 | 1/1250s | ISO 160 – Unten: 200 mm | f/3.5 | 1/800s | ISO 800 – Oben liegt Ben erst mit dem Gesicht gen Sonne. Auch wenn es bereits recht spät am Nachmittag war, ist das Licht grell und sorgt für Schatten unter dem Kinn. Der Hund kneift die Augen zu. Ich habe dann die Position mit ihm getauscht. Unten liegt er im Schatten eines Baumes; die Sonne hinter dem Laub sorgt für Gegenlicht. Das Fell ist wunderbar sanft ausgeleuchtet und erstrahlt in sanften Farben, die Augen sind weit auf und es gibt keine unschönen Schatten auf dem Fell.

Besonderheit Gegenlicht

Gegenlicht ist möglich, wenn die Sonne tief steht, und bietet eine wunderbare Stimmung. Die Farbe des Lichtes ist stimmungsvoll und lässt das Fell des Tieres strahlen.

Beim Gegenlicht platzierst du den Hund so, dass die Sonne hinter (oder besser noch leicht schräg hinter) ihm steht. Dies ist nur möglich, wenn die Sonne tief am Himmel steht, also wiederum eher am Morgen oder am Abend. Gegenlicht sorgt für eine wunderschöne Stimmung, kann aber auch seine Tücken haben, da durch das bei direktem Gegenlicht in die Kamera fallende Licht der Autofokus Schwierigkeiten bekommen kann. Auch zeigt der Hund nun seine lichtabgewandte Seite, die damit dunkler ist und wenig Kontrast aufweist, was ebenfalls das Fokussieren erschwert. Ein Reflektor oder ein Blitz zum Aufhellen dieser Seite können sinnvoll sein, möchtest du nicht Gefahr laufen, nur noch eine Silhouette (insbesondere bei schwarzen Hunden) zu bekommen.

Um Lichtreflexionen und Fokussierprobleme bei Gegenlicht zu vermeiden oder abzuschwächen, sollte das Sonnenlicht nicht direkt auf die Linse treffen. Bring also die Gegenlichtblende an. Am besten fotografierst du aus dem Schatten (z. B. unter einem Baum) heraus, um sicherzugehen. Sorge dafür, dass die Sonne entweder direkt hinter dem Hund steht oder leicht außerhalb deines Bildausschnitts liegt, um zu große Schwierigkeiten beim Fokussieren und mit Lichtreflexionen zu vermeiden und dennoch die volle Pracht des Gegenlichts nutzen zu können.

Ist dir das direkte Gegenlicht zu harsch, sorge dafür, dass es durch eine Hecke oder einen Baum und dessen Laub „gefiltert“ oder abgeschwächt wird. Insbesondere bei hellen Hunden kann dies von großem Vorteil sein, da ansonsten das helle Fell leicht ausbrennt (also so überbelichtet ist, dass keine Struktur mehr zu sehen ist) und unschön an den sonnenbestrahlten Konturen ausreißen kann.

Ich setze einen Hund gern in den Schatten einer Hecke oder eines Baumes, durch dessen Laub das Gegenlicht zu sehen ist. Der Hund ist dann einheitlich ausgeleuchtet, während das Gegenlicht die Kulisse zum Strahlen bringt.

Stelle Blende und Verschlusszeit und ISO-Wert manuell ein, da bei Gegenlicht deine Kamera aufgrund des vielen Lichtes die richtige Belichtung dieser Szenerie nicht hinbekommen und in der Programmautomatik das Bild sehr wahrscheinlich stark unterbelichten wird. Siehe dazu auch den Workshop „Gegenlichtaufnahme“.

DIREKTES GEGENLICHT BEI DUNKLEN HUNDEN

Bei direktem Gegenlicht und dunklem Hund kann es sein, dass der Autofokus der Kamera gänzlich den Dienst versagt und keinen Kontrast findet, um „anzudocken". Dann kannst du entweder manuell fokussieren oder auf die Kontur des Hundes fokussieren anstelle des Gesichts. Fehlenden Kontrast kannst du in der Nachbearbeitung durch Kontraststeigerung interessanter gestalten. Fotografiere auch hier in RAW, um das bestmögliche Ausgangsmaterial zur späteren Nachbearbeitung zu erhalten.

Weißabgleich

Licht hat je nach Beleuchtungsquelle und Wellenlänge eine andere Farbtemperatur. Eine kürzere Wellenlänge sorgt für mehr Blauanteil, eine höhere Wellenlänge für mehr Rotanteil. Die Farbtemperatur wird in Kelvin angegeben. Über den Weißabgleich erfolgt die Anpassung des Bildes an die Farbtemperatur. Mittags ist das Licht blauer (kälter), abends röter (wärmer), bevor es wieder blauer wird (blaue Stunde). Das Licht ist auch im Schatten und bei bewölktem Himmel blauer. Der Weißabgleich dient dazu, im Bild die Farbtemperatur des Lichtes am Aufnahmeort wiederzugeben. Du kannst ihn aber auch nutzen, um das Bild wärmer oder kälter erscheinen zu lassen.

Unser Auge und Hirn verleiten uns dazu, weiße Objekte auch als weiß zu sehen und schwarze als schwarz, obwohl dies bei unterschiedlichen Lichtstimmungen recht unterschiedlich sein kann. Die Kamera nimmt die Welt jedoch ohne unsere menschlichen Vorurteile auf. So hat der Hund zuweilen im Bild eine Nase mit Blaustich, wenn man das Tier im Schatten fotografiert. Hier schafft der Weißabgleich Abhilfe. Stellst du ihn auf eine wärmere Farbtemperatur ein, verschwindet der Blaustich. Das kann sowohl in der Kamera bei der Aufnahme als auch in der Nachbearbeitung geschehen. Ein wärmerer Weißabgleich lässt braunes Fell in seinem ganzen Glanz erstrahlen, während es mit kälterem Weißabgleich noch recht unbunt aussehen kann. Ich stelle daher immer einen eher wärmeren Weißabgleich ein.

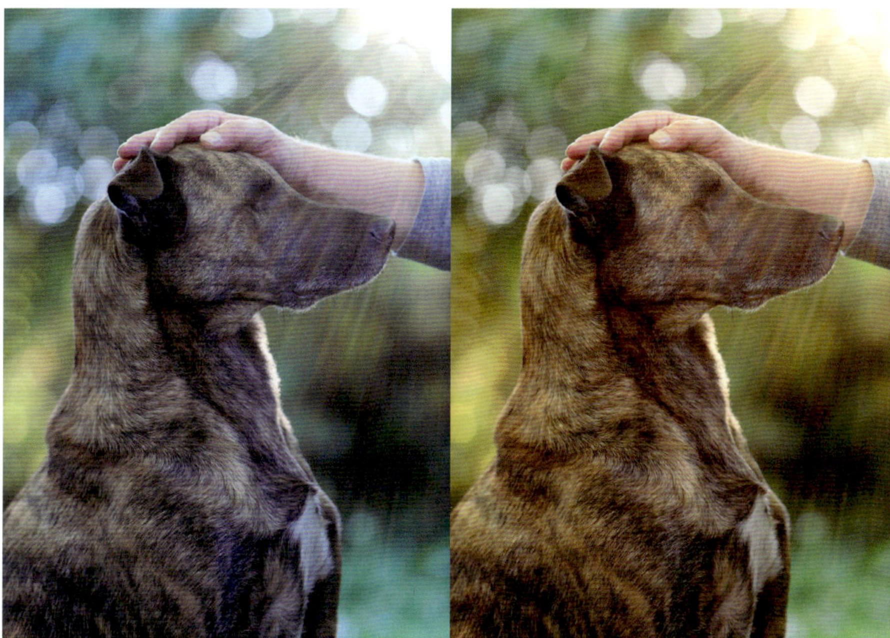

135 mm | f/2 | 1/400 s | ISO 800 – Hier sieht man den Unterschied zwischen einem zu blauen Weißabgleich und einer späteren Korrektur. Der Blaustich in den schwarzen Bereichen verschwindet und das braune Fell erstrahlt in seiner natürlichen Farbe. Kelvin-Wert im linken Bild: 4150, im rechten Bild: 5150.

Künstliches Licht

Bei künstlichem Licht unterscheidet man zwischen Blitz- und Dauerlicht. Wie der Name sagt, blitzt der Blitz, während das Dauerlicht dauerhaft brennt.

Ein Dauerlicht ist beispielsweise unsere ganz normale Raumbeleuchtung. Diese ist jedoch zumeist recht schwach und kann eine sehr gelbe Farbtemperatur haben. Insbesondere in Kombination mit natürlichem Licht, das von draußen einfällt, führt dies zu unschönen Farbwechseln im Bild. Der Einsatz von Tageslichtlampen, die farbneutral sind, ist daher empfehlenswert, möchte man Räumlichkeiten aufhellen. Mehr dazu findest du im Abschnitt „Dauerlicht“.

Richtig eingesetzt kann man sich mit Blitzlicht sowohl in Innenräumen als auch im Freien Welten erschließen. Doch auch wenn man mit Blitzlicht wunderbare Ergebnisse erzielt, solltest du ihn nur einsetzen, wenn du weißt, was du tust. Sonst läufst du Gefahr, das Bild und die Stimmung „totzublitzen“. Ein kamerainterner Blitz, der das Tier frontal und ungefiltert anstrahlt, ist so gut wie nie hilfreich. Die grelle Beleuchtung des Blitzes kann das Motiv überbelichten und zu hell erscheinen lassen, während der Hintergrund düster absäuft.

Auch kann sich bei frontalem Blitzen mit einfachem Kamerablitz der sogenannte Rote-Augen-Effekt einstellen. Ein Blitz sollte am besten von der Kamera entfesselt (nicht direkt an der Kamera befestigt) eingesetzt und mit sogenannten Lichtformern versehen sein. Mehr dazu findest du im Abschnitt „Lichtformer“.

Location

Für die Hundefotografie stehen eine Vielzahl an Möglichkeiten in Bezug auf die Location zur Verfügung. Nicht jede Location ist für jeden Hund geeignet, aber dafür ist die Auswahl grenzenlos. Du kannst den Hund in Innenräumen oder im Freien fotografieren. Da gibt es das Studio, das Wohnzimmer, den Hauseingang, den eigenen Garten, das Feld, den Wald, den Fluss, den See, den Strand, die Innenstadt, das Industriegebiet, den eigenen Arbeitsplatz, den Supermarktparkplatz ... warte, was? Den Supermarktparkplatz? Ja, probiere auch Locations aus, die du für unfotogen hältst! Fotos von Blumenwiesen und im Wald sind ein Garant für Bilder, die vielen gefallen, aber denke immer daran, die ausgetretenen Pfade hier und da zu verlassen, um auch die etwas anderen Bilder zu machen, die aus der Masse herausstechen.

Im Auto habe ich immer einen Notizblock, in dem ich Orte vermerke, die mir unterwegs auffallen und die ich als zukünftige Foto-Location nutzen könnte. So vergesse ich sie nicht und kann bei Gelegenheit prüfen, ob sie wirklich für ein Shooting geeignet sind.

Die Umgebung im Freien

Hintergründe für Porträts gibt es in der Natur endlos viele. Suche nach Hecken, Bäumen, Mauern, Toren usw. Überlege bei allem, was im Bild abgebildet wird, ob es wirklich zur Geschichte beiträgt. Lenkt es ab? Dann lass es am besten gleich bei der Aufnahme weg. Wähle einen anderen Winkel oder Standort, um das störende Element im Vorder- und/oder Hintergrund zu vermeiden. Soll sich das Foto auf das Tier und nicht auf dessen Umgebung konzentrieren, wirkt es besonders schön, wenn sich das Motiv durch einen möglichst unscharfen Hintergrund abhebt. Hast du eine Kamera, bei der du die Blende selber wählen kannst, so wähle eine möglichst große Blendenöffnung, das heißt eine niedrige Blendenzahl aus, (z. B. f/2.8). Dies sorgt dafür, dass der Hintergrund unschärfer abgebildet wird. Mehr dazu im Kapitel „Wie bekomme ich den Hintergrund unscharf?“

Du kannst auch nach einer besonders einheitlichen oder kontrastierenden Kulisse Ausschau halten, z. B. einer hübsch gestrichenen Tür, einem Scheunentor, dem blauen Himmel, einem Zaun, einem Blumenfeld usw. Im Idealfall ist die Farbe des Hintergrunds auf die Fellfarbe des Tieres abgestimmt – z. B. ein brauner Labrador vor einer grünen Tür. Die Optionen sind endlos, auch wenn man dafür zunächst ein Auge entwickeln muss. Mach es dir zur Aufgabe, immer mal wieder nach solchen Orten zu suchen.

STÖRENDE BILDELEMENTE AUSFINDIG MACHEN

Konvertiere dein Foto vorübergehend in Schwarz-Weiß, um Bereiche im Bild ausfindig zu machen, die heller sind als der Rest. So findest du störende Stellen, die dir in Farbe vielleicht nicht aufgefallen wären. Die hellste Stelle im Bild zieht die Blicke auf sich. Ist dies nicht das Bildelement, das du herausstellen möchtest, entferne oder korrigiere es mittels Nachbearbeitung.

Innenräume

In Innenräumen herrscht zumeist eine recht schlechte Beleuchtungssituation. Ist es hell genug, um den Hund mit einem lichtstarken Objektiv zu fotografieren? Oder benötigst du einen Aufhellblitz oder Dauerlicht?

Eine möglichst große Blendenöffnung ist nicht nur vorteilhaft, um das vorhandene Licht zu nutzen, sondern lässt den Hintergrund unscharf erscheinen. Sorge dennoch im Vorfeld dafür, dass die Umgebung nicht allzu chaotisch und unaufgeräumt ist. Insbesondere grelle Farben wie Rot oder Orange ziehen schnell den Blick auf sich, den eigentlich dein Motiv verdient haben sollte.

Sollte der Raum recht dunkel sein, dann nutze einen Aufsteckblitz, den du gegen die Wand blitzen lässt. Hierzu sollte die Wand möglichst nicht farbig sein, damit das Bild keinen Farbstich erhält. Weiß ist am vorteilhaftesten. Wird das Licht von der hellen Wand reflektiert, erhältst du eine schön einheitliche Ausleuchtung. Diese Methode solltest du in jedem Fall einmal ausprobieren, denn Aufsteckblitze müssen nicht viel Geld kosten und können dir in düsteren Innenräumen sehr gute Dienste leisten.

Ganz wunderbar lassen sich auch Porträts am Fenster machen. Nutze hier das sanfte Licht, das an einem hellen bedeckten Tag einfällt, oder ein Fenster auf der sonnenabgewandten Seite des Hauses. Platziere den Hund so, dass er zum Fenster schaut oder vom einfallenden Licht schön ausgeleuchtet wird.

Im Studio

Studiobilder sind meist recht einfach gehalten. Häufig wirst du hier einen Hund vor einem einheitlichen Hintergrund (z. B. einem Karton oder Stoff) fotografieren. Aber auch im Studio kann man Kulissen erschaffen und Geschichten erzählen.

Das Studio kann aufgrund der Lichter für manchen Hund eine Herausforderung sein. Sehr ängstliche Hunde werden den Blitz vielleicht nicht tolerieren. Wichtig ist, den Hund mit Bedacht, Ruhe und Spaß an die Atmosphäre heranzuführen. Informationen zur Ausrüstung im Studio findest du im Kapitel „Studioausrüstung“.

Kulissen bestmöglich nutzen

Interessante Bilder können überall entstehen, wenn man sich Gedanken macht. Ich schwöre darauf, sich einzuschränken, um kreativer zu sein. Überlege, welche Locations du gänzlich unfotogen findest. Das kann recht subjektiv sein. Ist es die Betonburg im Industriegebiet? Gibt es dort kleine Oasen, Farbklekse, interessante Strukturen? Oder die graue Wand zum Nachbarn? Ist es der trockene Busch im Garten oder die winzige Rasenfläche hinterm Haus?

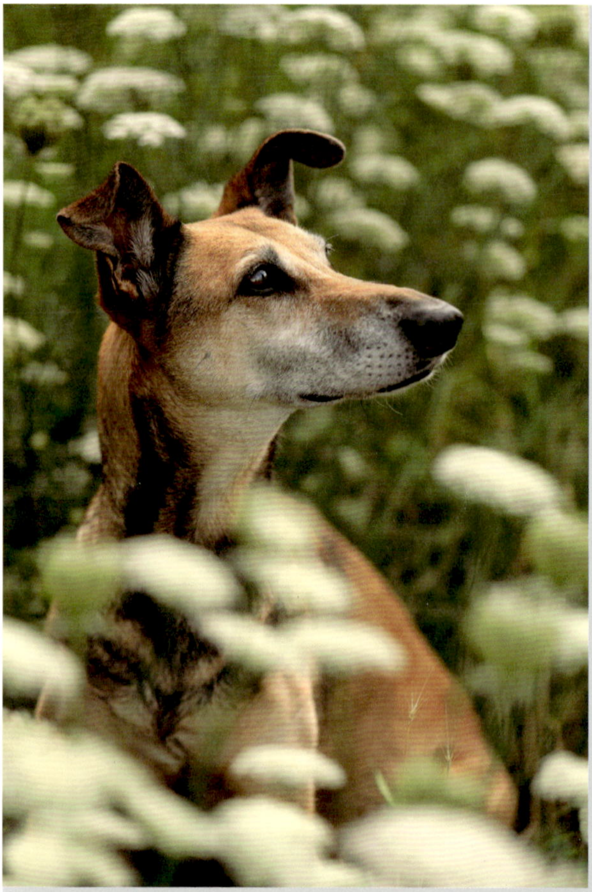

135 mm | f/2.8 | 1/1000 s | ISO 250 – Dank des Einsatzes einer langen Brennweite, um den Hintergrund möglichst so zu komprimieren, dass die hässliche Industriekulisse nicht im Bildausschnitt ist, und der Wahl einer großen Blende, um den Hintergrund noch weiter auszublenden, kann man den Eindruck erwecken, der Hund stünde inmitten eines Blumenmeeres.

Durch geschickten Einsatz von Brennweite, Perspektive, Blende usw. kannst du noch so unfotogen erscheinende Locations so komprimieren und gestalten, dass du dein Motiv wunderbar in Szene setzen kannst.

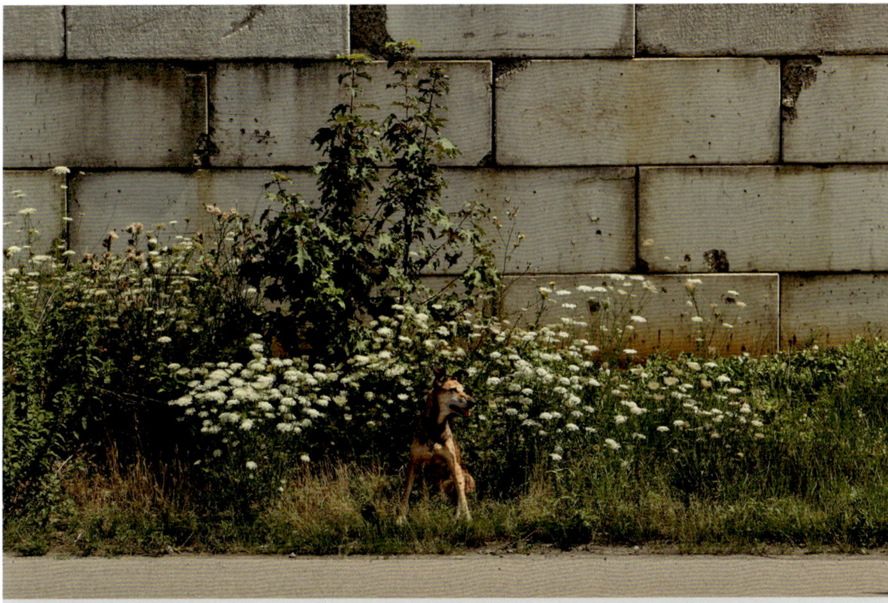

Und hier das Making-of. Wir waren im Industriegebiet unterwegs – auch hier findet man einfache Grünstreifen.

Einfache Kulissen für zu Hause

Dein Wohnzimmer ist nicht allzu fotogen, du möchtest aber dennoch an regnerischen Tagen nicht nach draußen gehen, um Fotos zu machen? Hier ein paar Tipps, wie du dein Tier auch mit einfachen Mitteln in den eigenen vier Wänden in Szene setzen kannst.

Eine meiner Lieblingskulissen ist eine einfache Tür. Die hast auch du zu Hause. Hier musst du dir keine Gedanken um den Hintergrund machen. Den Hund stellst du in die Tür, sorgst dafür, dass sie nicht zuschlägt, und mit ein paar Leckerlis modelt er, als hätte er noch nie etwas anderes gemacht. Im Idealfall hat die Tür ein fotogenes Aussehen wie eine schöne, einheitliche Farbe oder interessante Strukturen.

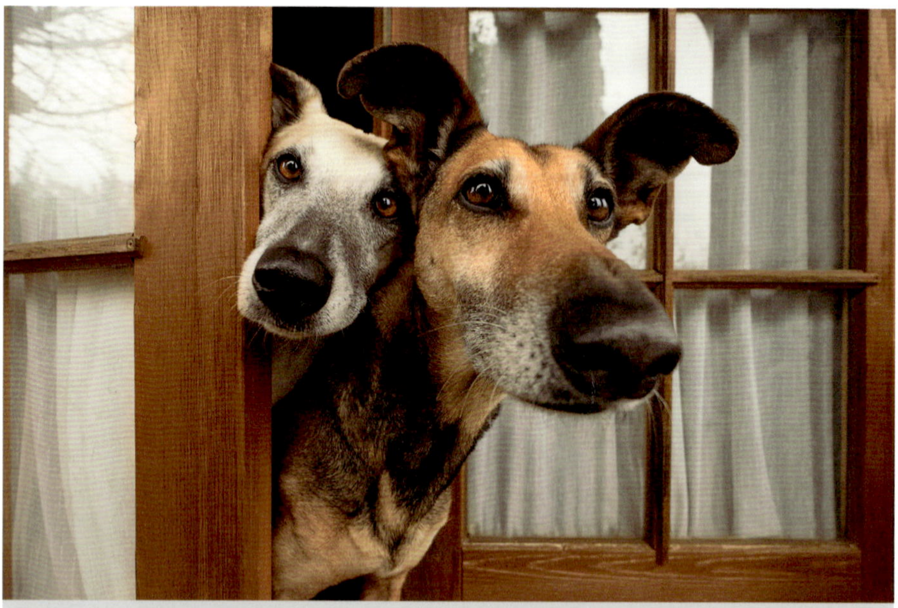

15 mm | f/4 | 250 s | ISO 1600 – Eine Tür kann immer eine einfache Kulisse sein, bei der man sich nicht um Hinter- oder Vordergrund sorgen muss.

Ein weiteres Beispiel für eine Kulisse, die man schnell selber erzeugen und damit einen uninteressanten oder unaufgeräumten Hintergrund ausblenden kann, ist ein Tuch oder eine Decke, die du (z. B. über Stuhllehnen) aufhängst. Allein mit einer Decke kannst du schon viele Möglichkeiten zaubern und Farbe ins Spiel bringen. Ein Sofa bietet auch einem größeren Hund Platz und kann für einen einheitlichen Hinter- und Untergrund sorgen.

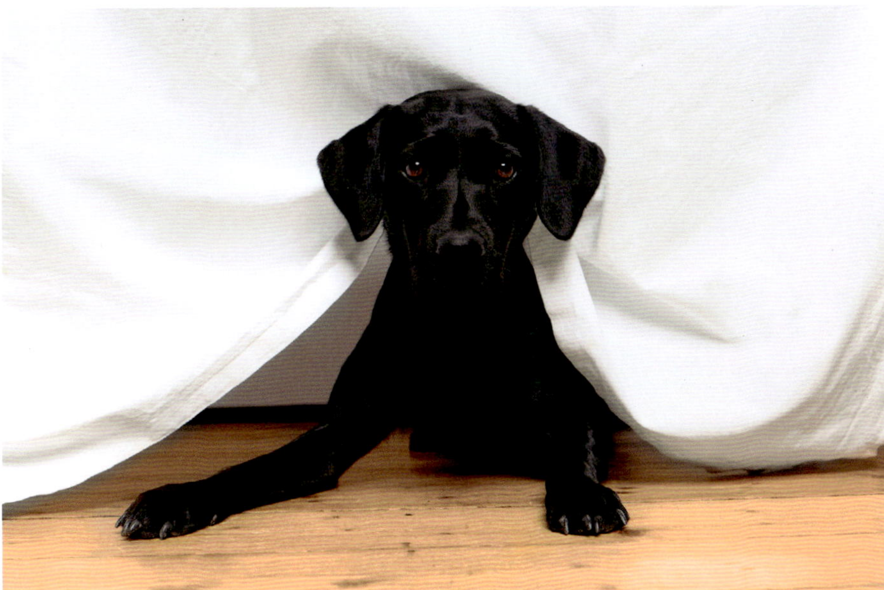

48 mm | f/4.5 | 1/1000 s | ISO 320 | Studioblitz – Eine derart einfache Kulisse nutze ich gerne bei Hausbesuchen. Soll ich einen Hund oder eine Katze in einem Wohnzimmer fotografieren, spanne ich für ein paar Bilder eine Decke oder einen Stoff auf und lasse das Tier darunter hervorschauen. So muss ich mir keine weiteren Gedanken um den Hintergrund machen und habe ein paar schöne, aufgeräumte Fotos für das Familienalbum.

DIE AUFNAHME

In diesem Kapitel dreht sich alles um die Aufnahme selber. Du erfährst die richtigen Kameraeinstellungen und erhältst Tipps zur Bildgestaltung und dazu, wie du scharfe, gut belichtete und gestaltete Bilder einfängst. Ich erläutere dir die wichtigsten Begriffe der Kameratechnik und zeige dir, wie du deinen Hund besonders ansprechend und emotional auf den Sensor bannst.

Jeder fängt irgendwo an

Auch wenn es unendlich viele Techniken und Stile gibt, einen Hund zu fotografieren, gibt es doch einige Konventionen, die wir als Richtlinien heranziehen können, um mit einem interessanten Bild aufzuwarten. Man sieht die wunderbaren Fotos da draußen und fragt sich, warum die eigenen Ergebnisse nicht daran heranreichen. Den Blick dafür kann man sich jedoch aneignen, damit dir Anfängerfehler nicht mehr passieren.

Das Motiv ist unscharf

Es gibt viele Ursachen dafür, dass ein Bild unscharf geworden ist. Wir selber können die Kamera bewegen und damit das Bild verwackeln, aber wir haben zusätzlich auch ein sich bewegendes Motiv, was zu Bewegungsunschärfe und Fehlfokussierungen führen kann. Eine grundlegende Regel ist, dass die Augen unseres Motivs scharf sein sollten. Wie das geht, lernst du im Kapitel „Schärfe“.

Das Licht ist unschön

Das Licht und wie man es für seine Bilder nutzt, ist einer der wichtigsten Aspekte in der Fotografie. Vielfach besteht die Meinung, schöne Bilder seien nur bei Sonnenschein möglich. Dass aber viel Licht auch zu viel (auch unschönen) Schatten führen kann und wie du das Licht für die Hundefotografie am vorteilhaftesten nutzt, erfährst du im Kapitel „Licht“.

Das Bild ist zu dunkel

Da hat man den schönsten schwarzen Hund der Welt und erhält immer nur ein undefiniertes, schwarzes Etwas, wenn man ihn fotografiert. Im Kapitel „Die richtige Belichtung“ liest du, wie du Hunde jeglicher Fellfarbe auch bei schwierigen Bedingungen richtig belichtet auf den Sensor bannst.

Der Hund ist zu klein im Bild

Wenn dein Bild zum Suchspiel wird, hast du dein Motiv noch nicht beeindruckend genug herausgestellt. Da ist irgendwo ein kleiner Hund aus deiner Augenhöhe herunter fotografiert, halb von hinten, weil er schon wieder woandershin unterwegs war auf großer unkrautbewachsener Wiese. Der Schwanz war auch nicht mehr vollständig im Bild. Mach deinen Hund zum Hauptdarsteller und räume ihm den nötigen Platz im Bild ein. Dies lernst du in den Kapiteln „Bildaufbau“ und „Perspektive“.

Der Hintergrund lenkt ab

Der Hintergrund ist genauso wichtig wie das Motiv. Alles, was im Bild verewigt ist, sollte zur Geschichte beitragen. Da ist die Mülltonne im Hintergrund gewesen, aber wenn man den Hund eben nur im Garten laufen lassen kann, muss man damit leben? Nein, auch das kann man planen, sehen lernen und in Zukunft weglassen. Hierüber mehr im Kapitel „Location“.

Der Ausdruck des Hundes ist langweilig

Dein Carlos ist der lustigste, schlaueste Hund der Welt, aber auf Fotos schaut er wie sieben Tage Regenwetter? Wie du deinen Hund motivierst und Emotionen in dein Bild bringst, lernst du in den Kapiteln „Die Aufmerksamkeit des Hundes steuern“ und „Den Charakter des Hundes einfangen“.

Kameratechnik

Blende

Die Blende ist eine Öffnung im Objektiv, durch die das Licht auf den Sensor fällt. Sie kann groß oder nur klein geöffnet werden. Gekennzeichnet wird der Grad der Öffnung durch die sogenannte Blendenzahl, die von z. B. f/2.8 (eine große Blendenöffnung) bis hin zu f/22 (eine sehr kleine Blendenöffnung) reichen kann.

Ist die Blende groß geöffnet, fällt viel Licht herein. Ist die Blende klein geöffnet, nur wenig. Bei weit geöffneter Blende ist bei ansonsten gleichbleibenden Parametern eine schnellere Verschlusszeit möglich. Die Blendenöffnung hat zudem Auswirkungen auf die sogenannte Tiefenschärfe, die ich im Folgenden erkläre.

Tiefenschärfe

Die Tiefenschärfe ist der scharf abgebildete Bereich, der sich von vor der Schärfeebene bis dahinter erstreckt. Je größer die Blendenöffnung, desto schmaler ist die Ebene, die im Bild scharf ist. Wird auf die Pupille des Hundes fokussiert, ist bei sehr großer Blendenöffnung nur die Ebene scharf, auf der die Pupille liegt. Die Nase z. B. kann gänzlich verschwommen sein.

Um eine größere Tiefenschärfe zu erreichen, müsstest du eine kleinere Blendenöffnung wählen (abblenden). Mit einer kleineren Blendenöffnung von z. B. f/11 hast du dann bei sonst gleichen Bedingungen (z. B. Abstand zum Tier, Brennweite usw.) eine größere Tiefenschärfe im Bild. Dann ist vielleicht die Pupille und auch noch der Bereich ein paar Milli- oder Zentimeter vor und hinter der Pupille scharf.

MERKSATZ FÜR DIE BLENDE

Große Blendenöffnung → geringe Tiefenschärfe
Kleine Blendenöffnung → große Tiefenschärfe

Auch die Brennweite und der Abstand zum Motiv haben entscheidenden Einfluss auf die Tiefenschärfe. Je länger die Brennweite, desto geringer die Tiefenschärfe. Und je näher der Abstand zum Motiv ist, desto geringer wird die Tiefenschärfe.

In den folgenden Bildern habe ich zwischen den Brennweiten gewechselt. Bei Verwendung eines Weitwinkels saß ich sehr nah am Hund und bei einer Telebrennweite weiter entfernt. Den Hund habe ich immer gleich groß im Bild platziert.

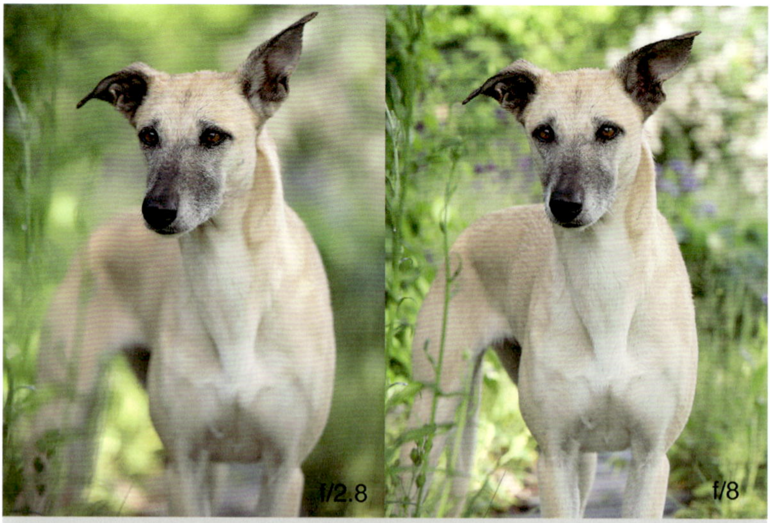

Links: 135 mm | f/2.8 | 1/200 s | ISO 100 – Rechts: 135 mm | f/8 | 1/500 s | ISO 500 – Hier sieht man die Auswirkungen der Wahl der Blende auf die Tiefenschärfe. Je kleiner die Blendenöffnung, desto mehr Details werden sichtbar.

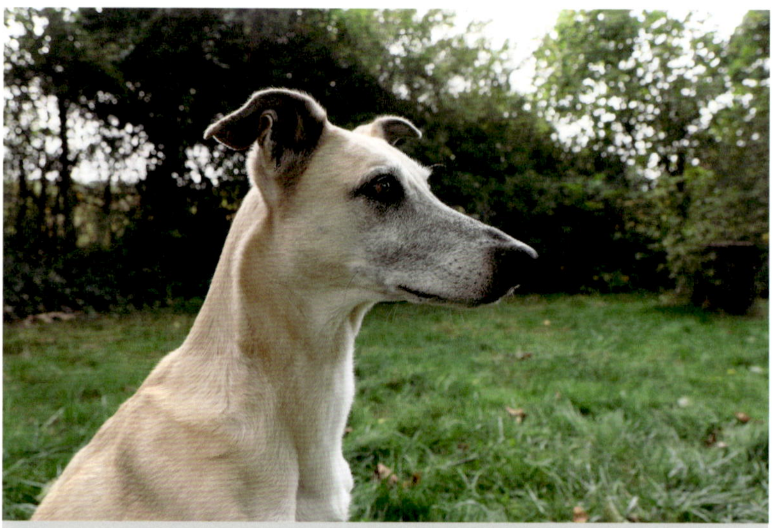

24 mm | f/4 | 1/500 s | ISO 640 – Die Auswirkungen der Brennweite und des unterschiedlichen Abstands zum Hintergrund: Der Hintergrund ist beim Weitwinkelbild noch klar definiert, Einzelheiten sind zu erkennen.

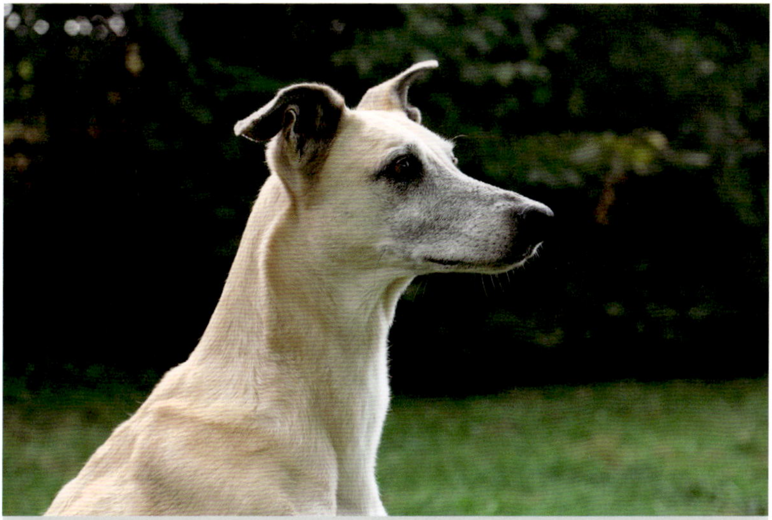

75 mm | f/4 | 1/500 s | ISO 640 – Bei längerer Brennweite wird der Hintergrund bei ansonsten gleichbleibenden Parametern immer unschärfer und komprimierter.

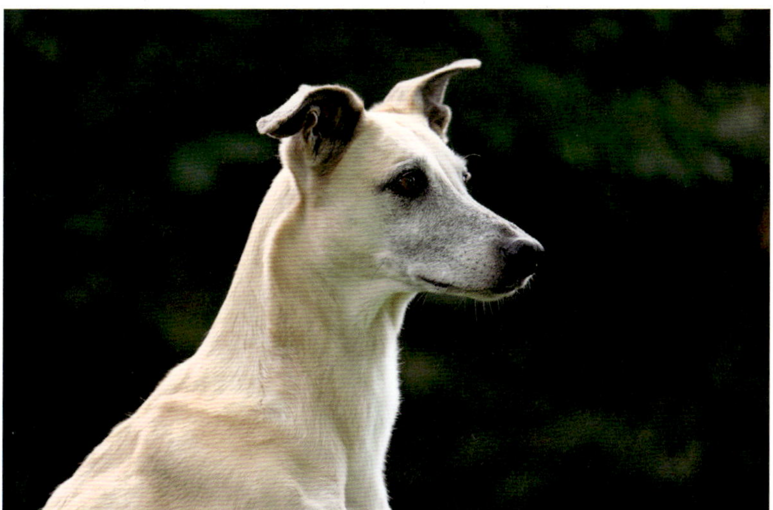

210 mm | f/4 | 1/500 s | ISO 640 – Mit sehr langer Brennweite kann man den Hund vor einem gänzlich unscharfen Hintergrund freistellen.

Verschlusszeit

Du kannst die Menge des Lichtes, die auf den Sensor fällt, nicht nur durch die Größe der Blendenöffnung regeln, sondern auch dadurch, wie lange du Licht einfallen lässt. Diese Dauer nennt man Verschlusszeit. Geht der Verschluss auf, beginnt die Belichtung. Geht der Verschluss wieder zu, fällt kein Licht mehr auf den Sensor. Es wird kein Bild mehr aufgenommen.

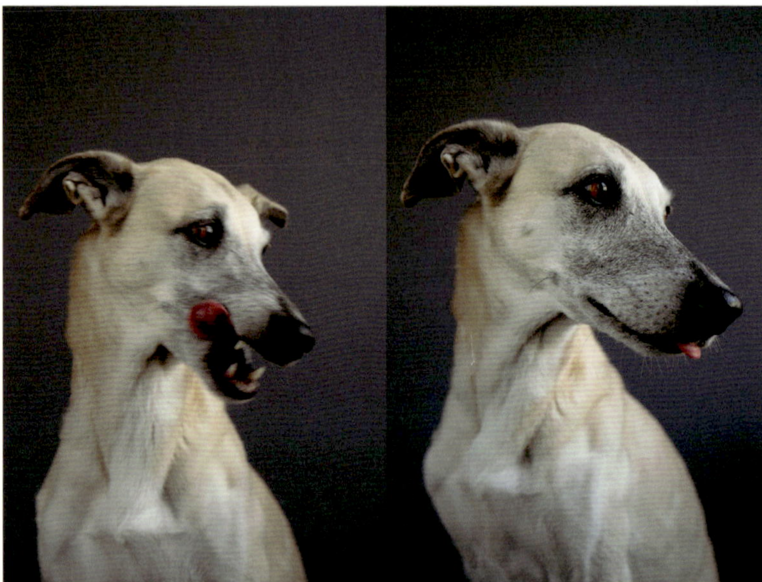

Links: 56 mm | f/2.8 | 1/60 s | ISO 200 – Rechts: 40 mm | f/2.8 | 1/400 s | ISO 800 – Links führte die sehr langsame Verschlusszeit sowohl zu einem Verwackeln durch die Fotografin als auch zu einer Bewegungsunschärfe durch den Hund. Das rechte Bild ist scharf, obwohl auch hier der Hund leicht den Kopf drehte und das Maul bewegte. Ein Verwackeln ist bei 1/400 s so gut wie nicht mehr möglich, wenn weder Fotograf noch Tier allzu hektisch agieren.

Eine schnelle Verschlusszeit beträgt nur Bruchteile von Sekunden, z.B. 1/8000 s. Eine Verschlusszeit von 1/60 s ist bereits sehr langsam, wenn es um Hundefotografie geht. Hier kann man die Kamera kaum verwacklungsfrei halten, es sei denn, man montiert die Kamera auf einem Stativ. Da du aber ein Motiv hast, das sich bewegt, solltest du fast ausschließlich schnellere Verschlusszeiten verwenden, um scharfe Bilder zu erhalten.

DIE WICHTIGSTEN VRSCHLUSSZEITEN

Für Porträtaufnahmen von Hunden wähle ich mindestens eine Verschlusszeit von 1/200 s, um ein Verwackeln und auch eine Bewegungsunschärfe des Hundes zu vermeiden.

Schnelle Bewegungen des Hundes erfordern schnellere Verschlusszeiten. Einen eher hektischeren Hund fotografiere ich daher auch beim Porträt mit mindestens 1/400 s, einen schnell laufenden Hund mit mindestens 1/1000 s, um die Bewegung einzufrieren.

Schüttelt ein Hund sich das Wasser aus dem Fell, sind noch sehr viel kürzere Verschlusszeiten notwendig, um auch die Wassertropfen scharf darzustellen, ca. ab 1/8000 s.

ISO-Wert

Der dritte Faktor bei der Belichtung ist der sogenannte ISO-Wert. Der ISO-Wert gibt die Lichtempfindlichkeit des Sensors an. Die Werte reichen von ca. 100 bis z. B. 25 000, wobei 100 einen lichtunempfindlichen Sensor bezeichnet und 25 000 einen sehr lichtempfindlichen (fast schon mit einem Nachtsichtgerät zu vergleichen). Je höher der Wert, desto mehr „Bildrauschen" tritt auf, also Störungen im Bild durch in Farbe und Helligkeit vom Originalbildpunkt abweichende Pixel. Dies wird als störend empfunden. Um ein möglichst qualitativ hochwertiges, klares Bild ohne Rauschen zu erhalten, ist es daher ratsam, einen kleineren ISO-Wert zu wählen, z. B. ISO 200.

RAW oder JPG

Auch wenn du keinerlei Nachbearbeitung deines Bildes anstrebst und daher nur die JPG-Datei benötigst, rate ich dir, auch die RAW-Datei zu speichern. Warum? Die JPG-Datei ist zwar das Format, das man zum Drucken herausgibt und im Internet zeigen kann, es ist jedoch auch komprimiert. Zum Beispiel wird in ihr nur eine Farbtiefe von 8 Bit verzeichnet, während das RAW-Format bis zu 24 Bit aufnimmt. Wenn du später doch einmal die Bildbearbeitung für dich entdeckst oder ein Bild noch Nachbearbeitung benötigt, kannst du auf die RAW-Datei zurückgreifen, mit der du verlustfreier arbeiten kannst. Arbeitest du in der Nachbearbeitung an einer JPG-Datei, wirst du schnell beim Erhöhen der Helligkeit usw. eine Verschlechterung der Bildqualität sehen.

AUSMISTEN KANN BEFREIEND SEIN

RAW-Dateien nehmen mehr Speicherplatz ein, aber den kannst du an anderer Stelle einsparen, wenn du es dir zur Gewohnheit machst, die nicht gelungenen Bilder zu löschen.

Schärfe

Ursachen für ein unscharfes Bild gibt es diverse: Bewegungsunschärfe, Verwackeln und Fehlfokussierung. Bei der Bewegungsunschärfe hat sich unser Motiv bewegt. Beim Verwackeln haben wir die Kamera bewegt, und bei der Fehlfokussierung liegt der Fokus nicht dort, wo wir ihn haben wollen.

Um zu verhindern, dass eine Unschärfe durch die Bewegung des Tieres auftritt, wählst du eine Verschlusszeit, die kurz genug ist, um die Bewegung „einzufrieren". Bei rennenden Hunden ist eine Verschlusszeit von mindestens 1/1000 s ratsam. Bewegt sich der Hund nur langsam, können auch langsamere Verschlusszeiten die Bewegung einfrieren.

Eine Faustregel besagt, dass man bis zu einer sogenannten Freihandgrenze (bei der man in jedem Fall verwackelt) den Kehrwert der Brennweite sicher halten kann, ohne zu verwackeln. Je länger die Brennweite, desto schneller muss die Verschlusszeit sein. Gehen wir mal von einem statischen Motiv aus, das wir freihand fotografieren wollen, sollte man also bei einer Brennweite von 100 mm eine Verschlusszeit von mindestens 1/100 s wählen, bei einer Brennweite von 50 mm dann 1/50 s. Bei einer noch längeren Verschlusszeit ist es kaum möglich, ohne Stativ verwacklungsfrei zu fotografieren, aber nachdem wir ja ein Modell haben, das sich bewegt, rate ich in jedem Fall auch bei Porträts zu einer Verschlusszeit von mindestens 1/200 s oder schneller, falls du selber hektisch bist oder der Hund jung und auch beim Sitzen eher ungestüm.

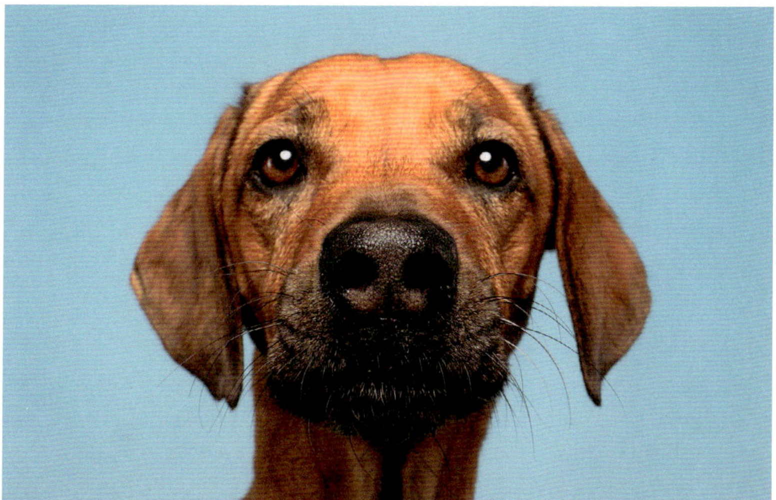

40 mm | f/9 | 1/1000 s | ISO 320 | Studioblitz – Bei diesem Bild ist versehentlich die Nase scharf geraten anstelle der Augen. Grund hierfür kann sein, dass Hund oder Fotografin sich nach dem Scharfstellen und Speichern der Schärfe bewegt haben oder das Fokusfeld auf der Nase lag.

Um zusätzliches Verwackeln zu verhindern, solltest du nicht zu hektisch agieren, einen sicheren Stand wählen und den Auslöser nicht zu hart anschlagen.

Bei Fehlfokussierungen gibt es durchaus eine scharfe Ebene, aber nicht an der richtigen Stelle. So ist vielleicht die Nase scharf und nicht die Augen. Hierzu musst du die Fokus-Betriebsarten kennen und richtig einsetzen. Diese stelle ich dir im Folgenden vor.

Fokus-Betriebsarten

Die Wahl des geeigneten Fokusmodus in Kombination mit der passenden Messfeldsteuerung sind wichtige Entscheidungen, die man fällen muss, um scharfe Bilder zu erhalten.

Bei den Fokusmodi unterscheidet man zum einem zwischen dem **automatischen Fokus** (auch **Autofokus**) und dem **manuellen Fokus**. Wie die Namen schon sagen, fokussierst du beim manuellen Fokus von Hand durch Drehen des Fokusrings am Objektiv. Beim Autofokus fokussiert die Kamera automatisch. Der manuelle Fokus ist in der Hundefotografie aufgrund des sich bewegenden Motivs sehr schwierig einsetzbar. Wir werden hier zumeist mit den beiden Autofokus-Betriebsarten arbeiten, dem Einzelfokus und dem kontinuierlichen Autofokus.

Der **Einzelfokus** (benannt je nach Marke mit S, AF-S oder One-Shot) wird für statische Motive eingesetzt, z. B. Landschaften, Stillleben oder Porträts. Drückt man den Auslöser halb durch, wird fokussiert, und wenn der Fokus gefunden wurde, nicht mehr geändert. Das Bild wird durch Durchdrücken des Auslösers aufgenommen, und für das nächste Bild wird neu fokussiert.

Man kann hier scharfstellen und bei halb gedrücktem Auslöser den Bildausschnitt neu festlegen. Diese Schärfespeicherung bedeutet jedoch auch, dass der Fokus an der falschen Stelle liegen kann, sollte sich der Abstand zum Motiv leicht geändert haben. Bei einem sich bewegenden Motiv ist daher der **kontinuierliche Autofokus** (auch **Nachführfokus** genannt und je nach Marke als C, AF-C oder AI-Servo bezeichnet) notwendig, bei dem die Schärfe nicht gespeichert, sondern kontinuierlich nachgeführt wird, solange du den Auslöser halb gedrückt hältst. Daher ist der kontinuierliche Autofokus für Bewegungsaufnahmen bei Hunden unabdingbar.

Auch wenn der Einzelfokus für Porträts meistens wunderbar geeignet ist, wenn man sich nicht zu viel Zeit zwischen Schärfespeicherung und Auslösen lässt, ist es überlegenswert, ob man nicht bei hektischen Hunden auch bei Porträts den kontinuierlichen Modus wählt. Hier muss man jedoch den Fokuspunkt dauerhaft auf genau die Stelle halten, die scharf sein soll. Das wiederum bedeutet, dass man häufig den Autofokuspunkt verstellen muss.

Darüber hinaus bieten viele Kameras einen Zwischenmodus zwischen diesen beiden Betriebsarten. Dies ist die **Autofokus-Automatik** (je nach Modell AF-A oder AI-Focus genannt). Hier erkennt das System automatisch, ob es sich um ein statisches oder ein sich bewegendes Motiv handelt, und wechselt daher von sich aus zwischen dem statischen und dem kontinuierlichen Modus. Ich persönlich möchte meiner Kamera diese Entscheidung nicht überlassen, denn wenn ich mit dem statischen Fokus rechne, weil mein Hund brav sitzt, kann es sein, dass die Kamera mitten im Neukomponieren meines Bildausschnitts doch dazu übergeht, den kontinuierlichen Autofokus zu wählen, was eine Fehlfokussierung zur Folge hätte.

BACK-BUTTON-FOCUSSING

Werkseitig sind die meisten Kameras darauf eingestellt, dass über den Auslöser im Autofokusmodus sowohl fokussiert als auch ausgelöst wird. Man kann jedoch seine Kamera so einrichten, dass das Fokussieren über eine andere Taste erfolgt. In diesem Fall wird dann über den Auslöser nur noch ausgelöst. Zum Beispiel kann man eine Taste auf der Rückseite der Kamera mit der Fokus-Funktion belegen, sodass man dann mit dem Daumen auf dieser Taste fokussiert und über den Auslöser mit dem Zeigefinger auslöst. Man nennt diese Funktion daher auch „Back-Button-Focussing".

Manche Fotografen schwören auf diese Methode. Ein Vorteil ist beispielsweise, dass man ein statisches Motiv nicht nach jedem Foto neu über die Auslösetaste anfokussieren muss. Man fokussiert einmal über die Taste auf der Rückseite und kann dann, ohne neu zu fokussieren, beliebig viele weitere Einzelfotos machen.

Andere, wie auch ich, sind nicht so davon überzeugt. Da ich die Kamera häufig nur in einer Hand halte (weil ich in der anderen Hand ein Quietschie, einen Ball oder ein Leckerli habe), empfinde ich es als sehr umständlich, zwei Tasten gedrückt halten zu müssen. Zudem müsste ich beide ständig gedrückt halten, da ich sehr viel im kontinuierlichen Fokus fotografiere. Probiere aus, was dir besser gefällt.

Hier noch einmal die Autofokus-Betriebsarten zusammengefasst:

Einzelfokus (S, AF-S oder One-Shot):

- Für Porträts, Landschaften, Stillleben, also alles, was sich nicht bewegt.
- Die Fokussierung ändert sich nach Bestätigung der Schärfe nicht mehr, solange man den Auslöser halb gedrückt hält.
- Nach dem Anfokussieren kann ein Neukomponieren des Bildausschnitts erfolgen.
- Ändert sich nach dem Scharstellen der Abstand zum Motiv, tritt je nach Schärfentiefe eine Fehlfokussierung auf.

Nachführfokus (C, AF-C oder AI-Servo):

- Für sich bewegende Motive.
- Die Schärfe wird bei Anfokussieren kontinuierlich nachgestellt, wenn sich das Motiv bewegt, daher auch Schärfenachführung genannt.
- Kein Fokussieren und Neukomponieren, da keine Schärfespeicherung erfolgt.

Autofokus-Automatik (A, AF-A oder AI-Focus):

- Es wird automatisch erkannt, ob das Motiv statisch ist oder sich bewegt, und dementsprechend automatisch zwischen dem Einzelfokus und dem Nachführfokus umgeschaltet.

Messfeldsteuerung

Ist der Autofokus aktiviert, sieht man im Sucher Rechtecke oder Punkte. Dies sind die sogenannten **Messfelder**. Dahinter befinden sich Sensoren, über die fokussiert wird. Je nach Kamera stehen uns einige wenige bis Hunderte Messfelder zur Verfügung. Die Wahl des Messfelds kann automatisch oder manuell erfolgen. Bei der **automatischen Messfeldsteuerung** entscheidet die Kamera, welches Messfeld aktiv ist und wo somit scharfgestellt wird. Hier werden zumeist mehrere Rechtecke oder Punkte angezeigt, die aufleuchten, wenn der Fokus gefunden wurde. Meist erfolgt die Fokussierung dann auf etwas, was sich recht mittig und im Vordergrund befindet.

Den Spielraum, den die Kamera hat, um zwischen den Messfeldern auszusuchen, kann man zumeist einschränken. So gibt es Modi, über welche die Kamera aus allen Fokusfeldern aussuchen kann (vollständig automatische Messfeldsteuerung), oder nur aus einer Gruppe mit begrenzter Anzahl an Messfeldern (auch dynamische Messfeldsteuerung genannt).

Für die Hundefotografie sind diese automatischen Modi jedoch meist sehr fehleranfällig. Schaut der Hund in deine Richtung, ist seine Nase dir am nächsten. Die Kamera wird in diesem Fall eher auf die Nase als auf die Augen scharfstellen. Wir wollen aber in fast 100 % der Fälle, dass die Augen scharf sind. Daher empfehle ich, eine **manuelle Messfeldsteuerung** zu wählen. Hier legst du genau das einzelne Messfeld (daher auch Einzelfeld-AF genannt) fest, über das scharfgestellt wird. Dieses hältst du auf dem Auge des Hundes, um scharfzustellen. Aufgrund der Unvorhersehbarkeit der Bewegung des Hundes ist es nicht ganz leicht, es immer gänzlich treffsicher auf dem Auge zu halten, aber mit etwas Übung werden sich deine Ausschussbildern nach und nach reduzieren.

Augenerkennung

Einige Kameras verfügen über eine „Augenerkennung". Ist diese aktiviert, stellt die Kamera automatisch auf die Augen des im Bildausschnitt befindlichen Lebewesens scharf. Beachte jedoch, dass die normale Augenerkennung einer Kamera auf das menschliche Auge programmiert wurde. Hier werden Merkmale wie unser Weiß im Auge gesucht. Tiere zeigen selten bis gar nicht Weißes im Auge. Daher springt diese Augenerkennung bei einem Tier nicht an. Einige wenige Kameras verfügen mittlerweile über einen Erkennungsmodus für Tieraugen. Hier werden die Augen des Hundes erkannt, sowohl bei Porträts als auch bei Bewegungsaufnahmen. Das kann gut funktionieren, aber Wunder sollte man hier nicht erwarten. Hat der Hund z. B. Fell vor den Augen, wird die Augenerkennung nicht anspringen.

Bildstabilisator

Der Bildstabilisator ist ein System, das entweder im Objektiv oder der Kamera verbaut ist und versucht, Vibrationen und Bewegungen der Kamera auszugleichen, sodass diese keine Auswirkungen auf die Schärfe deines Bildes haben. Eine zu lange Verschlusszeit kann zu einem Verwackeln führen. Die sogenannte Freihandgrenze ist die Verschlusszeit, die man freihand (ohne Stativ) noch verwacklungsfrei halten kann. Mit Bildstabilisator kann man eine Verschlusszeit von ca. 1/50 s halten, die man ansonsten vielleicht verwackelt hätte.

Eine durch unser Motiv entstehende Bewegungsunschärfe kann durch einen Bildstabilisator jedoch nicht ausgeglichen werden. Da man Hunde meistens mit einer schnelleren Verschlusszeit fotografiert, um eben genau diese Bewegungsunschärfe zu verhindern, ist ein Bildstabilisator in der Hundefotografie nicht so wichtig wie in manchen anderen Genres.

Die richtige Belichtung

Was bedeutet „richtige Belichtung“? Gemeint ist hier nicht der Bereich der künstlerischen Freiheit, bei der das gänzlich unter- oder überbelichtete Foto genau das darstellen kann, was wir ausdrücken wollten. Wir sprechen davon, ein technisch möglichst einwandfreies Ausgangsbild in der Kamera zu erstellen.

Ein Foto gilt als richtig belichtet, wenn sowohl in den hellen als auch in den dunklen Bildpartien Details zu erkennen sind und die Szenerie so naturgemäß wie möglich dargestellt ist. Unser menschliches Auge nimmt fast alle Tonwerte zwischen Schwarz und Weiß in einer natürlichen Szene wahr, die Kamera dagegen nur einen Bruchteil. Für die Hundefotografie stellt beispielsweise der schwarzweiße Border Collie eine Herausforderung dar. Wir möchten sowohl im weißen als auch im schwarzen Fell die Fellstruktur erhalten.

Der sogenannte **Motivkontrast** ist die Differenz zwischen hellster und dunkelster Stelle im Bildausschnitt. Der **Dynamikumfang** ist der Bereich zwischen Hell und Dunkel, den die Kamera in der Lage ist aufzuzeichnen. Der Motivkontrast kann den Dynamikumfang der Kamera übersteigen, denn die Kamera erfasst nur ein Viertel der Tonwerte, die das menschliche Auge sieht. Liegt das schwarze Fell im Schatten und ein Bereich des weißen Fells in der Sonne, so wird es gänzlich unmöglich für die Kamera, ein Bild zu belichten, das in beiden Bereichen noch Informationen hat. Licht richtig zu nutzen, ist daher für die Belichtung eine entscheidende Voraussetzung.

Eine Unterbelichtung ist prinzipiell nicht so schlimm wie eine Überbelichtung, da sich aus den Schattenpartien mittels Software im Nachhinein noch Details retten lassen, während bei der Aufnahme „ausgebrannte“ weiße Fellstellen nicht mehr reproduzierbar sind, da hier keine Farbinformationen mehr enthalten sind. Am besten aktivierst du hier die Belichtungswarnung der Kamera. Damit wird im fertigen Bild auf dem Display ein Bereich hervorgehoben, der ausgebrannt oder gänzlich schwarz ist. So siehst du auf einen Blick, ob du das Bild noch mal mit anderen Belichtungseinstellungen machen solltest.

Die Kamera ist eine Maschine, die keine Ahnung von der Welt hat. Stellst du die Programmautomatik ein, bei der die Kamera für die Belichtung alle Parameter selber wählt, wird sie versuchen, eine Belichtung zu erreichen, die einen durchschnittlichen Tonwert von 18 % Grau ergibt, da ihr dieser Wert als Referenzwert programmiert wurde. Ein Beispiel, bei dem dies zu einem guten Ergebnis führen kann, ist ein brauner Hund auf einer grünen Wiese an einem bedeckten Tag. Das Grün des Grases und das Braun des Hundes entsprechen umgewandelt in Grauwerte ungefähr 18 %.

Die Kamera würde jedoch in der Programmautomatik einen viel dunkleren schwarzen Hund vor einer schwarzen Wand auch in 18 % Grau darstellen wollen. Das wäre zu hell. Und der weiße Husky im Schnee wäre ebenfalls 18 % grau und damit unterbelichtet. Wir kennen alle die grauen Schneebilder, die wir direkt aus der Kamera bekommen.

Daher solltest du die drei wichtigen Parameter für die Belichtung selber einstellen können, um auch in diesen schwierigeren Situationen eine richtige Belichtung Bildes zu erhalten. Diese drei Parameter, über welche die Belichtung des Bildes vorgenommen wird, sind: die **Blende**, die **Verschlusszeit** und der **ISO-Wert**. Oder anders ausgedrückt: wie viel Licht auf einmal du auf den Sensor lässt (durch die Blendenöffnung), wie lange du Licht auf den Sensor fallen lässt (durch die Verschlusszeit) und wie lichtempfindlich der Sensor sein soll (durch den ISO-Wert). All das kannst du der Kamera überlassen (in der Vollautomatik) oder einzelne Parameter einstellen und die anderen automatisch errechnen lassen (über die sogenannten Halbautomatiken) oder alle drei selber auswählen (manuelle Einstellung). Mehr dazu im nächsten Abschnitt.

Belichtungsmodi

Um unser Bild zu belichten, stehen uns die Vollautomatik, die Halbautomatiken und der manuelle Modus zur Verfügung. Manche Kameras verfügen auch über sogenannte Motivautomatiken, wie z. B. den Sport-, Landschafts- oder Porträtmodus. Beim Sportmodus versucht die Kamera automatisch, eine schnellere Verschlusszeit einzustellen, während bei einer Landschaftsaufnahme eher eine große Tiefenschärfe wichtig ist, damit man die gesamte Landschaft von vorne bis hinten in ihrer vollen Pracht scharf abgebildet bekommt. Beim Porträtmodus versucht die Kamera unter anderem, eine größere Blende zu nutzen, um weniger Tiefenschärfe zu erreichen, damit das Motiv sich vor einem unscharfen Hintergrund abhebt. Diese Modi können bei passenden Bedingungen gute Ergebnisse liefern. Verlassen kann man sich jedoch nicht darauf.

Programmautomatik

Bei der Programmautomatik (oft als P gekennzeichnet) berechnet die Kamera sämtliche Parameter (Blende, Verschlusszeit, ISO-Wert) selber. Das kann gutgehen, wird es aber nicht, wenn z. B. eher dunkle

Bedingungen bestehen oder der Hund sich schnell bewegt. Lerne lieber in den Halbautomatiken oder gar gänzlich manuell zu fotografieren.

Halbautomatik

Man unterscheidet zwei halbautomatische Belichtungsmodi:

- die **Verschlusszeitpriorität** (auch **Blendenautomatik** genannt und als T, Tv oder S bezeichnet) und
- die **Blendenpriorität** (auch **Verschlusszeitautomatik** genannt und als A oder Av bezeichnet)

Wie die Namen bereits sagen, legt man bei der Verschlusszeitpriorität Wert auf die Verschlusszeit. Dies ist z. B. der Fall, wenn du einen rennenden Hund fotografieren möchtest. Bei diesem Modus stellst du die Verschlusszeit selber ein, und die Kamera darf dir die Blende errechnen (daher Blendenautomatik). Stellst du eine Verschlusszeit von 1/1000 s ein, damit du die Bewegung einfrieren kannst, wird die Kamera je nach Lichtbedingungen eine mehr oder weniger große Blende automatisch wählen. Du solltest dennoch einen Blick auf die von der Kamera gewählte Blende werfen, wenn dir die Tiefenschärfe im Bild wichtig ist.

Beim Modus der Blendenpriorität ist das Gegenteil der Fall. Hier gibst du die Blende vor, und die Verschlusszeit wird automatisch von der Kamera errechnet (daher auch Verschlusszeitautomatik). Diesen Modus kannst du einstellen, wenn du ein Porträt vor einem unscharfen Hintergrund fotografieren möchtest. Hier ist dir wichtig, eine große Blendenöffnung zu wählen, um eine geringe Tiefenschärfe zu erreichen.

Das Problem beim Modus Blendenpriorität/Verschlusszeitautomatik ist, dass bei schlechten Lichtverhältnissen die Verschlusszeit zu langsam sein kann, sodass das Bild verwackelt oder Bewegungsunschärfe auftritt. Daher solltest du in diesem Modus ein Auge auf die Verschlusszeit haben oder in den manuellen Modus übergehen, wo du Blende und Verschlusszeit selber wählen und über den ISO-Wert für die richtige Belichtung sorgen kannst.

ISO – MANUELL VS. AUTOMATISCH

Sowohl bei der Verschlusszeitpriorität als auch der Blendenpriorität kannst du den ISO-Wert manuell einstellen oder automatisch wählen lassen. Da bei steigendem ISO-Wert die Bildqualität leidet, bieten die meisten Kameras die Möglichkeit, die automatische Wahl des ISO-Wertes nicht über einen Maximalwert hinausgehen zu lassen.

Manueller Modus

Im manuellen Modus (M) wählst du sowohl die Blende als auch die Verschlusszeit selber. Den ISO-Wert kannst du auch hier automatisch errechnen lassen, wenn du willst. In diesem Modus hast du den größten Einfluss auf die Belichtung des Bildes. Möchtest du einen rennenden Hund vor einem unscharfen Hintergrund fotografieren, stellst du eine schnelle Verschlusszeit ein, um die Bewegung einzufrieren, und eine große Blendenöffnung für eine geringe Tiefenschärfe. Durch Erhöhen oder Senken des ISO-Wertes erreichst du dann die richtige Belichtung.

Wahl der Belichtungsmessmethode

Um zu wissen, welche Einstellungen zu einer optimalen Belichtung führen, muss eine Messung des vorhandenen Lichtes stattfinden.

Zu analogen Zeiten hatte man einen Belichtungsmesser, über den man diese Werte gemessen hat, um keine böse Überraschungen zu erleben, wenn man später den entwickelten Film in den Händen hielt. Bei der heutigen Digitaltechnik musst du nur einen Testschuss machen, um die Belichtung zu überprüfen, oder du siehst bei digitaler Anzeige an der Kamera sofort die Auswirkungen deiner Einstellungen auf das Endergebnis deines Bildes. Dennoch ist es hilfreich, sich über die Belichtungsmessmethoden zu informieren.

Die Kamera bietet unterschiedliche Messmethoden an. Diese können je nach Kamera anders benannt sein, aber die gebräuchlichsten sind:

- Mehrfeldmessung
- Mittenbetonte Integralmessung
- Selektivmessung
- Spotmessung

Mehrfeldmessung

Die Mehrfeldmessung ist die leistungsfähigste und komplexeste Methode zur Belichtungsmessung. Hier wird das gesamte Bildfeld in Bereiche unterteilt und somit fast die gesamte Motivfläche mit in die Berechnung einbezogen. Es werden noch viele weitere Daten berücksichtigt (z. B. die Lage des aktiven Autofokus-Messfelds, die Farbverteilung usw.). Eine gezielte Belichtungskorrektur ist hier im Vorfeld jedoch schwieriger, da schwer zu sagen ist, welche Faktoren die Kamera berücksichtigt. Diese Methode arbeitet besonders gut mit dem Autofokus zusammen. Der scharfe Bereich des Bildes wird mit höherer Priorität einbezogen. Daher ist sie bei Bewegungsaufnahmen, bei denen das Fokusfeld ständig auf dem Gesicht des Hundes liegt, sehr gut geeignet.

Mittenbetonte Integralmessung

Auch bei der mittenbetonten Integralmessung wird das gesamte Bildfeld in die Berechnung einbezogen, es wird jedoch ein größerer Bereich in der Mitte des Bildes stärker berücksichtigt.

Selektivmessung

Hier wird die Helligkeit nur in einem engen Bereich um das zentrale Autofokusmessfeld gemessen. Diese Methode ist ideal für hohe Kontraste, z. B. bei Gegenlichtsituationen. Ihr Nachteil liegt darin, dass bei jeder Aufnahme eine Messung auf den bildwichtigen Bereich vorgenommen werden muss. Ein Beispiel für eine Situation, in der diese Messmethode gute Ergebnisse erzielen würde, ist ein hellbrauner Hund vor einer schwarzen Wand. Die schwarze Wand könnte die Messmethoden „Mehrfeldmessung“ und ggf. auch „mittenbetonte Integralmessung“ dazu verleiten, das Bild zu hell zu belichten, da ein großer Schwarzanteil zu einem Überbelichten führen würde. Wählst du hier jedoch die Selektivmessung, wird die Messung im bildwichtigen Teil (der braune Hund) verstärkt in die Berechnung einbezogen. Ein brauner Hund umgewandelt in Graustufen ergibt 18 % Grau. Der Kamera wird mit dieser Referenz daher eine gute Belichtung gelingen. Im Umkehrschluss jedoch wird ein schwarzer Hund wieder zu einer Überbelichtung führen. Eine negative Belichtungskorrektur wäre notwendig.

Spotmessung

Gleiches gilt für die Spotmessung, bei der die Helligkeit in einem noch engeren Bereich um das zentrale Autofokusmessfeld gemessen (etwa 5 % des Bildes) wird. Hier kann man sehr gezielt einen Punkt anvisieren, um für diesen die Belichtungsmessung vorzunehmen. Diese Art der Messung benötigt viel Erfahrung und eine ruhige Hand. Nachteilig ist, dass bei jeder Aufnahme eine Messung auf den bildwichtigen Bereich vorgenommen werden muss.

Das Histogramm

Das Histogramm ist eine praktische Funktion, die dir die Verteilung der Tonwerte in deiner Aufnahme anzeigt. Hier erkennt man Fehlbelichtungen und die Helligkeitsverteilungen (die Helligkeit der Pixel wird in Form von Balkendiagrammen angegeben). Links ist der Bereich der dunklen Tonwerte und rechts der hellen. Läuft die Kurve links in den Maximalwert, sind Teile des Bildes „abgesoffen“ – man sieht keine Details mehr. Läuft die Kurve rechts in den Maximalwert, brennen helle Teile des Bildes aus.

Die Kamera speichert sehr viel mehr helle als dunkle Tonwerte. Ist ein Bild heller belichtet als in Realität notwendig war, kann man mit weniger Qualitätsverlust das Bild per Software abdunkeln, vorausgesetzt man möchte nachbearbeiten. Bei einem späteren Nachbelichten tritt weniger Rauschen auf, als es beim Aufhellen von Tiefen der Fall ist. Daher empfiehlt es sich, schon bei der Aufnahme heller zu belichten (ohne helle Stellen ausbrennen zu lassen), um möglichst alle Strukturen auch im dunklen Fell eines Hundes zu erfassen. Zwar kann dann ein höherer ISO-Wert erforderlich sein. Das Rauschen, das beim Erhöhen des ISO-Wertes entstehen kann, ist jedoch nicht so gravierend wie das Rauschen, das beim Aufhellen dunkler Partien mittels Software auftritt.

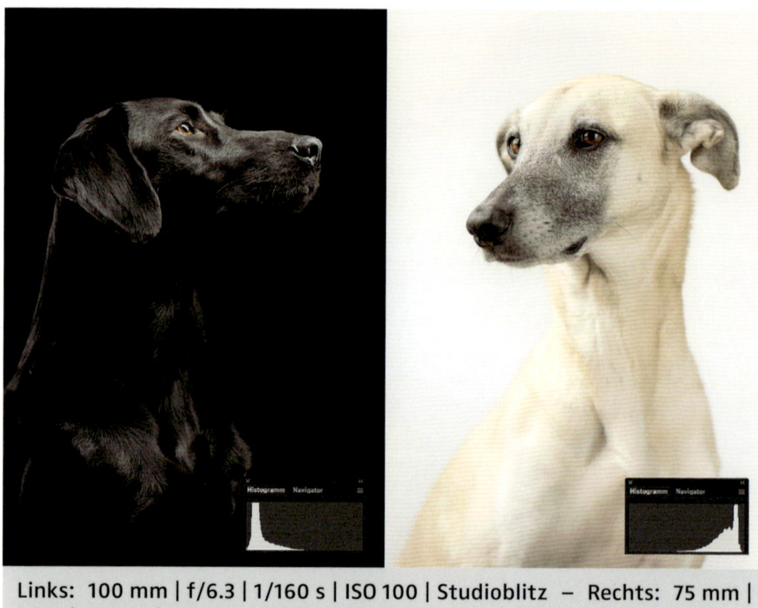

Links: 100 mm | f/6.3 | 1/160 s | ISO 100 | Studioblitz – Rechts: 75 mm | f/2.2 | 1/125 s | ISO 320 – Links ein dunkles Motiv mit zugehörigem Histogramm. Man sieht, dass sich die Tonwerte im linken Bereich verteilen. Rechts ein helles Bild. Hier sind alle Tonwerte im rechten Bereich des Histogramms angesiedelt. Die Balken gehen am linken oder rechten Rand bis auf (fast) null hinunter, was bedeutet, dass keine Stelle im linken Bild „absäuft“ (zu dunkel ist) oder im rechten Bild „ausbrennt“ (zu hell ist).

Bei grauem Wetter fehlen zuweilen die Höhen links und rechts, weil das Bild gänzlich aus mittleren Grauwerten besteht.

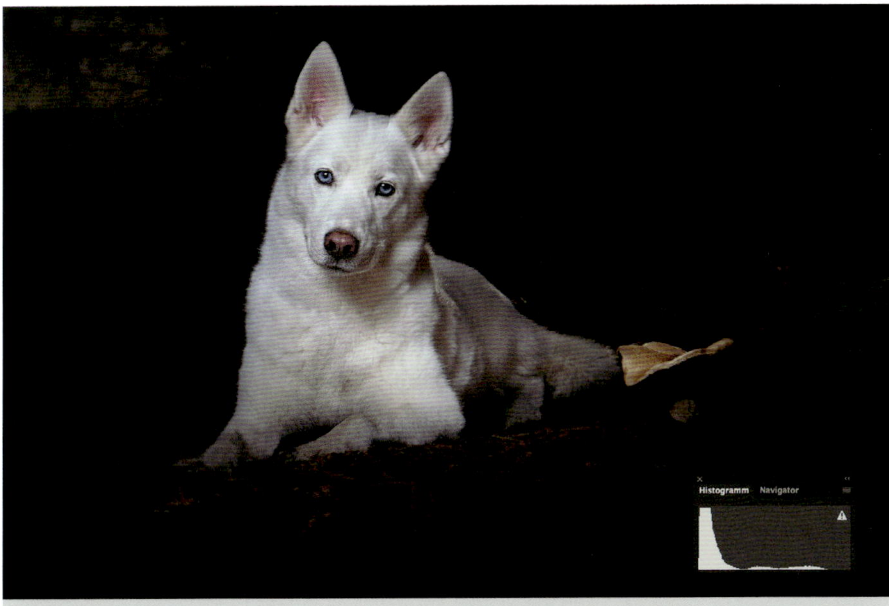

136 mm | f/14 | 1/180 s | ISO 200 | mobiler Blitz – Hier ist ein weißer Hund an einer sehr dunklen Location fotografiert worden. Es kam nur ein Blitz zum Einsatz. Der Hund selber ist richtig belichtet und erstrahlt in seinem Weiß, ohne dass die Fellstruktur verloren geht. Da aber kein Licht auf den Hintergrund fällt, säuft dieser in einigen Bereichen ab. Man sieht am Histogramm, dass hier reines Schwarz ohne Struktur vorliegt, denn der Graph schlägt an der linken Seite an. Ein bloßes Erhöhen der Belichtung würde zu einer Überbelichtung des weißen Fells führen. Möchte man also mehr Details im Hintergrund bei der Aufnahme sichtbar werden lassen, müsste man den Hund anderswo platzieren oder dafür sorgen, dass der Hintergrund mehr Licht erhält.

Sonderfall schwarzes Fell

Schwarzes Fell gilt als schwierig zu fotografieren, da es nicht viel Licht abstrahlt und bei weicher Ausleuchtung wenig Kontrast bietet. Die dunklen Augen im dunklen Fell bieten ebenfalls keinen guten

Kontrast als Angriffspunkt für den Autofokus der Kamera. Kommt noch Gegenlicht dazu, kann dieser gänzlich überfordert sein.

Alles, was du über Licht beim Fotografieren von Hunden lernst, musst du noch einmal genauer einhalten, wenn dein Hund schwarzes Fell hat. Das Gesicht des Hundes sollte gut ausgeleuchtet sein, damit die Augen schön erleuchtet sind und einen Kontrast bieten. Auch im Schatten solltest du darauf achten, aus welcher Richtung am meisten Licht kommt. Hat die Location z. B. eine dunkle Seite (ein Park mit Bäumen, die Schatten werfen) und eine helle (eine Lichtung oder Blick auf das freie Feld), sollte der Hund mit dem Gesicht in die helle Richtung platziert werden.

Ein vorrangig dunkles Motiv würde anhand der Belichtungsmessung der Kamera in der Programmautomatik zu hell wiedergegeben. Du solltest daher um eine Blendenstufe unterbelichten. Aber ist nur der Hund dunkel und die Umgebung eher hell, kann genau das Gegenteil der Fall sein: Die Kamera erfasst die hellen Werte und bezieht sie in die Belichtungsmessung mit ein. So kann zwar der helle Hintergrund vielleicht wunderbar wiedergegeben werden, aber der schwarze Hund ist nur noch ein schwarzer Fleck. Am besten fotografierst du gänzlich manuell, um sicherzugehen, dass der Hund richtig belichtet wird.

Fotografierst du am Tag im Freien, ist es ratsam, dann zu fotografieren, wenn die Sonne so tief wie möglich steht, das heißt am frühen Morgen oder am Abend, denn hier trifft das Licht flacher auf den Hund. Es entstehen keine zu unschönen Schatten unter dem Kinn. Kurzhaariges schwarzes Fell kann in der Sonne besonders kontrastreich sein und von tiefschwarz hinter den Ohren bis gleißend hell auf der Stirn erscheinen. Das kann wunderschön aussehen, aber achte darauf, dass die Kontraste nicht zu hart sind. Anderenfalls erhältst du blitzhelle Stellen am Kopf und völlig „abgesoffene“ hinter den Ohren.

Bei weich ausgeleuchtetem Fell, wie es bei bedecktem Himmel oder im Schatten der Fall ist, hat man weniger Kontrast, das Fell sieht matter, gleichmäßiger aus. Mir persönlich gefällt der seidige Look bei weich ausgeleuchtetem Fell besser. Weiteres dazu im Workshop „Schwarzer Hund“.

SCHWARZER HUND VOR SCHWARZER KULISSE

Fotografierst du einen schwarzen Hund vor einem schwarzen Hintergrund, sorge dafür, dass die Umrisse des Hundes nicht im Hintergrund verschwinden. Daher achte darauf, dass die Konturen des Hundes gut beleuchtet sind. Reflektoren können hier hilfreich sein.

Fotografiere eher ein bisschen zu hell als zu dunkel. So hast du alle Strukturen im Fell sichtbar und kannst eventuell später in der Nachbearbeitung die Belichtung ein wenig zurücknehmen, vielleicht auch nur partiell. Dunkle dann ggf. in der Nachbearbeitung ein wenig ab, insbesondere die Partien der Kulisse, die ansonsten zu hell wirken könnten.

Sonderfall weißes Fell

Bei einem weißen Hund solltest du nicht so viele Probleme mit der Schärfe auf den Augen wie bei einem dunklen Hund haben, denn beim weißen Hund mit braunen Augen hast du einen wunderbaren Kontrast an der richtigen Stelle. Auch blaue Augen sollten für den Autofokus klar und deutlich zu erkennen sein.

Bei weißem Fell ist darauf zu achten, dass keine Stellen „ausreißen“, das heißt, zu hell sind. Dann gibt es hier keine Informationen mehr, die man durch ein Nachbelichten in der Software wiederherstellen könnte. Daher ist es auch hier besonders wichtig, eine einheitliche Ausleuchtung des Fells zu ermöglichen. Ein heller bedeckter Tag ist von Vorteil, oder du fotografierst im Schatten.

Da die Kamera in der Vollautomatik ein Bild mit überwiegend hellem Anteil unterbelichtet, musst du hier deine Kamera anweisen, heller zu belichten. Das erreichst du durch die Belichtungskorrektur oder indem du im manuellen Modus fotografierst und sämtliche Einstellungen selber vornimmst.

Möchtest du einen weißen Hund vor einem recht dunklen Hintergrund fotografieren, kann es sein, dass aufgrund des hellen Hundes der Hintergrund gänzlich schwarz erscheint. Da du hier nicht Gefahr laufen willst, dass das Fell zu hell belichtet wird und „ausreißt", kann es notwendig sein, den Hund an einer anderen Stelle zu platzieren, möchtest du noch Strukturen im Hintergrund sehen.

Es ist nicht möglich, einheitlich geltende Einstellungen für eine der genannten Situationen zu nennen, denn die Belichtung kommt natürlich immer auf die Menge an Licht an, die vorhanden ist. Diese kann in jeder Situation gänzlich unterschiedlich sein. Weiteres dazu im Workshop „Weißer Hund".

Bildaufbau

Gut gestaltete Hundebilder leben auch von einem durchdachten Bildaufbau. Hier ein paar Tipps, die du beachten solltest.

Platziere das Motiv nicht mittig, sondern eher mit mehr Platz in Blick- und Bewegungsrichtung, damit der Betrachter den Blick oder die Bewegung des Hundes gedanklich nachverfolgen oder „zu Ende führen" kann. Lass auch nicht zu viel Platz über dem Kopf. Sorge dafür, dass um den Hund herum ein wenig Raum bleibt, ohne dass der Hund nur ein verlorenes Etwas auf großer Wiese ist. Lass lieber ein bisschen Luft nach unten bei einem Porträt, um ein wenig mehr Hals im Bild zu haben. Arbeite also formatfüllend mit „Platz zum Atmen".

Unschärfen im Vordergrund erhöhen die Tiefe im Bild. Suche also auch nach Möglichkeiten, einen Vordergrund einzubinden.

Achte darauf, dass sich Elemente im Hintergrund nicht mit dem Motiv überschneiden, so auch, dass der Horizont nicht durch den Kopf des Hundes führt.

Schneide möglichst keine Körperteile wie Pfoten oder Ohren an. Dies lässt ein Foto sehr nach einem Schnappschuss aussehen und führt zu einem unharmonischen Gesamteindruck.

Die Drittelregel ist eine einfache Möglichkeit, Bilder homogen aufzuteilen und herauszufinden, wo man am besten sein Motiv platziert. Bei der Drittelregel wird der gesamte Bildausschnitt horizontal und vertikal in je drei gleich große Teile geteilt und die bildwichtigen Elemente an den Linien oder Schnittpunkten platziert.

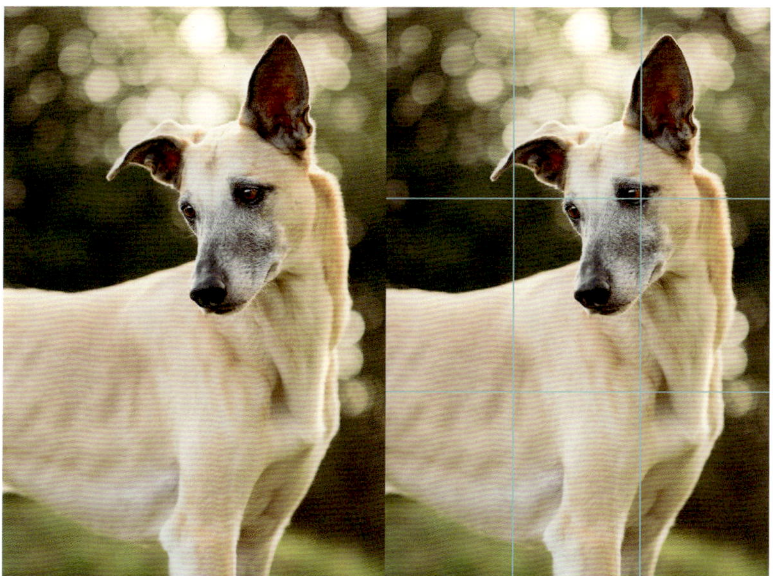

135 mm | f/2 | 1/640 s | ISO 320 – Ein ganz schlichtes Porträt mit angenehmem Bildaufbau. Durch die gebogene Haltung des Halses schaut der Hund nicht direkt aus dem Bild. Das Auge befindet sich etwa auf dem Schnittpunkt der Drittelteilungen. Es ist nicht zu viel und nicht zu wenig Abstand zum Rand des Bildes.

Natürlich gilt wie immer: Regeln gelten nur, solange einem nichts Besseres einfällt. Eine angeschnittene Pfote oder ein „abgeschnittenes“ Ohr können bei dem ein oder anderen Bild z. B. das Gefühl von Spontanität und Natürlichkeit unterstreichen. Und die Drittelregel ist nur eine von vielen Möglichkeiten, ein Motiv zu platzieren.

Formate und Seitenverhältnisse

Wer seine Bilder bewusst gestalten will, macht sich auch Gedanken um Bildformate und Seitenverhältnisse.

Formate

Wir unterscheiden bei den Formaten zwischen Hochformat und Querformat. Kameras sind fast ausschließlich auf das Querformat ausgelegt, das heißt, das Bild ist breiter als hoch. Das entspricht unserer Sehgewohnheit.

Drehst du die Kamera um 45 Grad, kannst du im Hochformat aufnehmen. Das Hochformat ist höher als breiter. Es wird gerne für Porträts von Personen verwendet, daher heißt es im Englischen *portrait format*, während man das Querformat *landscape format* nennt. Motive, die also eher in die Breite gehen, wird man eher im Querformat aufnehmen, längliche Motive wie Personen eher im Hochformat.

Das Querformat wirkt stabil und ruhig, während das Hochformat dynamischer wirken kann. Daher ist überlegenswert, einen Hund, der direkt auf dich zurennt, im Hochformat zu fotografieren, da es ein längliches Motiv mit Dynamik ist. Ein Ganzkörperporträt von einem seitlich zur Kamera stehenden Hund wirkt ausgeglichener im Querformat. Im Hochformat hättest du hier viel Platz über und unter dem Kopf, was verschenkter Raum sein kann.

Seitenverhältnisse

Die Seitenverhältnisse bezeichnen das Verhältnis der Breite und Länge des Bildes zueinander. Formate und Seitenverhältnisse und ihre Beliebtheit unterliegen Trends und Sehgewohnheiten. Das quadratische Format hat ein Seitenverhältnis von 1:1. Es hat eine sehr ausgeglichene, ruhige, aber fast schon langweilige Wirkung. Zu Analogzeiten war es durch das quadratische Mittelformat bekannt und beliebt, dann wurde es lange Zeit eher stiefmütterlich behandelt und ist durch Instagram nun wieder in Mode gekommen.

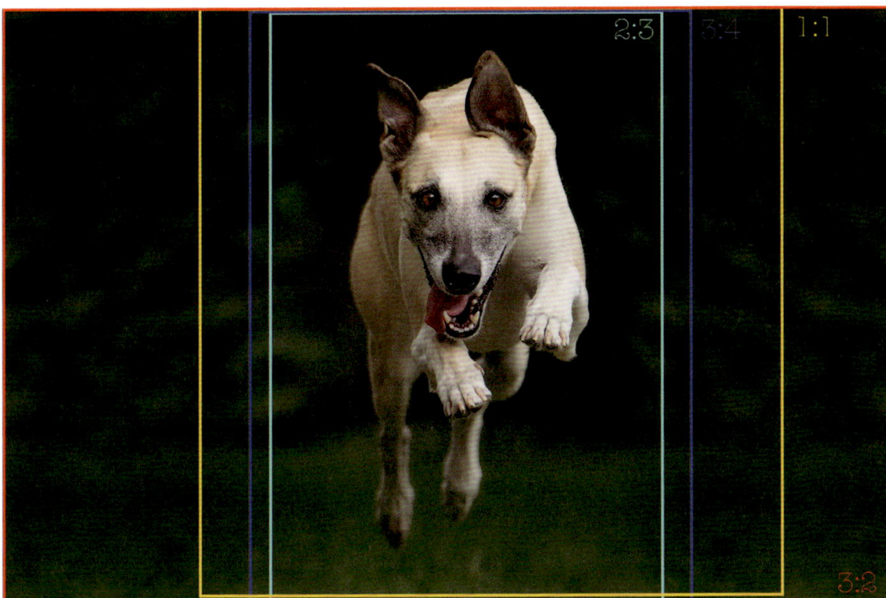

210 mm | f/2.8 | 1/1250 s | ISO 500 – Die Beschnittmöglichkeiten in den drei üblichsten Seitenverhältnissen. Das Bild wäre besser bereits im Hochformat aufgenommen worden, um nicht zu viel Beschnitt zu haben. Hier würde das Hochformat den dynamischen Sprung unterstreichen.

Weitere Standard-Seitenverhältnisse sind 3:2 oder 4:3. Kompaktkameras liefern zumeist als Ausgangsbild ein Seitenverhältnis von

4:3, während Systemkameras häufig das Seitenverhältnis von 3:2 nutzen. Bei vielen Kameras kann man das Seitenverhältnis einstellen. Letztendlich kannst du später am Computer jedes Seitenverhältnis wählen, das du für dein Motiv als geeignet empfindest.

DAS HAT FORMAT

Format und Seitenverhältnis werden vielfach nach Geschmack und Gewohnheit entschieden. So gibt es Menschen, die das Hochformat ablehnen, weil es nicht der Sehgewohnheit entspricht. Ich rate dir, alle Formate und Seitenverhältnisse auszuprobieren und sie bewusst einzusetzen zu lernen, um ihre Gestaltungsmöglichkeiten schätzen zu lernen.

Perspektive

Viele Anfänger fotografieren gerne im Stehen oder Sitzen und damit auf den Hund herunter. Diese Perspektive ist die gewohnte (Normalsicht) und bietet keine große Überraschung. Daher kann ich es nicht oft genug betonen: Such dir eine spannendere Perspektive!

Geh runter auf den Boden und fotografiere auf Augenhöhe des Tieres. Auch wenn dies bedeutet, dass du bei einem Dackel das Kinn fast auf dem Boden hast. Diese Perspektive ist persönlicher und emotionaler. Ist es dir körperlich nicht möglich, setze den Hund auf eine sichere, erhöhte Fläche. Hierzu bietet sich ein Sofa, ein Baumstamm, eine Mauer usw. an. Manche Kameras verfügen über Klappdisplays, was eine enorme Erleichterung sein kann.

Möchtest du den Hund imposant, stark und mächtig porträtieren, fotografiere noch ein wenig weiter unterhalb der Augenhöhe, also aus der Untersicht.

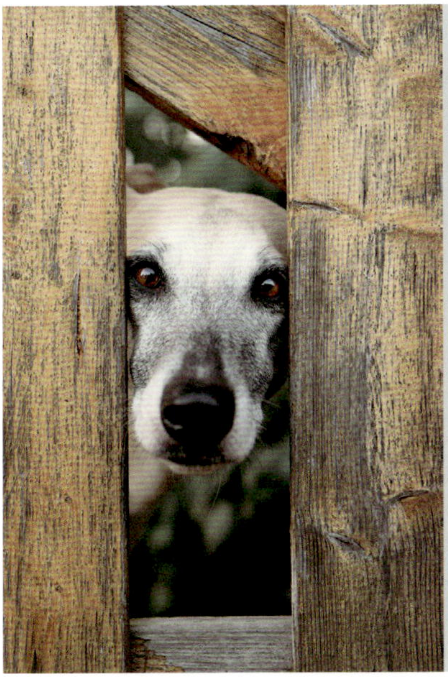

75 mm | f/2.8 | 1/250 s | ISO 320 – Geh runter auf Augenhöhe mit dem Hund, um ein direktes, persönliches Porträt zu erhalten.

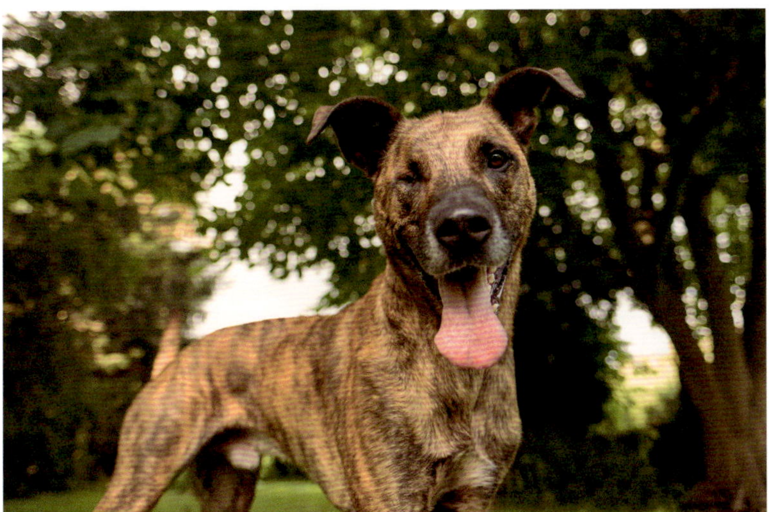

24 mm | f/2 | 1/500 s | ISO 500 – Auch die Untersicht sorgt für eine ungewöhnlichere Perspektive. So sehen wir den Hund selten. Sie lässt ihn erhabener erscheinen.

Wenn du von oben fotografierst, dann eher von steil oben und mit direktem Blickkontakt, um das Bild interessanter zu gestalten. In Kombination mit einem Weitwinkel ergibt dies wunderbar nahe Bilder von einem den Betrachter anhimmelnden Hund. Und warum nicht einmal den Hund über sich springen lassen, um eine sogenannte Froschperspektive zu erhalten?

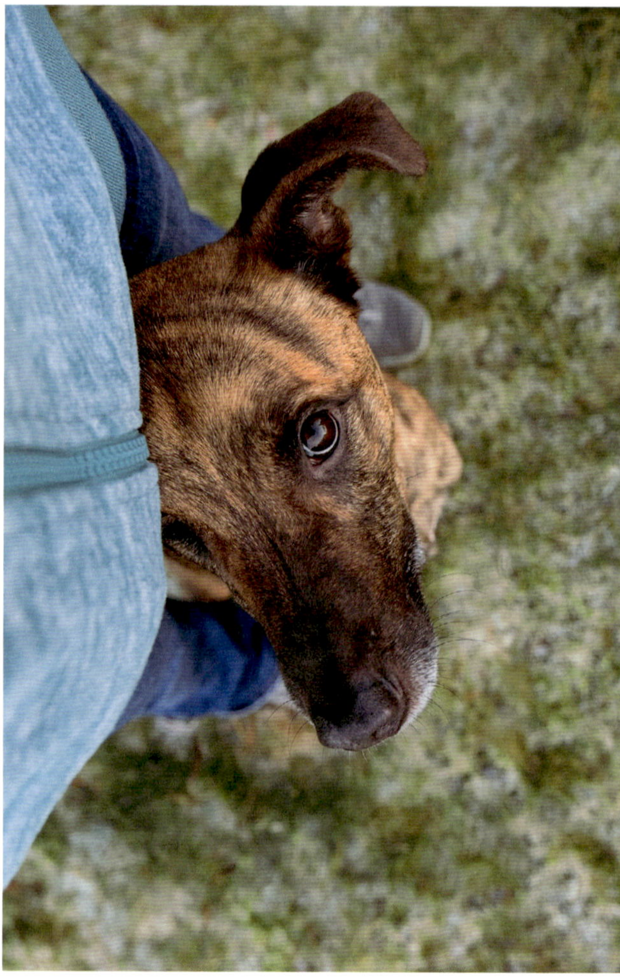

24 mm | f/2.8 | 1/250 s | ISO 800 – Fotografierst du von oben, dann vielleicht von ganz oben mit direktem Blickkontakt, um eine emotionale Perspektive zu erhalten. Dies lässt den Hund besonders lieb erscheinen.

Wie bekomme ich den Hintergrund unscharf?

Wir alle kennen die Bilder, bei denen das Motiv wunderbar scharf ist, aber der Hintergrund unscharf in Farben aufgelöst ist. Man sagt, das Motiv ist durch Unschärfe des Hintergrunds vor diesem „freigestellt“. Wir arbeiten hier mit einer geringen Tiefenschärfe.

Wie bekommt man das hin? Der Hintergrund ist umso unschärfer (die Tiefenschärfe umso geringer), je ...

- größer die Blendenöffnung,
- länger die Brennweite,
- kürzer der Abstand zum Motiv,
- größer der Abstand zum Hintergrund,
- größer der Sensor.

Hast du keine allzu große Blendenöffnung zur Verfügung, weil dein Objektiv nur eine größtmögliche Blende von z. B. f/5 bietet, kannst du auch mit einer längeren Brennweite (z. B. 200 mm) und einem größeren Abstand zum Hintergrund eine mit der Ausrüstung größtmögliche Unschärfe erreichen.

Die Sensorgröße hat auch Auswirkungen darauf, wie unscharf der Hintergrund bei ansonsten gleichen Einstellungen ist. Bei einem Sensor mit Vollformat ist die Tiefenschärfe bei ansonsten gleichen Bedingungen geringer als bei einem APS-C-Sensor. Dieser Unterschied ist aber durch die anderen genannten Punkte schnell ausgeglichen.

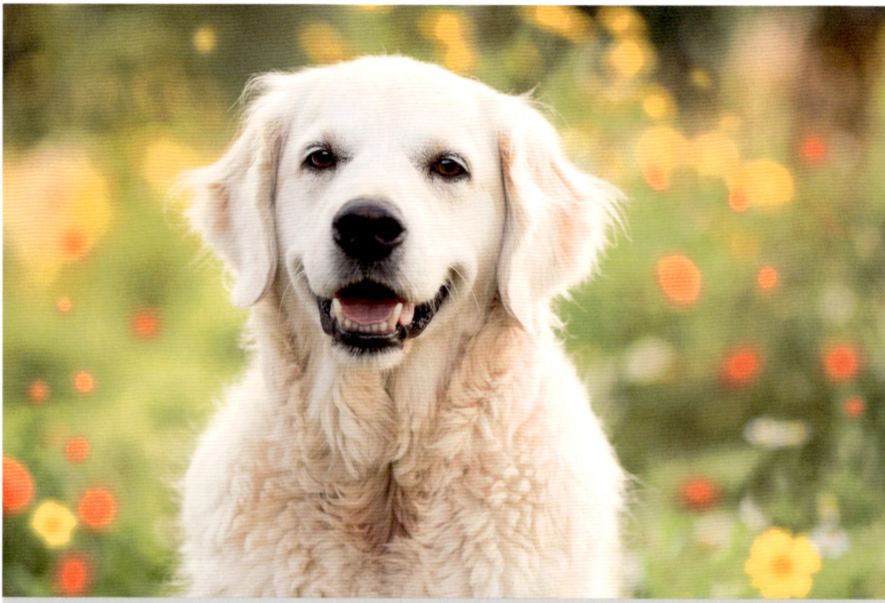

135 mm | f/2 | 1/2000 s | ISO 500 – Hier ist der Hintergrund so unscharf, dass er gänzlich in Farben aufgelöst ist. Einzelne Blumen sind nur noch Farbklekse. Dies ist eine einfache Möglichkeit, störende Elemente zu verhindern und den Hund hervorzuheben.

Bokeh

Der Begriff „Bokeh" bezieht sich auf die ästhetische Qualität des unscharf abgebildeten Bereichs im Foto. Das Bokeh wird häufig in Bezug auf seine Unschärfe, Weichheit oder „Cremigkeit" bewertet. Auffällig können sogenannte Unschärfekreise oder Blendenflecke sein, die bei Unschärfe entstehen. Sie bilden die Form der Blende ab, die nahezu rund ist. Dies nennt man den Bokeh-Effekt. Sie erhält man beispielsweise, wenn man als Hintergrund einen belaubten Baum oder eine Hecke wählt, durch die Licht fällt. Die lichten Stellen im Laub werden durch die Unschärfe als Lichtkreise abgebildet.

Unterschiedliche Objektive führen zu anderen Eigenschaften, was die Qualität des Bokehs angeht. Bei Objektiven, die zu einem besonders schönen Bokeh führen, spricht man auch gerne von einem „Bokehmonster". Letztendlich kann aber auch ein gebrauchtes 50-Euro-Objektiv z. B. der Marke Helios zu einem wunderschönen Bokeh führen.

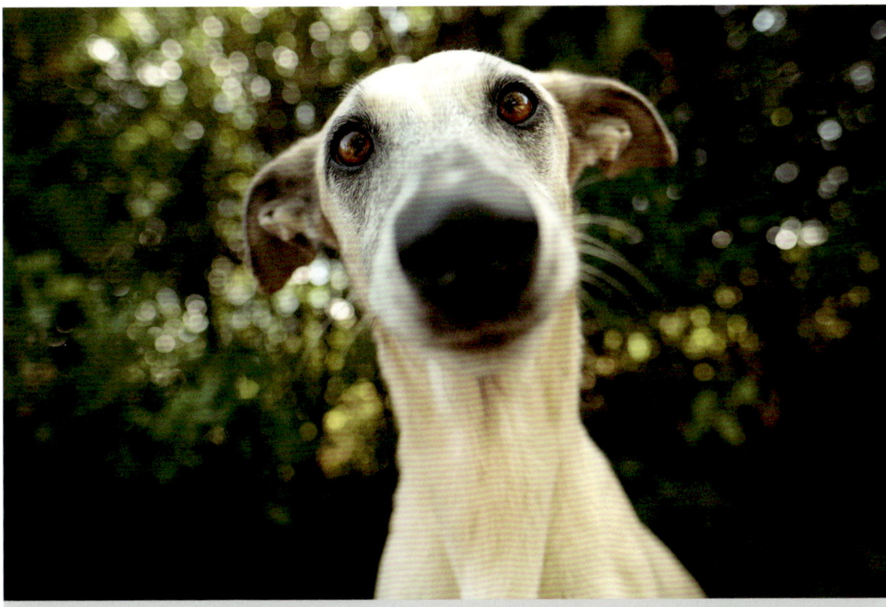

24 mm | f/2 | 1/400 s | ISO 250 – Hier habe ich meinen Hund vor einer Hecke im Gegenlicht platziert. Das Abendlicht fällt durch das Laub der Hecke, und durch die Unschärfe des Hintergrunds entstehen die sogenannten Bokeh-Kreise.

Porträts

Für ein Porträt musst du einige Elemente im Auge behalten. Lass dir Zeit, Kulisse und Motiv zu betrachten und zu überlegen, wie du beides am besten in Szene setzt. Für ein elegantes Porträt ist eine leichte Telebrennweite von Vorteil. Denk daran, nur das mit ins Bild aufzunehmen, was wirklich zur Geschichte beiträgt. Mach dir Gedanken über die Perspektive. Welchen Bildaufbau und welches Licht möchtest du wählen? Der Hund sollte möglichst interessant, aufgeweckt, glücklich schauen. Dieses Kapitel beleuchtet die porträtspezifischen Aspekte der Hundefotografie.

Die Augen

Ja, es hört sich abgedroschen an, aber die Augen sind die Fenster zur Seele und damit ein besonders wichtiger Teil eines emotionalen, persönlichen Porträts. Hunde zeigen Gefühle wie Menschen und drücken diese unter anderem über die Augen aus. Soll ein Porträt Gefühle und Persönlichkeit darstellen, gibt es einige Aspekte, die du in Bezug auf die Augen berücksichtigen solltest.

Die Augen sollten sauber und nicht wässrig sein. Das sollte sich von selbst verstehen, aber ich sehe häufig Porträts von Hunden, auch von Profifotografen, bei denen am Auge des Hundes Schlaf klebt. Das muss nicht dokumentiert werden, es sei denn, es handelt sich um einen Straßenhund und man möchte die Realität wahrheitsgemäß abbilden. Schau zuvor, ob dein Modell Dreck oder Sekret an den Augen hat. Wische diesen mit einem sauberen, weichen Tuch freundlich ab, bevor du deine Fotosession startest. Aber auch während der Session kann sich Dreck bilden und man sieht nicht immer alles gleich bei der Aufnahme. Dies ist in der späteren Bildbearbeitung mittels Kopierstempel leicht zu entfernen.

Wässrige Augen können sehr traurig und auch ungesund aussehen. Manche Hunderassen haben hervorstehende Augen, die häufig „unter Wasser“ stehen. Auch hier würde ich immer mal wieder vorsichtig die Augen ein wenig mit einem trockenen Tuch abtupfen, ohne den Hund allzu sehr zu nerven, damit er nicht die Mitarbeit verweigert.

Die Augen sollten scharf abgebildet sein. Ist irgendein anderes Bildelement als die Augen scharf, muss dieses „andere“ schon mächtig interessant sein. Anderenfalls wird der Blick des Betrachters immer zu den Augen zurückkehren und enttäuscht über die Unschärfe sein.

Ein Tier hält nun einmal nicht gänzlich still. Wenn du mit einer großen Blendenöffnung (z. B. f/2.8) und einer langen Brennweite (z. B. 200 mm) fotografierst, erhältst du eine sehr geringe Tiefenschärfe. Fotografierst du mit der Schärfespeicherung (Einzelfokus), kann das schnell dazu führen, dass bei bereits leichten Bewegungen des Tieres oder von dir selbst nach vorn oder hinten die Augen außerhalb des Schärfebereichs liegen. Daher fotografiere ich auch Porträts mit dem Nachführfokus. Dabei halte ich mein Fokusfeld direkt auf der Pupille. Die Kamera wird die Schärfe kontinuierlich nachführen, solange ich den Auslöser halb durchdrücke. Einige Kameras verfügen über eine automatische Tieraugenerkennung (mehr dazu im Abschnitt „Augenerkennung“).

Um ein Verwackeln oder eine Bewegungsunschärfe zu vermeiden, benutze ich für Porträts eine Verschlusszeit von mindestens 1/200 s. So kann ich auch bei längeren Brennweiten und einem ruhigen Hund die Schärfe garantieren. Sobald mehr Bewegung ins Spiel kommt, ist eine schnellere Verschlusszeit notwendig, um die Bewegung einzufrieren.

Die Augen sollten Lichtreflexionen enthalten. Die Augen sollten möglichst gut beleuchtet sein, damit die Farbe schön zur Geltung kommt. Achte darauf, dass die Augen Lichtreflexe zeigen, wenn du nicht einen düsteren, gruseligen Hund fotografieren möchtest. Durch Reflexe in den Augen wird dein Porträt lebendig.

Im Freien sorgt der Himmel für diese Highlights. In Innenräumen können es die Fenster sein, die sich in den Augen spiegeln. Schaut der Hund in eine dunkle Ecke oder nach unten, fällt eventuell kein Licht in die Augen, die dann dunkel und leer aussehen können. Halte daher immer Ausschau, von wo das Licht kommt. Es hat auch bei einem bedeckten Tag eine Richtung. Und stehst du auf einer großen Wiese, lass den Hund eher in Richtung des freien Feldes schauen anstatt in Richtung Waldrand. Auch helle Kleidung, Wände oder andere große helle Gegenstände können sich in den Augen abzeichnen und diese aufhellen. Dabei sollte man darauf achten, dass diese nicht zu unnatürlich oder störend wirken.

An einem düsteren Tag kann es ratsam sein, einen Blitz zu verwenden, um das Licht besser unter Kontrolle zu haben und für schöne Lichtreflexe in den Augen zu sorgen.

Natürliches Licht kommt zumeist von oben, wie die Sonne. Wird der Hund von unten beleuchtet, kann dies einen gruseligen Charakter annehmen. Benutzt du künstliche Lichtquellen, sollten diese eher von schräg oben gerichtet sein. Verwendest du einen Reflektor, um den Bereich unter dem Kinn aufzuhellen, kann es sein, dass dieser Reflektor in den Augen zu sehen ist. Dann solltest du sichergehen, dass dies nicht die einzigen Reflexe in den Augen sind, oder sie ganz vermeiden.

Die Größe und die Form der Lichtreflexe hängen von der Größe und Form des Lichtformers ab. Je größer die Softbox (falls du im Studio fotografierst) und je näher sie ist, desto größer wird sie in den Augen abgebildet. Sorge dann dafür, dass diese Reflexionen nicht die Pupillen überdecken. Die Pupillen sollten teilweise sichtbar sein. Sehr große und sehr kleine Lichtreflexe können unnatürlich wirken. Mehrere oder eigentümlich geformte Highlights können irritieren.

So empfinden manche Menschen die Lichtreflexe, die durch Ringlichter entstehen, als interessant, andere als störend und unnatürlich. Ein Schirm oder eine Octabox im Studio führen zu fast runden und meiner Meinung nach angenehm anzuschauenden Highlights.

Die Pupillen spielen eine besondere Rolle. Durch die Größe der Pupillen regeln die Augen die Menge an einfallendem Licht. Diese weiten sich aus, wenn es dunkel ist, und werden kleiner, wenn es hell ist. Wenn wir ausschließlich mit natürlichem Licht arbeiten, haben wir wenig Kontrolle über die Größe der Pupillen. Bei schwachem Umgebungslicht sind die Pupillen sehr groß. Möchten wir kleinere Pupillen, bringen wir den Hund in eine hellere Umgebung. Wenn wir mit künstlichem Licht arbeiten, hat die Intensität des Dauerlichts (z. B. das Einstelllicht beim Blitz oder eine Dauerlichtlampe) Auswirkung auf die Größe der Pupillen. Die Wissenschaft um die Pupillengröße wird „Pupillometrie" genannt und zur Untersuchung psychologischer Phänomene herangezogen. Diese Wissenschaft überlasse ich den Experten auf diesem Gebiet, möchte aber ein paar Dinge weitergeben, die ich für meine Fotografie nutze. Demnach lässt eine kleine Pupillengröße den Hund aufmerksam und fokussiert aussehen, während wir bei einer großen Pupillengröße eher ein freundliches, verträumtes oder welpenhaftes Wesen interpretieren. Zuweilen kann der Hund bei sehr großen Pupillen auch leicht naiv wirken, wenn wir vermenschlicht auf den Hund blicken.

Katarakte können unbeabsichtigt durch Blitzlicht auffälliger wirken. Die Augen älterer Hunde können eine Trübung der Linsen aufweisen. Die Pupillen haben dann einen weiß-grauen Schleier. Aufgrund der hohen Lichtstärke eines Blitzes können diese bei Blitzlicht auffälliger sein als in der Realität. Es ist zu überlegen, ob du bei einem älteren Hund, der Augenprobleme hat, lieber natürliches Licht nutzt. Auch Dauerlicht kann sehr anstrengend für die Augen sein. Kneift der Hund beim Auslösen des Blitzes die Augen zu, ist dies ein Zeichen für ein leichtes Unwohlsein. Ist das Einstelllicht heller, sind die Pupillen weiter geschlossen, wodurch getrübte Linsen weniger auffallen. Sind die Trübungen der Linsen auf dem Foto recht auffällig, kann man diese in einer Bildbearbeitungssoftware leicht abschwächen. Weiche hier aber nicht zu sehr von der Realität ab: Sie gehören nun einmal zum Hund und seinem Alter. Man läuft bei jeglicher Manipulation der Augen schnell Gefahr, das Tier unnatürlich aussehen zu lassen, insbesondere auch für den Besitzer, der sein Tier anders kennt.

Versuche direkten Blickkontakt einzufangen. Versuche einen direkten Blickkontakt einzufangen. Tipps hierzu findest du im Kapitel „Die Aufmerksamkeit des Hundes steuern".

Geh auf Augenhöhe mit dem Hund. Von Angesicht zu Angesicht fotografiert mit direktem Blickkontakt erhält der Betrachter eine emotionale, persönliche Ebene mit dem Hund. Das bedeutet, dass man die meiste Zeit eines Shootings auf dem Bauch auf dem Boden liegt. Ein Hurra für Kameras mit schwenkbarem Display! Hier kannst du auch sitzen, aus der Hocke oder gar aus dem Stehen schießen, während du mit ausgeklapptem Display und lediglich der Kamera auf Augenhöhe des Hundes fotografierst. Denk daran, dann etwas besonders Interessantes neben die Kamera zu halten, damit der Hund auch in Richtung Kamera schaut.

Setze das dominante Auge auf die Rotationsachse des Bildes. Häufig platziere ich das dominante Auge (das Auge, das näher zur Kamera ist, oder das Auge, das durch die Körperhaltung „innen" liegt, das heißt, zwischen dem äußeren Auge und dem Rücken oder Schwanz des Hundes) genau auf der Mittelachse des Bildes. Druckst du dieses Bild aus und hängst du es an die Wand, kannst du vor dem Bild auf- und ablaufen und es sieht immer so aus, als würde dir der Hund hinterherschauen. Dies ist eine schöne Methode, Bilder durch kleine, aber effektive Tricks interessanter zu gestalten.

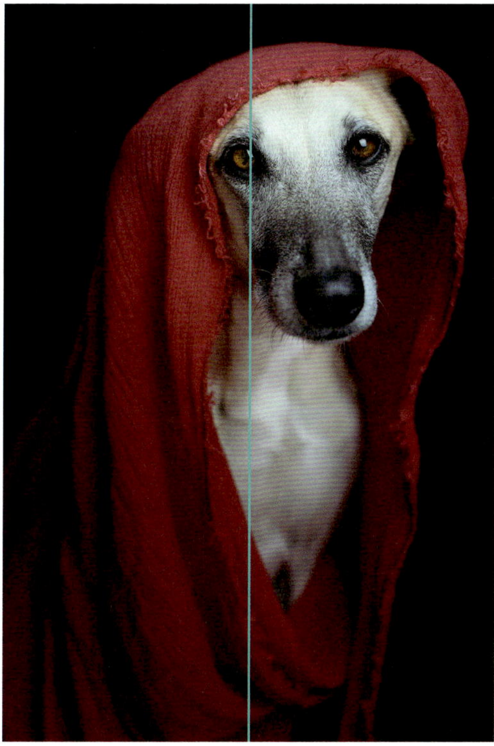

53 mm | f/2.2 | 1/180 s | ISO 640 – Hier ist das Auge, das zwischen dem angewinkelten Körper und der Außenseite des Hundes liegt, exakt auf der Rotationsachse des Bildes platziert.

Halte dich mit der Bearbeitung zurück. Hier kommen wir zu einem Bereich, der sicherlich Geschmackssache ist. Möchte ich die Augen noch ein klein wenig betonen, dunkle ich in der Nachbearbeitung die Pupillen ein wenig ab und helle die Lichtreflexe leicht auf, insbesondere, wenn ich einen hellen Hund in natürlichem Licht fotografiert habe und die Reflexe eher grau sein sollten. Das war's aber auch schon. Ich persönlich empfinde eine allzu starke Bearbeitung der Augen als unnatürlich und irritierend. Zuweilen haben schon kleine Änderungen eine enorme Auswirkung.

Ganzkörperporträts

Beim Ganzkörperporträt ist zu beachten, dass möglichst keine Gliedmaßen ungelenk oder fehlend aussehen. Ist ein Bein hinter dem anderen versteckt, kann es so wirken, als sei der Hund dreibeinig. Aber auch ein dreibeiniger Hund ist schön, und so sollte man bei einem dreibeinigen Hund darauf achten, dass nicht der Eindruck entsteht, das fehlende Bein läge einfach nur verdeckt.

Ein wenig Körperspannung ist empfehlenswert, damit der Hund aufmerksam und nicht gelangweilt oder gar ängstlich erscheint. Die Körperhaltung sollte imposant, interessiert, aufgeweckt aussehen. Der Kopf sollte daher nicht hinunterhängen, sondern gestreckt sein.

Ein Ganzkörperporträt kann den Hund sitzend, stehend oder gehend zeigen. Jeder Hund hat andere Vorzüge. Diese gilt es herauszustellen. Der sehr schlanke Windhund ist besonders beeindruckend, wenn seine Muskeln und Eleganz zur Geltung kommen, achte jedoch darauf, seine Gliedmaßen nicht zu dürr oder ungelenk erscheinen zu lassen. Möchtest du einen pummeligen Hund ein wenig schlanker wirken lassen, empfiehlt sich der Einsatz einer Telebrennweite.

Meistens ist eine leichte Telebrennweite von Vorteil, möchte man elegante Aufnahmen fotografieren. Mit einem Weitwinkel können die Gliedmaßen unnatürlich langgezogen und schlaksig aussehen.

Da beim Ganzkörperporträt noch einmal mehr Umgebung mit auf das Bild kommt, solltest du hier besonders darauf achten, dass es keine störenden Elemente im Hintergrund gibt. Weitläufige Flächen mit einheitlichen Hintergründen sind engen, zugestellten Kulissen mit wenig Abstand zum Hintergrund zumeist vorzuziehen.

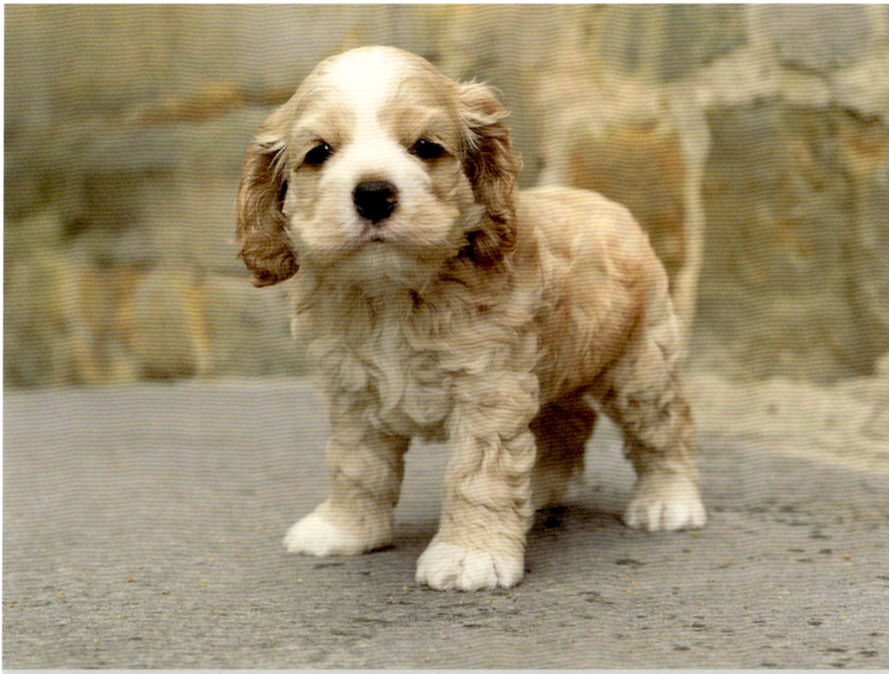

50 mm | f/3.2 | 1/1250 s | ISO 800 – Ganzkörperaufnahmen von Welpen sind häufig nur in Bewegung möglich, da die Kleinen ungern stillhalten, es sei denn, man findet etwas, was sie kurzzeitig in ihren Bann zieht. Herr Wagner hier fand mich spannender als den Rest der Welt, sodass er bei jeder Gelegenheit auf mich zustürmte. Da blieben nur Bruchteile von Sekunden, in denen der Welpe, nachdem er abgesetzt wurde, noch kurz zu überlegen schien, was mit der Frau, die die komischen Geräusche macht, wohl falsch läuft.

Detailaufnahmen

Mit Detailaufnahmen kannst du die kleinen Besonderheiten deines Hundes groß herausstellen. Du machst Dinge sichtbar, die mit bloßem Auge schwerer zu erkennen sind. Für Detailaufnahmen gehst du ganz nah ran – am besten mit einem Makroobjektiv. Da du hiermit einen geringen Abstand zum Motiv hast, ist die Tiefenschärfe besonders gering. Hier solltest du überlegen, eine kleinere Blendenöffnung zu wählen, um mehr Tiefenschärfe zu erreichen.

Möchtest du beispielsweise ein Foto vom Auge aufnehmen, erfordert dies einiges an Fingerspitzengefühl und einen Hund, der stillhält. Fotografiere mit Nachführfokus, um den Fokus auch zu halten, sollten sich Hund oder du leicht nach vorn oder hinten bewegen. Blende ab, um ein wenig mehr Tiefenschärfe zu erreichen. Halte besonders still und nutze eine Verschlusszeit von mindestens 1/200 s, um ein Verwackeln zu vermeiden.

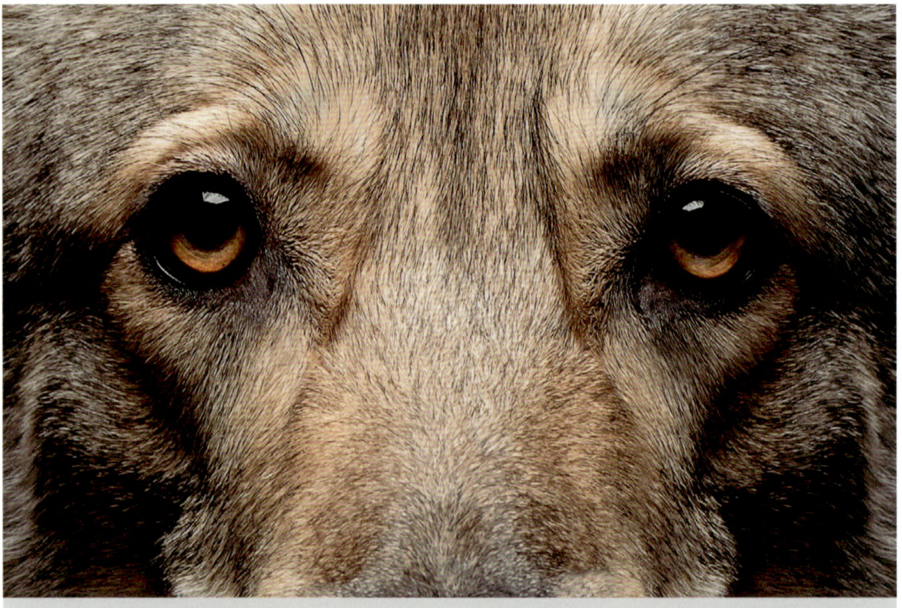

135 mm | f/9 | 1/200 s | ISO 200 – Augen sind beliebte Motive für Detailaufnahmen. Dieses Bild entstand ohne Makroobjektiv.

Bewegungsaufnahmen

Bewegungsaufnahmen sind sehr beliebt, lassen sie doch Gesichtsausdrücke und Bewegungen sichtbar werden, die wir ansonsten so nie sehen würden. Es wird all die Freude deutlich, die Hunde bei der Bewegung haben. Aber so manch kleiner, dunkler, wieselflinker Hund kann uns an den Rand der Verzweiflung bringen, wenn es um Bewegungsaufnahmen geht. Das Folgende soll dir die Tricks an die Hand geben, mit denen du auch den schnellsten Hund knackscharf bildlich einfängst.

Einstellungen für Bewegungsaufnahmen

Für Bewegungsaufnahmen ist es von Vorteil, eine Kamera-Objektiv-Kombination mit schnellem Autofokus zur Verfügung zu haben. Diese können sehr unterschiedlich ausfallen. Fotografierst du häufig und gerne Bewegungsaufnahmen, solltest du beim Kauf auf diese Eigenschaften achten. So ist z. B. ein Objektiv mit Ultraschallmotor zwar teurer, aber auch durchaus schneller.

Da das Autofokussystem beim Fokussieren nach einem größtmöglichen Kontrast des Motivs sucht, um scharfzustellen, sind gute Lichtverhältnisse vorteilhaft. Es muss nicht dringend die Sonne scheinen, aber ein heller bedeckter Tag ist super. Wechselt man mit dem schwarzen Hund in einen dunklen Wald, wird man schnell feststellen, dass die Kamera mit dem Scharfstellen mehr Probleme haben wird. Gegenlicht erschwert das Scharfstellen enorm. Ein hoher ISO-Wert führt zu Rauschen und damit einem unscharfen Eindruck. Auch daher ist es ratsam, gute Lichtbedingungen zu wählen.

Da sich das Motiv bewegt, ist der Nachführfokus unabdingbar. Da du die Augen des Hundes scharf abbilden möchtest, ist es sinnvoll, mit dem Einzelfeld-AF-Modus zu arbeiten. Wähle also über ein Messfeld die Position im Bild aus, die scharfgestellt werden soll, zumeist das Auge (mehr dazu im Abschnitt „Messfeldsteuerung"). Als Verschlusszeit benötigst du mindestens 1/1000 s, bei schnelleren Hunden und schnellerer Bewegung (z. B. Kopfschütteln) mehr.

Bewegungsaufnahmen sind mit Telebrennweite einfacher als mit Weitwinkel, da du dann die Bewegung aus einem Abstand beobachten kannst. Fotografierst du mit Weitwinkel einen Hund, der direkt vor deiner Kamera springt, ist jede Bewegung für das Autofokussystem eine größere Herausforderung. Nutze daher eine lange Brennweite mit größtmöglichem Abstand.

Aktiviere die Serienbildfunktion, um mehrere Bilder pro Sekunde schießen zu können. Nun muss man nicht unbedingt Dutzende von Bildern pro Sekunde abfeuern. Eine niedrigere Bildzahl pro Sekunde (z. B. drei oder fünf) bedeutet weniger Datenanfall und kann genauer sein als eine höhere Anzahl.

Schalte den Bildstabilisator aus, falls vorhanden. Bei einer schnellen Verschlusszeit erfüllt er keinen Zweck und könnte das System verlangsamen.

Läuft der Hund los, fokussiere an, ohne auszulösen. Halte dein Einzelfeld möglichst auf dem Auge des Hundes. Das erfordert Übung und ist nicht immer möglich. Aber versuche es. Drücke den Auslöser, wenn du das Gefühl hast, du hast den Hund gut im Sucher und kannst Richtung und Geschwindigkeit gut einschätzen.

Ein einfarbiges Motiv, wie z. B. ein brauner Hund mit braunen Augen, ist für das Autofokussystem schwieriger als z. B. ein schwarzer Hund mit blauen Augen, der an der richtigen Stelle den bestmöglichen Kontrast bietet.

Lass den Hund nicht nur auf dich zu, sondern auch parallel zum Sensor laufen. Wenn der Hund den Abstand zur Kamera nicht ändert, muss der Autofokus nicht besonders gut sein, um dennoch den Hund im Lauf scharfzustellen. So vermeidet man ein wenig Frustration.

Hindernisse, die während der Bewegung des Hundes zwischen Tier und Kamera kommen können, lenken den Fokus ab. Versuche, z. B. Wiesen mit hohem Gras zu vermeiden, sondern wähle flacheres Gras, das nicht vor die Augen des Hundes kommen kann.

Hier die wichtigsten Punkte für Bewegungsaufnahmen zusammengefasst:

- vorteilhafte (helle) Lichtbedingungen/niedrige ISO-Zahl wählen
- schnelle Speicherkarte (wenn man auf das Speichern warten muss, ist die Karte zu langsam)
- Nachführfokus (C, AF-C oder AI-Servo)
- Einzelfeld-AF auf das Auge
- Serienbildfunktion (niedrigere Bildzahl pro Sekunde)
- Verschlusszeit von mindestens 1/1000 s
- Bildstabilisator ausschalten
- anfokussieren und erst nach ein paar Metern auslösen, um ein Gefühl für die Bewegung zu bekommen
- den Hund parallel zum Sensor laufen lassen (frontal ist für Autofokus schwieriger)
- lange Brennweite mit größtmöglichem Abstand
- Fehlfokussierung durch behindernde Objekte (Gras) vermeiden
- Gegenlicht vermeiden

GIB NICHT AUF

Glaub niemandem, der behauptet, seine Ausbeute bei Actionfotos läge bei über 95 % (Scharlatan, sage ich!). Bewegungsaufnahmen erfordern viel Übung und man wird dennoch nie alles vorausahnen können und einiges an Ausschuss produzieren. Eine altersschwache Dogge ist sehr viel einfacher „einzufangen“ als ein quirliger schwarzer Pinscher. Gib nicht auf – mit Geduld und Beharrlichkeit kommst du zu „deinem“ Foto!

Ideen für abwechslungsreiche Bewegungsaufnahmen

Du kannst dein Modell laufend, springend, schnappend, kopfschüttelnd, drehend, bellend usw. fotografieren. Alles das sind Bewegungen, die zu Bildern führen können, die ein wenig anders sind als das normale Porträt.

Halte Ausschau nach natürlichen Hindernissen wie gefallenen Bäumen, über die der Hund springen kann. Man kann den Hund parallel zur Kamera laufen lassen, schräg oder auf sich zu. Der Hund kann nach vorne hechten, zur Seite springen oder in die Luft hüpfen. Man kann ihm am Ohr kitzeln, damit er sich schüttelt, oder auf das Schütteln nach dem Bad warten. Überhaupt sind Bewegungsaufnahmen im Wasser tolle Motive, die man ebenfalls abwechslungsreich gestalten kann. Der Hund kann ins Wasser springen, im tiefen Wasser schwimmen, im flachen Wasser rennen und wunderbare Wasserspritzer produzieren usw.

Kann der Hund Tricks oder eine Lieblingssportart? Hat er ein Lieblingsspielzeug, das man als Requisite einsetzen kann? Probiere unterschiedliche Dinge aus, um dein Portfolio zu erweitern und vielseitige Fotos zu machen!

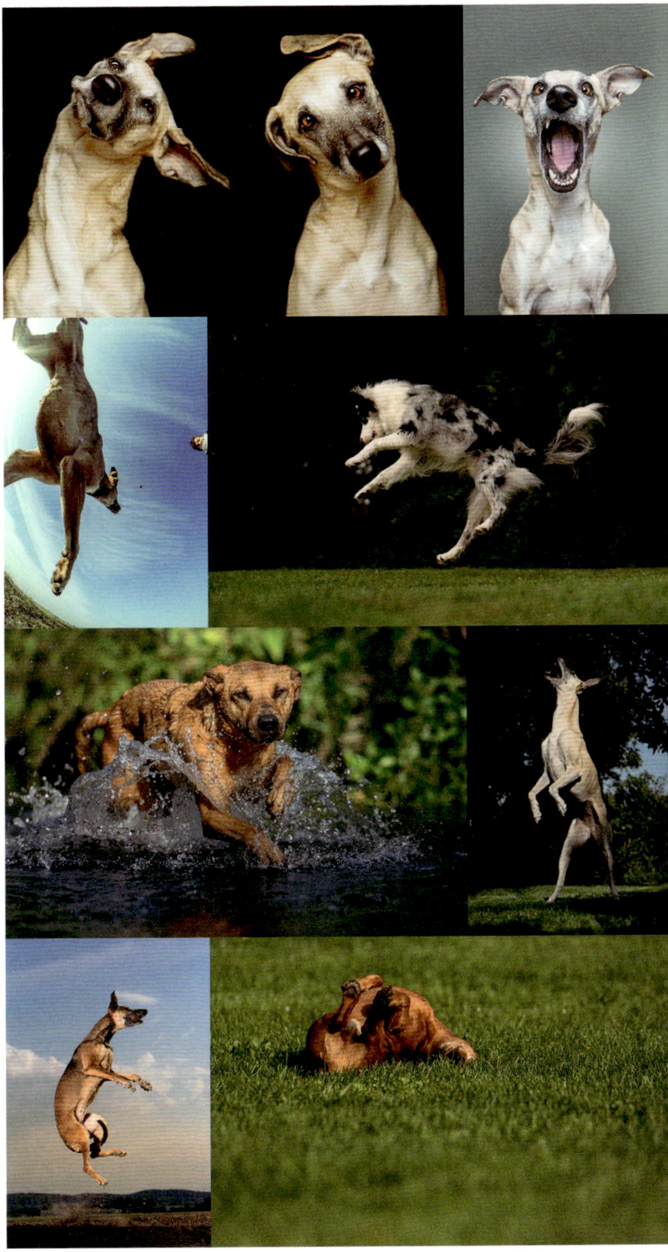

Beispiele für Bewegungsaufnahmen

Mitzieher

Da ich dich dazu ermuntern möchte, mal genau das Gegenteil zu machen von dem, was sonst geraten wird, hier noch eine andere Art der Bewegungsfotografie: der Mitzieher.

Hier wählt man eine Verschlusszeit, die zu langsam ist, als dass sie die Bewegung des Hundes einfrieren würde, z. B. 1/30 s. Den Hund lässt du hierbei parallel zum Sensor laufen, also nicht auf dich zu. So kannst du deine Kamera mit der Bewegung mitschwenken (mitziehen). Mitzieher sind sehr gut geeignet, um Fahrzeuge zu fotografieren, die dann gänzlich scharf sind (abgesehen von den sich bewegenden Reifen), während Hinter- und Vordergrund völlig verschwommen sind.

Beim Hund erhältst du bei einer Verschlusszeit von etwa 1/30 s (probiere verschiedene aus), gänzlich verschwommene Gliedmaßen, da sie sich nicht geradlinig mit der Bewegungsrichtung bewegen. Eventuell kann der Kopf scharf sein, wenn er nicht zu sehr hoch- und herunterbewegt wurde.

Wichtig ist, dass dein Mitziehen genau auf die Geschwindigkeit des Hundes angepasst ist. Diese Technik erfordert Übung und führt ganz sicher zu vielen Ausschussfotos, und vielleicht wirst du dich mit dem Resultat nie anfreunden, aber ausprobieren solltest du es einmal (siehe auch den Workshop „Mitzieher“).

Bewegungsbilder ohne Assistenten

Was tun, wenn man keinen Assistenten hat und dennoch Bewegungsbilder vom eigenen Hund haben möchte? Man kann natürlich fotografieren, was der Hund von sich aus zeigt. Insbesondere mehrere Hunde können ein Spiel initiieren. Aber nicht jeder Hund rennt von allein freudig ohne Anleitung Kreise oder wirft sich selber ein Spielzeug zu. Hier gibt es daher ein paar Tricks, wie man auch ohne Assistenten zu Bewegungsaufnahmen kommen kann.

Grundgehorsam ist von Vorteil, da man den Hund absetzen und rufen kann. Aber auch wenn der Hund gerade sein eigenes Ding macht, kannst du ihn rufen. Konditioniere einen Ruf, den du später für das Fotografieren und nicht für den normalen Rückruf einsetzen wirst. Warum nur für das Fotografieren und nicht für den normalen Rückruf? Weil du beim Fotografieren abgelenkt bist und nicht immer alles klappt. Der normale Rückruf im Alltag ist wichtig und sollte so konditioniert werden, dass er zuverlässig befolgt wird. Konditioniere für das Fotografieren daher ein neues Signal, dessen Aufbau aber im Großen und Ganzen genauso wie für den normalen Rückruf erfolgt. Hier sorgst du jedoch für ein bisschen mehr „Aufregung" durch Bewegung.

Übe zunächst an einem Ort ohne Ablenkung. In einer Situation, in der dir der Hund ganz sicher seine Aufmerksamkeit schenken wird, gib das Signal, z. B. einen bestimmten Pfiff oder ein Wort – bei meiner Hündin Noodles ist es ein langgezogenes „Popcooorn". Für seine Aufmerksamkeit erhält der Hund eine Belohnung, die Action beinhaltet, das heißt, du wirfst z. B. ein Spielzeug. Er wird dann nach und nach das Wort oder Signal damit verbinden, zu dir zu schauen, angerannt zu kommen und Action zu erwarten. Bei einem bewegungsfreudigen Hund wird dies zu einem besonders eifrigen Herannennen führen. Dies übst du mit nach und nach immer größerem Abstand. Es erfolgt immer eine supertolle Belohnung in Form von Bewegung, z. B. ein Zerrspiel.

Später sitzt du dann mit der Kamera bewaffnet da und rufst ihn. Mach jetzt deine Fotos. Sobald er bei dir ist, wirf das Spielzeug oder den Ball im hohen Bogen, damit er seine Belohnung bekommt und auch für das nächste Mal wieder motiviert ist. Ich gebe zu, das ist alles ein Haufen Vorarbeit. Wenn dein Hund auch ohne diese Vorarbeit angerannt kommt, umso besser.

Möchtest du, dass der Hund einen schönen Sprung zeigt, setze ihn direkt hinter ein Hindernis wie einen umgestürzten (im Idealfall natürlich fotogenen) Baum. Er sollte nicht zu weit hinter dem Hindernis sitzen, da auch Hunde faul sein können und er den Weg um das Hindernis herum wählen könnte. Wenn du den Hund abgesetzt hast und dann zu der Stelle gehst, von der aus du fotografieren möchtest, nimm immer den Weg, den auch der Hund laufen soll. Das bedeutet, dass du auch über das Hindernis springen musst, über das der Hund gehen soll. Hunde imitieren gern und laufen deine Strecke nach. Läufst du um das Hindernis herum, wird der Hund das auch tun.

Jeder Hund ist anders, und einiges wird bei Hunden, die wenig Lust auf Bewegung haben, nicht funktionieren. Jeder Hund zeigt einen anderen Elan, und vielleicht klappt etwas an einem heißen Sommertag nicht, was unter kühleren Bedingungen funktionieren würde. Probiere es einfach aus – das ist das Spannende an der Arbeit mit Tieren.

NUTZE DIE EIGENHEITEN DES HUNDES ZU DEINEM VORTEIL

Ist meine Hündin Scout in einem anderen Teil des Gartens, rufe ich sie. Sie hat gelernt, freudig zu mir zu eilen, wenn ich sie rufe. Gut, ich will ehrlich sein ... wenn sie gute Laune hat – typisch eigenständiger Windhund. Dann rennt sie sehr freudig, denn sie erwartet Spaß und Lob. In der Mitte meines Gartens gibt es einen gepflasterten Pfad, den sie überqueren muss. Ich weiß, dass sie im Lauf nicht auf Beton tritt, sondern lieber über den Pfad springt (was übrigens die meisten Hunde, wenn sie groß genug sind, tun werden). So bekomme ich ein wunderbares Sprungbild an dieser Stelle, ohne Assistenten. An einem heißen Sommertag klappt das jedoch auch nicht, da sie dann eher gemütlicher zu mir zockelt. Daher sollte das also an einem Tag geschehen, an dem der Hund motivierbar ist.

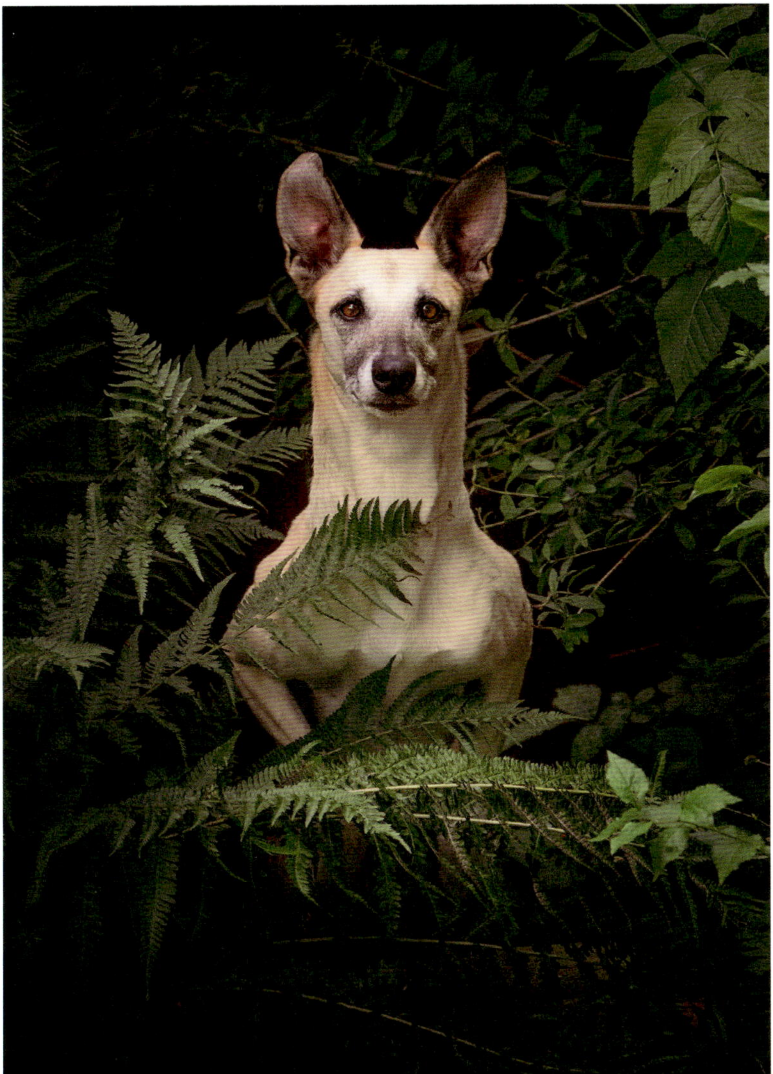

130 mm | f/4 | 1/1000 s | ISO 1600 – Hier habe ich meine Hündin hinter einem bewachsenen Beet mit Farn abgesetzt und dann gerufen. So musste sie, um zu mir zu kommen, über den Farn springen, was zu einem urigen Foto führte.

Den Charakter des Hundes einfangen

Wenn du die technischen Feinheiten für Porträts und Bewegungsaufnahmen verinnerlicht hast, kannst du dir Gedanken darüber machen, wie du den Charakter des Hundes am besten einfangen kannst.

Erst einmal muss man sich darüber im Klaren werden, welchen Charakter der Hund hat. Jeder Besitzer interpretiert seinen Hund anders und findet andere Wesenszüge an ihm spannend oder liebenswert. Und wirklich jedes Tier hat auch seinen ganz eigenen Charakter. Da gibt es Ronja, die Podenca, die draußen passionierte Jägerin ist und zu Hause im Wohnzimmer kaum bemerkt wird, weil sie den Rest des Tages verpennt. Oder Fiete, der übermütige Krawallbursche, der mit dem neugeborenen menschlichen Nachwuchs plötzlich liebevoll und sanft wird. Ob hibbeliger Kläffer, verträumter Schnuffel oder herziger Riese, fast alle Eigenarten unseres Tieres sind erinnerungswürdig.

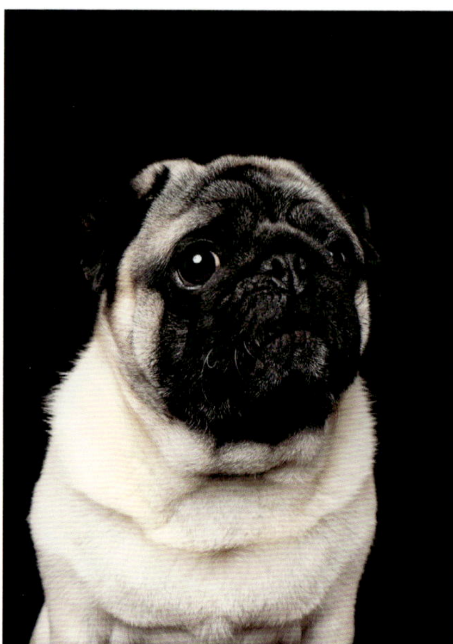

45 mm | f/8 | 1/640 s | ISO 250 | Studioblitz – Nicht nur die nach unten gezogenen Mundwinkel können einen Hund grimmig wirken lassen, auch pointierte Augenbrauen und Stirnfalten verleihen einen empörten, traurigen oder gar verzweifelten Charakter. Letztendlich ist dies aber unsere vermenschlichende Sicht auf das Tier.

Wir tendieren dazu, unseren Hund zu vermenschlichen. Auch wenn sie viele unserer Gefühle teilen, drücken sie diese doch in vielerlei Hinsicht anders aus als wir. Ihre Mundwinkel sind zumeist nach unten gezogen, was bei uns Menschen als Trauer oder schlechte Laune interpretiert wird. Daher sehen recht normale Porträts von aufmerksamen Hunden für einige Betrachter eher traurig aus. Schaut man sich jedoch die Ohren des Hundes an, wird deutlich, dass er entspannt und aufmerksam schaut. Versuch einmal, einen Mops fröhlich aussehen zu lassen. Die Mundwinkel sind bei dieser Rasse und vielen anderen so extrem nach unten gezogen, dass sie (vermenschlicht) geradezu empört oder enttäuscht aussehen, aber genau das scheint für viele Mopsliebhaber das besondere Etwas dieser Rasse zu sein.

Die Mundwinkel des Hundes gehen eher nach oben und lassen den Hund somit fröhlicher aussehen, wenn er hechelt. Hecheln kann beim Hund durch freudige Aufregung, Sport, Stress, Hitze oder anderweitige Anstrengung entstehen. Ein hechelnder Hund ist daher nicht gleich fröhlich. In Falten liegende Lefzen können ein Zeichen dafür sein, dass der Hund eher gestresst und gar nicht fröhlich ist.

Nun willst du generell nicht, dass der Hund gestresst ist. Heraushängende Zungen sind für ein elegantes Porträt eher ungeeignet. Aber für ein „Grinsegesicht“ kannst du den Hund Runden laufen lassen (wenn es seine Gesundheit ermöglicht), damit er hechelt und dadurch fröhlich aussieht. Auch eine leichte Aufregung ist für Bilder wunderbar. Der Hund wirkt wacher und freudiger, und eine leichte Aufregung ist noch kein Stress.

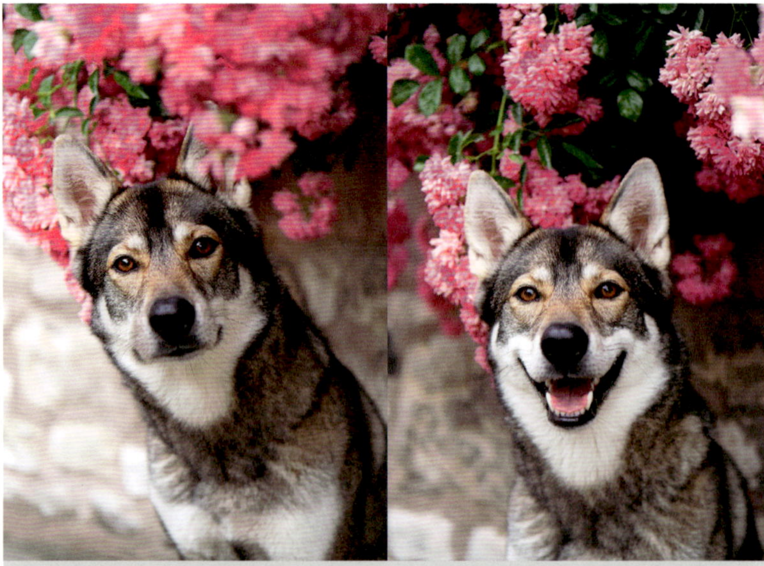

Beide: 75 mm | f/2 | 1/400 s | ISO 400 – Hier schaut die Hündin im linken Bild eher ernst, elegant, aufmerksam. Das Hecheln im rechten Bild verleiht ihr einen fröhlicheren Ausdruck.

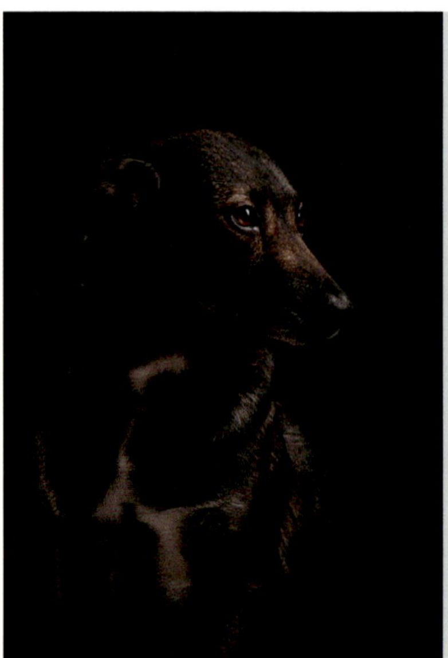

100 mm | f/6.3 | 1/160 s | ISO 100 | Studioblitz – Diese Hündin ist eine eher schüchterne Persönlichkeit. Sie hat meistens die Ohren unten, wenn man sie anspricht, und ist eher unterwürfig. Natürlich versuche ich auch von einem solchen Hund entspannte und freudig wirkende Bilder zu erhalten. Aber für ein paar Bilder lasse ich mich durch diese Seite ihrer Persönlichkeit leiten. Das düstere Umfeld, die Unterbelichtung, das körnige und damit eher nostalgische Erscheinungsbild erwecken einen insgesamt eher melancholischen Eindruck. Dies ist vielleicht kein Bild für Hundefutterwerbung, aber die Besitzer erkennen diese Seite des Wesens ihres Hundes wieder.

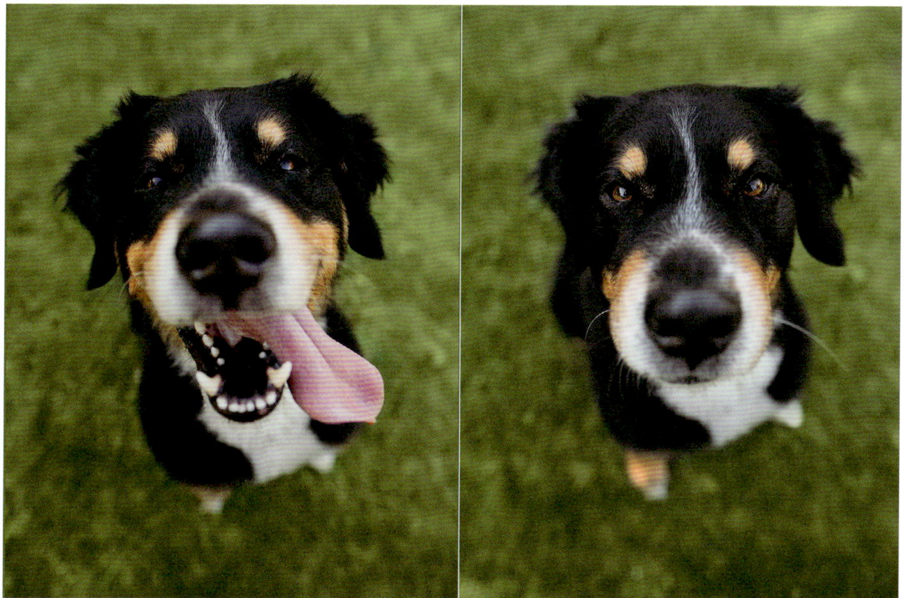

Beide: 20 mm | f/2 | 1/500 s | ISO 250 – Im linken Bild zeigt Ben seine ganze Persönlichkeit. Er ist tatsächlich ein sehr fröhlicher Kerl, der mit Begeisterung mitgemacht hat. Es war ein heißer Tag und so hechelte er viel, was zu einem schönen Grinsen führte. Aber einige Bilder sollten auch ohne Zunge sein, daher gab ich ihm ein Leckerli. Da gibt es diesen Bruchteil einer Sekunde, in dem der Hund schlucken muss und die Zunge drin ist. Aber in diesem Fall führte es lustigerweise zu einem recht zornig aussehenden Gesicht. Grund hierfür sind die leicht nach unten geschnittenen Augenlider, die ihm hier einen sehr ernsten Ausdruck verleihen. Aber auch das ist unsere vermenschlichende Sicht. Es hilft ungemein, sich dieser Unterschiede und Besonderheiten bewusst zu sein, um das Bild auszuwählen, das zum Charakter des Hundes passt.

Warum nicht auch einmal die melancholischen Seiten eines Hundes beleuchten? Meine Scout legt eher die Ohren an, wenn man sie anspricht. Das ergibt ein typisches Windhundgesicht, das jedoch nicht so fröhlich wirkt. Doch wenn das Teil ihres Wesens ist, warum sollte ich nicht auch das einmal abbilden? Alle meine drei spanischen Tierschutzhunde kamen mit einer nicht so rosigen Vergangenheit zu uns. Durch Lichtstimmungen und Farbgebungen können wir unseren Bildern ein dramatischeres oder traurigeres Aussehen geben. Dazu muss der Hund selber nur normal schauen.

Gruppenbilder

Wenn du mehrere Motive (Hund und Hund, Hund und Mensch, Hund und anderes Tier) fotografieren möchtest, gibt es ein paar Dinge zu beachten.

Mehrere Hunde

Eine Schwierigkeit ist es, alle Abgebildeten im Bild scharfzubekommen. Es gibt nur eine Schärfeebene in einem Bild. Möchtest du mit unscharfem Hintergrund fotografieren, ist entweder Präzision bei der Platzierung der Protagonisten gefragt (alle mit genau gleichem Abstand zur Kamera) oder du blendest leicht ab, sodass die Tiefenschärfe ein wenig weiter ist und auch Augenpaare, die nicht gänzlich auf der gleichen Ebene liegen, scharf sind. Bei einer Telebrennweite und verhältnismäßig großer Blendenöffnung (z. B. f/4) ist die Tiefenschärfe schon sehr gering, und auch mit einem Abblenden auf f/16 wirst du keine Tiefenschärfe von z. B. 1 m erhalten. Allzu weit auseinander kann man daher die Protagonisten nicht setzen.

Erst aus der Kombination aus einem Weitwinkel und einer kleinen Blendenöffnung bekommst du eine Tiefenschärfe, die ausreicht, um mehrere Motive scharf zu bekommen, die sich in einem gänzlich unterschiedlichen Abstand zur Kamera befinden.

Eine weitere Schwierigkeit bei Gruppenbildern von Hunden ist, dass du nunmehr mehrere Motive hast, die du motivieren musst, fotogen zu schauen. Benötigst du allzu viel Zeit, um die unterschiedlichen Hunde zu platzieren, kann Langeweile eintreten. Handelt es sich um ein gestelltes statisches Gruppenbild, sollte daher die Session besonders kurz sein.

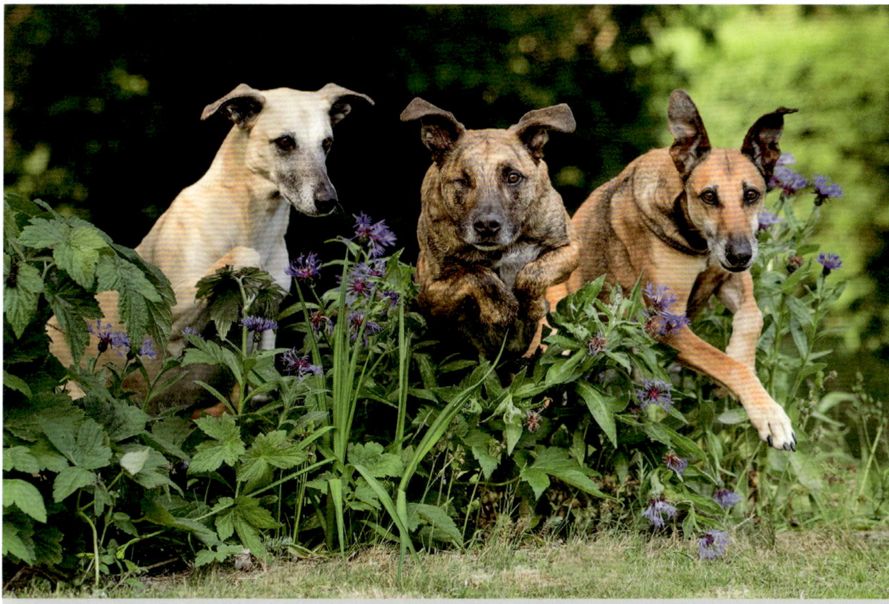

135 mm | f/2.2 | 1/1600 s | ISO 640 – Hier habe ich meine drei Hunde hinter Blumen platziert und dann gerufen. Ich wollte ein Bild von allen drei in Aktion und alle drei scharf abbilden. Meine Hoffnung war es, dass alle im gleichen Abstand zur Kamera sind und so alle Augenpaare scharf abgebildet werden. Sie schossen jedoch nicht exakt zur gleichen Zeit los. Mit etwa f/4 hätte ich vielleicht alle Augenpaare scharf abbilden können, dennoch ist es für mich ein schönes Foto für mein privates Fotoalbum.

Hund und Mensch

Der ein oder andere Mensch hätte gerne Bilder von sich mit Hund, empfindet sich jedoch nicht als fotogen. Hier kannst du ein paar Tricks nutzen, um dennoch eine Geschichte zu erzählen. Man muss nicht zwingend den ganzen Menschen im Bild haben. Es reicht zur Darstellung einer Beziehung auch ein Körperteil.

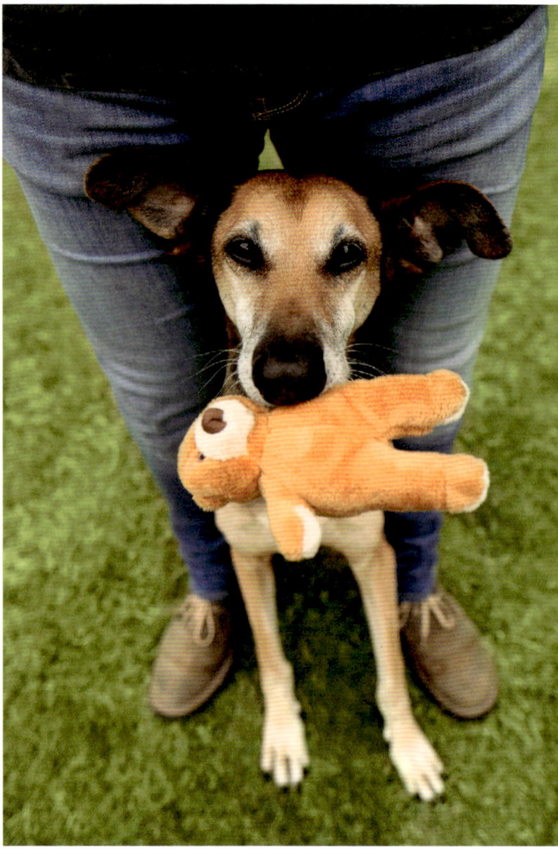

24 mm | f/2.2 | 1/800 s | ISO 200 – Stellt man den Hund zwischen die Beine des Menschen, erhält man ein Bild mit Mensch-Hund-Beziehung, ohne dass der Mensch sich Gedanken um seine Haare oder anderes, was ihn stören könnte, machen muss.

Eine weitere Variante eines Gruppenbildes könnte sein, einen Hauptdarsteller im Vordergrund zu haben und die anderen unscharf im Hintergrund. Hier sollte der Bezug eindeutig sein und die unscharfen Nebendarsteller nicht einfach nur störend wirken.

Fotografierst du Hund mit Mensch, hat das den großen Vorteil, dass du den Menschen anleiten kannst. Tu das auch! Die meisten Menschen sind keine Models und sehen sich nicht von außen. Bekommt der Porträtierte das Gefühl, er müsste alles im Griff haben, verkrampft er. Gib freundliche Anweisungen. Selbst wenn du dir nicht sicher bist, was zu tun ist, trete selbstsicher und freundlich auf, um deinem Modell Zuversicht zu geben.

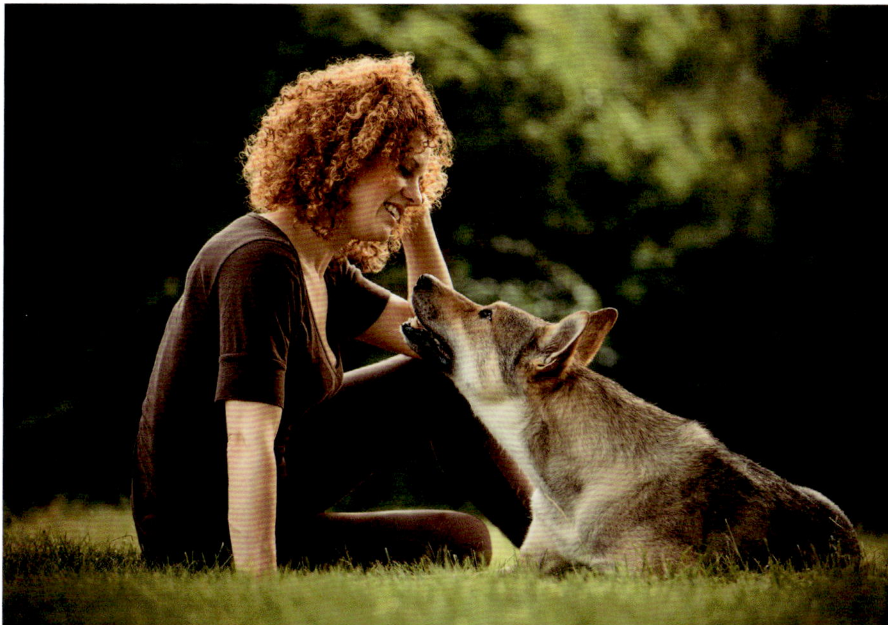

145 mm | f/2.8 | 1/1250 s | ISO 640 – Diese beiden wunderbaren Modelle brauchte ich einfach nur ins Gras zu setzen und sich mit sich selbst beschäftigen zu lassen. Die Besitzerin sprach mit ihrem Hund, der ihr neugierig zuzuhören schien.

Kleinere Kinder kann man zumeist nicht anweisen. Hier ist es oft ratsam, mehr zu beobachten. Sie kommen von ganz alleine auf die niedlichsten Ideen. Und das Abbilden von spontan entstandenen Szenen wird die schönsten Erinnerungen bescheren.

Ungestellte Szenen

Ein schönes gestelltes Porträt kann eine wunderbare Erinnerung sein und die Eleganz, vielleicht auch den Humor und andere Charaktereigenschaften des Hundes verewigen. Aber es gibt auch diese unzähligen Momente, in denen der Hund er selbst ist, ohne abgesetzt worden zu sein, für eine Kamera zu posieren oder stillzuhalten. Wenn er verträumt seinen eigenen Gedanken nachhängt, frech und außer Rand und Band ist, tollt, rauft, buddelt, die meiste Zeit des Tages vielleicht auch verpennt.

Denk darüber nach, was deinen Hund ausmacht oder was er von sich aus gerne tut. Überlege, wann er dieses Verhalten zeigt und wie du mit der Kamera darauf vorbereitet sein kannst, ohne einzugreifen. Schaut dein Hund gern am Nachmittag aus dem Fenster? Schläft er in einer äußerst entzückenden Haltung? Läuft er gern zum Zaun, um sich vom Nachbarn Streicheleinheiten abzuholen? Bettelt er in einer besonders niedlichen Pose um Leckerlis?

Das erfordert Planung und Wissen um die Eigenheiten des Tieres. Du wirst deinen Hund vielleicht neu kennenlernen. Wichtig ist, dass du die Kamera sofort griffbereit hast. Eine schnelle Verschlusszeit ist ein Muss, wenn es sich um Aufnahmen des Hundes beim Toben handelt, das heißt mindestens 1/1000 s. Auch der Nachführfokus sollte aktiviert sein. So bist du auf alle Gelegenheiten eingestellt.

Plane, was immer planbar ist. Kannst du das Verhalten in günstigen Lichtverhältnissen festhalten? Brauchst du zusätzliches Licht? Oder musst du auf bestimmtes Wetter warten, um die richtigen Bedingungen zu erhalten? Je kritischer du mit den Dingen bist, die du planen kannst, desto gekonnter in Szene gesetzt wird das spontane Verhalten deines Hundes aussehen. Ein Beispiel findest du im Workshop „Das macht der immer so!“.

Lifestyle und Reportage

Die Lifestyle-Fotografie ist ein Mittelding zwischen gestellter und ungestellter Szene. Hier wird der Hund in seinen alltäglichen Kontext eingebunden, auch mal platziert, aber die Situation soll aussehen, als sei sie spontan entstanden. Man verewigt hier Situationen, die aus dem Leben gegriffen sind. Ziel der Lifestyle-Fotografie ist es, eine Geschichte über das Leben der Porträtierten zu erzählen. Diese Art der Fotografie erfordert eine möglichst natürliche Darstellung. Wird künstliches Licht eingesetzt, dann möglichst so, dass man es nicht merkt oder sie als Raumbeleuchtung wahrgenommen wird. Sorge im Vorfeld dafür, dass keine unfotogenen Elemente im Bild enthalten sein können. Es geht hier um die Darstellung einer idealen oder schönen Welt.

In der Reportage-Fotografie gehst du einen Schritt weiter und dokumentierest nur noch. Hier wird nichts mehr gestellt. Wir müssen gänzlich damit leben, was sich uns bietet. Uns bleiben die Gestaltungsmöglichkeiten in der Kamera, ein Eingriff in das Geschehen wäre unseriös. Indem wir den Bildausschnitt wählen, haben wir durch Einbinden und Weglassen von Informationen dennoch die Möglichkeit, unsere Sicht der Dinge darzustellen.

Themen für Reportagen gibt es unzählige. Du kannst das Leid von Tieren dokumentieren oder Mensch und Tier bei der Arbeit oder beim Hobby. Ein Beispiel dafür findet sich im Workshop „Reportage“.

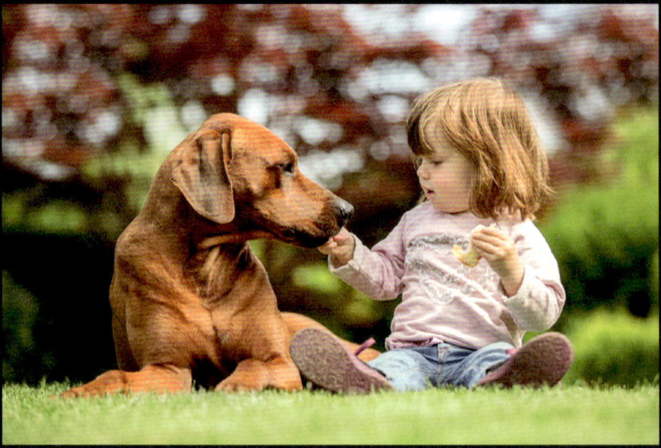

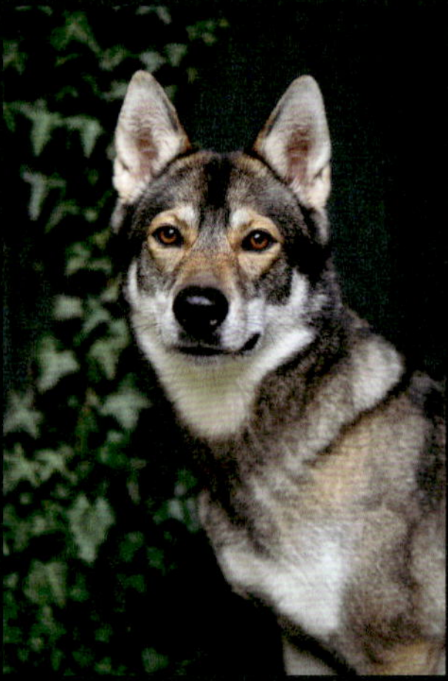

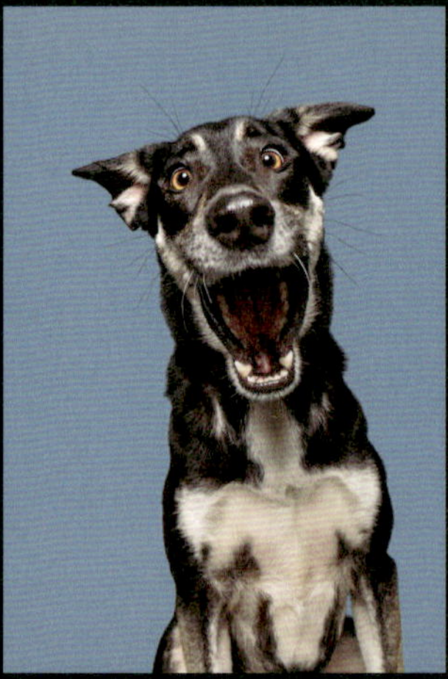

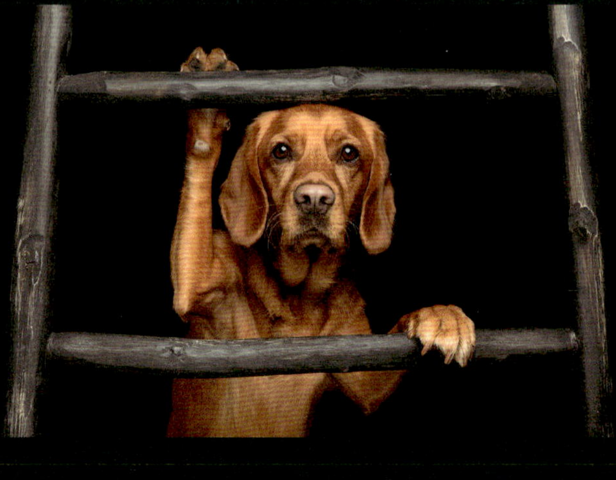

WORKSHOPS

Mit den folgenden Workshops kannst du die Grundlagen vertiefen, schwierige Fälle üben und kreative Ideen erarbeiten. Anhand von vielen verschiedenen Motiven und Situationen lernst du, unterschiedliche Bildideen technisch und künstlerisch richtig umzusetzen.

Die Fotos sind entweder draußen oder im Studio entstanden, mit natürlichem oder künstlichem Licht, und zeigen dir viele verschiedene Möglichkeiten, Hunde phantasievoll in Szene zu setzen. Lass dich von den Workshops inspirieren und entwickle daraus eigene Ideen. Das Wichtigste ist, dass es Spaß macht.

Grundsätzlich gilt wie überall: Übung macht den Meister, und *Learning by doing* führt langfristig zum Erfolg. Der Hund kann seine eigenen Vorstellungen haben, und es klappt sicher nicht alles auf Anhieb. Die Kamerabedienung muss geübt werden, der Hund muss mit Spaß dabei sein. Ein Auge fürs Detail erwirbst du dir nach und nach. Auch der Hund lernt mit der Zeit viel dazu, also: dranbleiben und weitermachen! Schließlich hast du ein Modell, das du fast überall mit hinnehmen kannst und nicht einmal (außer in Leckerlis) bezahlen musst.

Jeder Workshop besteht aus einem Projekt, in dem du etwas Bestimmtes üben kannst. Du bekommst Tipps zur Umsetzung und kannst anhand der Exif-Daten im Detail nachvollziehen, wie die Bilder entstanden sind. So können dir die Workshops als langfristiges „Nachschlagewerk“ dienen.

Und jetzt: Viel Spaß mit Hund und Kamera!

Direkter Blickkontakt

Projekt

Versuche einen direkten Blickkontakt einzufangen.

Was du hier übst

Hier lernst du deinen Hund besser kennen und übst, seine Aufmerksamkeit zu bekommen, auf seinen Ausdruck zu achten und einen direkten Blickkontakt für ein emotionales Foto einzufangen.

Umsetzung

Nutze eher eine Tele- oder Normalbrennweite anstelle eines Weitwinkels, da ansonsten sichtbar wird, wenn der Hund doch eher an der Kamera vorbeischaut. Geräusche hinter der Kamera sind am ehesten dazu geeignet, einen direkten Blickkontakt zu provozieren.

Geh zunächst vorsichtig vor. Manch Hund findet schon ein Flüstern interessant. Sollte das nicht klappen, werde mutiger und fiepe, miepse, miaue usw. Sollte auch das nicht klappen, halte ein Quietschie direkt neben die Kamera und überrasche den Hund damit.

Lege dir eine Sammlung an Geräuschmachern zu, um auch in Zukunft spannende Geräusche parat zu haben. Auch ein Ball kann den Blick auf sich ziehen, aber bedenke, dass dann der Blickwinkel besonders flach zur Kamera sein sollte (also mit Telebrennweite und Ball nah an der Kamera), damit es wirklich wie ein Kamerablick wirkt.

Ich musste einiges tun, um seine Aufmerksamkeit zu erlangen. ▶ Dieser Hund achtete sehr auf sein Frauchen, und hinter mir erstreckte sich im Tal ein Wald, der interessant war. So musste ich mit einigen Geräuschen aufwarten, um seine Aufmerksamkeit zu halten.

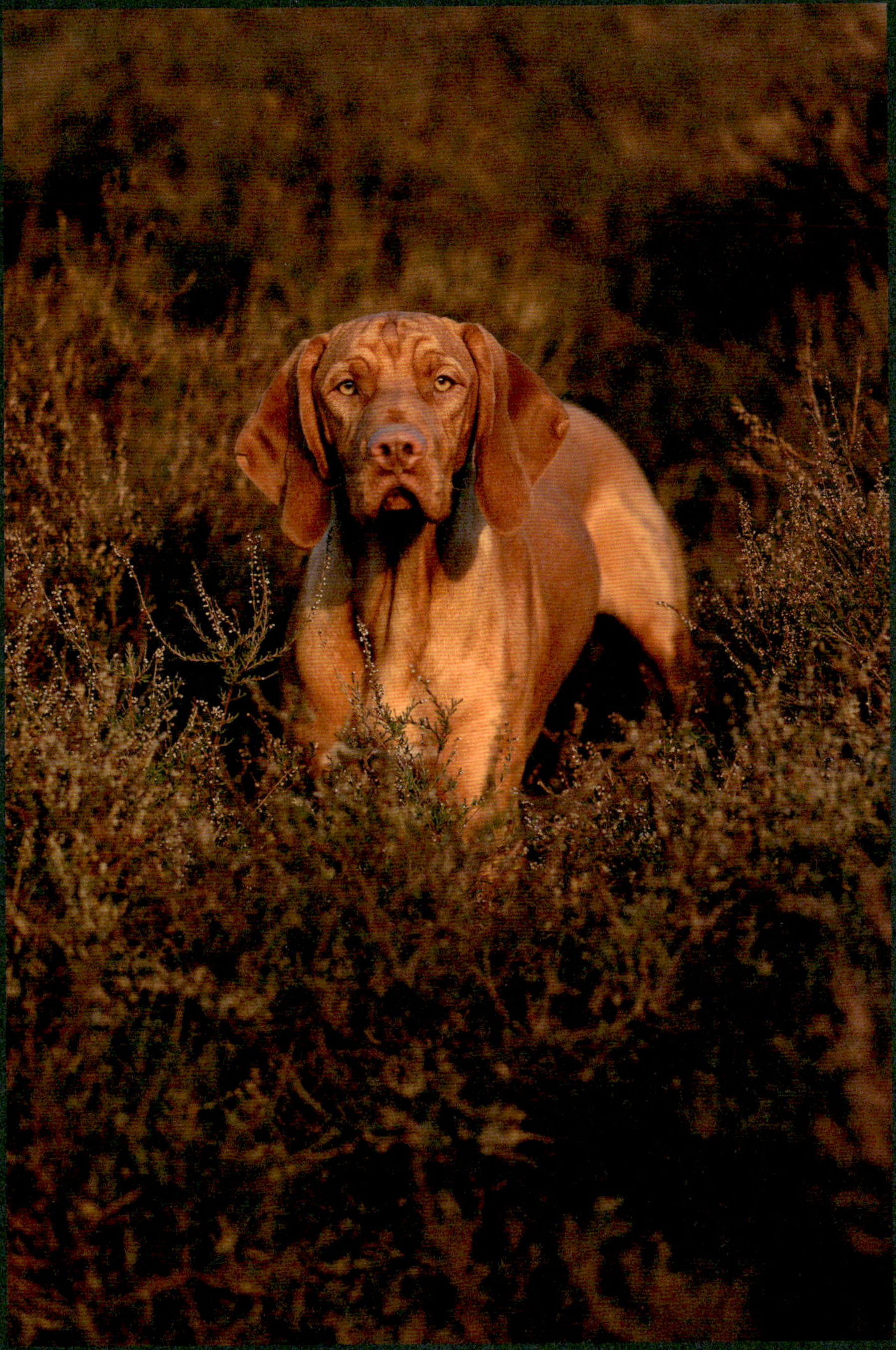

135 mm | f/2 | 1/1000 s | ISO 200

Das elegante Porträt

Projekt

Fotografiere ein elegantes Hundeporträt.

Was du hier übst

Hier lernst du, einen Hund elegant in Szene zu setzen, die Proportionen natürlich und vorteilhaft darzustellen und einen wachen, interessierten Gesichtsausdruck zu verewigen.

Umsetzung

Sorge dafür, dass klar wird, wer der Hauptdarsteller deines Bildes ist. Gib ihm im Bild so großzügig Platz, dass er eindrucksvoll dargestellt wird. Räume aber auch ein bisschen Platz in Blick- bzw. Bewegungsrichtung ein, um dem Motiv Platz „zum Atmen“ zu gönne. Allzu eng gesetzte Bildränder können erdrückend wirken.

Nutze eine Telebrennweite ab 85 mm, um die Proportionen möglichst natürlich darzustellen. Geh auf Augenhöhe herunter, um emotionale Nähe beim Betrachter aufzubauen. Welche körperlichen Eigenschaften machen deinen Hund aus? Sieht seine Nase im Profil besonders edel aus? Oder hat der Hund bernsteinfarbene Augen, die uns anschauen sollten?

Die Ohren eines Hundes sind besonders wichtig, sagen sie doch viel über seine Stimmung aus. Kann der Hund beide Ohren aufstellen oder ist eine seiner Eigenheiten, die Ohren gänzlich unterschiedlich aufzustellen? Letztendlich liegt wie immer die Schönheit im Auge des Betrachters. Überlege, was dir am Erscheinungsbild dieses Hundes besonders gut gefällt.

Ein einfarbiger, unaufdringlicher Hintergrund ohne Störungen, der auf die Fellfarbe des Hundes angepasst ist, kann den eleganten Eindruck verstärken.

Eine leicht gebogene Sitzhaltung, die Ohren hoch, ein entspannter Blick in Richtung Kamera und eine unaufdringliche aber elegante Kulisse sorgen für ein hübsches Standardporträt. ▶

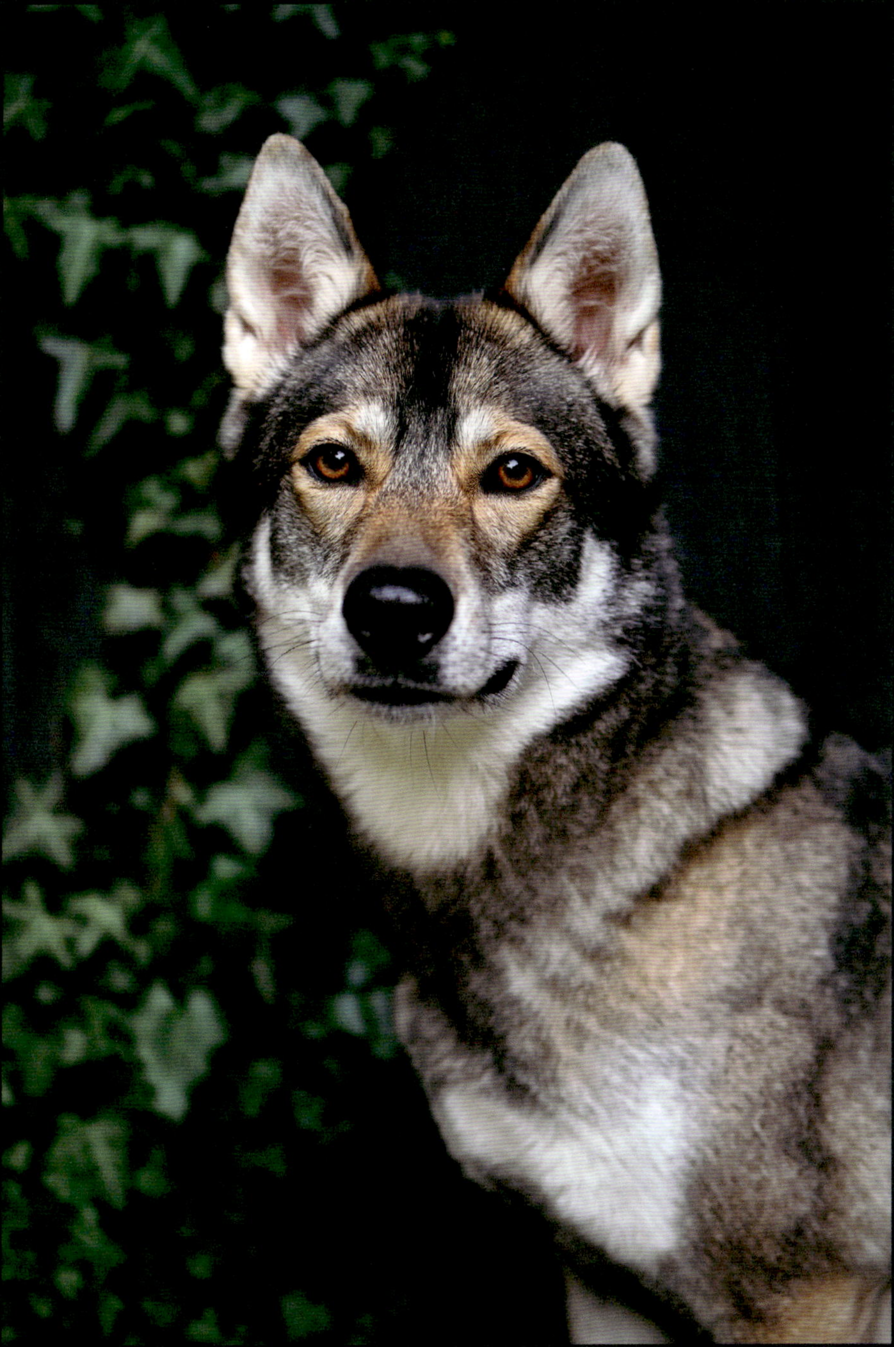

75 mm | f/2 | 1/500 s | ISO 400

Das lustige Porträt

Projekt

Fotografiere ein lustiges Porträt.

Was du hier übst

Hier übst du, dem Hund durch Bewegung Gesichtsausdrücke zu entlocken oder eine lustige Geschichte zu erzählen.

Umsetzung

Soll der Gesichtsausdruck des Hundes lustig sein, kannst du dies provozieren, indem du ihn rennen (fliegende Ohren und Lefzen führen zu lustigen Gesichtsausdrücken) oder sich schütteln lässt oder Leckerlis wirfst: Schnappbilder sind beliebt und sorgen für sehr lustige Verrenkungen. Wirf einen Ball oder ein Leckerli und mach ein Foto von den groß aufgerissenen Augen kurz vor dem Fangen. Lass den Hund Joghurt aus einem Becher schlecken, um lustige Zungenbilder zu provozieren.

Das Bild kann im Freien oder im Studio entstehen. Achte darauf, dass die Verschlusszeit bei schnellen Bewegungen kurz genug ist (mindestens 1/1000 s). Nutze den Nachführfokus, damit die Kamera den Fokus mit den Bewegungen des Hundes nachführt. Halte dein Fokusfeld auf dem Auge des Hundes.

Arbeitest du im Freien mit offener Blende, ist die Tiefenschärfe recht gering. Blende leicht ab, um ein bisschen mehr Tiefenschärfe zu erreichen, damit die Augen auch wirklich scharf sind, obwohl der Hund schnappt oder leicht springt.

Schnappbilder von seinem Hund wird jeder Besitzer lieben, sind es doch diese Bruchteile von Sekunden, die wir erst durch Einfrieren des Moments sichtbar machen. ▶

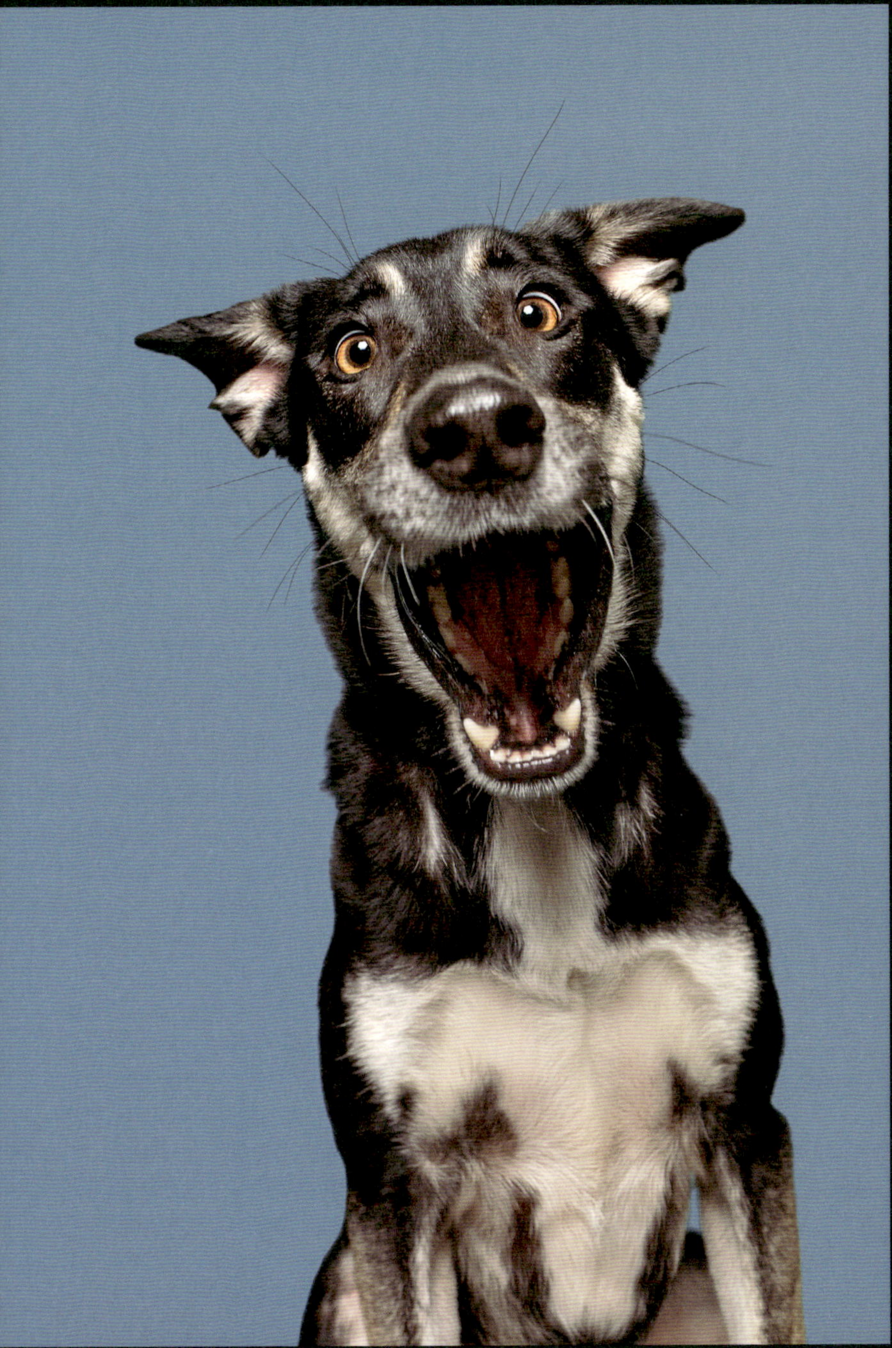

23 mm | f/6.4 | 1/1000 s | ISO 800 | Studioblitz

Ganzkörperporträt

Projekt

Fotografiere ein Ganzkörperbild vom Hund.

Was du hier übst

Hier lernst du, den gesamten Körper des Hundes so zu fotografieren, dass er elegant und nicht ungelenk und plump aussieht.

Umsetzung

Versuche den Hund so vorteilhaft wie möglich darzustellen. Sorge dafür, dass bei einem Ganzkörperporträt alle Gliedmaßen voneinander unterscheidbar sind. Sieht es aus, als hätte der Hund nur drei Beine? Dann lass den Hund einen Schritt nach vorne machen oder verlagere deine eigene Position. Der Hund sollte eine Grundspannung haben, um imposant zu stehen. Dafür ist häufig ein Assistent notwendig, der die Aufmerksamkeit des Hundes lenkt. In diesem Fall hat die Besitzerin auch für die Seifenblasenproduktion gesorgt.

Oder nutze eine Situation, in welcher der Hund von sich aus aufmerksam steht. Vielleicht betrachtet der Hund ganz gespannt etwas in der Entfernung und schaut daher von sich aus schon interessiert.

Sei vielseitig: Mach Fotos vom liegenden, stehenden, sitzenden, springenden Hund. Achte auf mehr Platz in Blickrichtung und sorge dafür, dass der Hund imposant im Bild platziert ist, ohne von allzu nahen Seitenrändern eingeengt zu wirken.

Auch das Licht ist wie immer wichtig. Spiele mit Gegenlicht oder nutze das warme, weiche Licht am frühen Morgen oder am Abend. Vermeide einen Wechsel von Licht und Schatten auf dem Fell, sondern positioniere den Hund so, dass er einheitlich ausgeleuchtet ist.

Manche Hunde schnappen nach Seifenblasen, andere ▶ wiederum sind verunsichert. Gwen fand sie spannend.

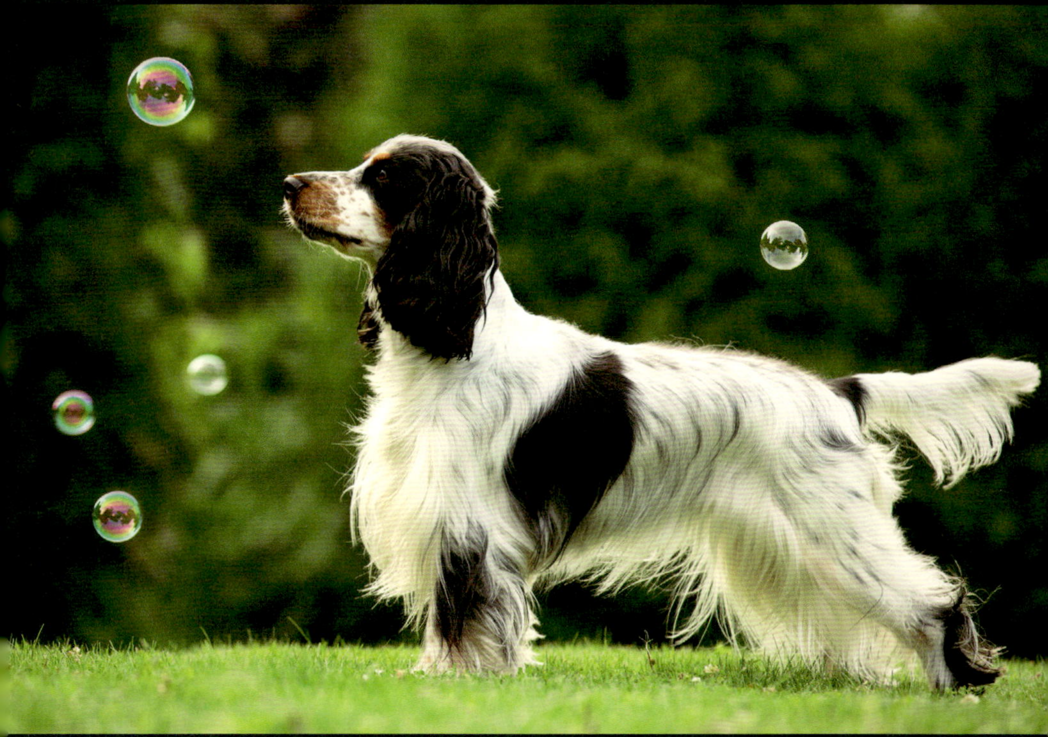

200 mm | f/4 | 1/1250 s | ISO 800

Das unbekannte Wesen

Projekt

Fotografiere einen Hund, den du nicht kennst.

Was du hier übst

Wenn du sonst ausschließlich deinen eigenen oder dir bekannte Hunde fotografieren solltest, ist dies eine Gelegenheit, das unbekannte Wesen kennenzulernen und den Umgang mit dem Tier zu üben.

Umsetzung

Suche dir einen Hund, den du nicht (gut) kennst. Das kann ein Hund von Freunden, aus der Hundeschule oder ein Tierschutzhund sein. Stell dem zugehörigen Menschen Fragen zu den Eigenheiten des Tieres. Kann er Tricks? Wie ist sein Charakter? Hat er Grundgehorsam? Ist er gesund? Überlege dir vorher Motive, die du anhand dieser Informationen denkst umsetzen zu können und für den Besitzer einfangen möchtest.

Suche eine sichere Location. Mach Porträts und Bewegungsfotos mit den gesammelten Informationen als Ausgangspunkt, aber achte auch während des Shootings darauf, was der Hund dir bietet, und sei flexibel. Versuche, seinen Charakter und ein paar Eigenarten einzufangen. Sorge dafür, dass vielseitige Bilder entstehen, mit verschiedenen Hintergründen und in unterschiedlichen Situationen. Stelle nach dem Shooting eine kleine Auswahl an Bildern für den Besitzer zusammen.

Ich treffe naturgemäß viele unterschiedliche Hunde in meinem Job. Jeder einzelne hat seinen eigenen Charakter. Und es gibt immer wieder Kandidaten, deren Aufmerksamkeit ich mir hart erarbeiten muss. ▶

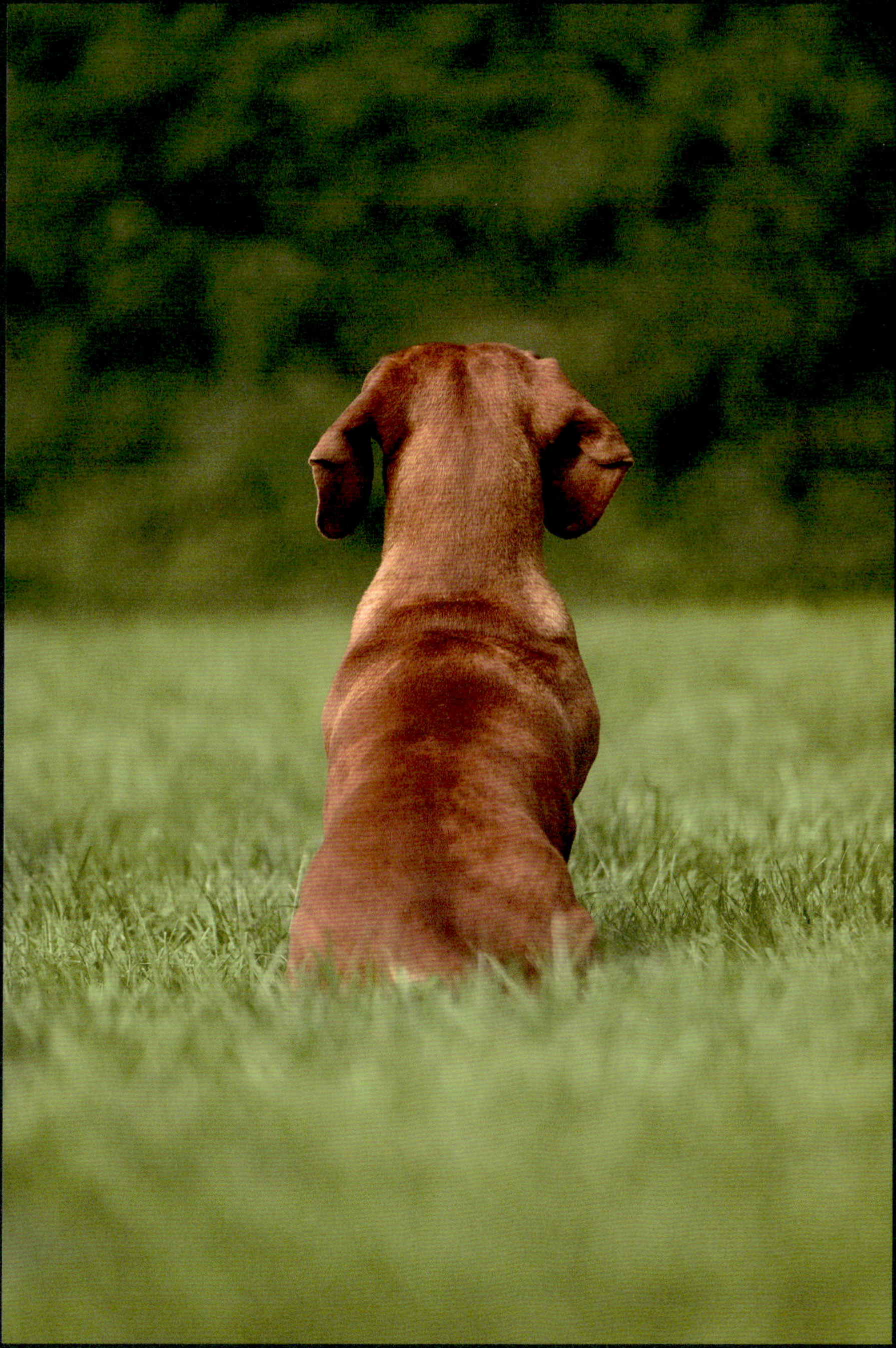

140 mm | f/2.8 | 1/320 s | ISO 200

Miteinander

Projekt

Fotografiere mehrere Hunde miteinander oder Hund und Mensch zusammen.

Was du hier übst

Hier übst du, auf mehrere Lebewesen und ihren Ausdruck Acht zu geben, mehrere Beteiligte anzuleiten und scharf abzubilden.

Umsetzung

Sorge dafür, dass deine Motive sich auf einer Ebene befinden, um auch bei weit geöffneter Blende alle scharf abzubilden. Oder blende ab, um eine größere Tiefenschärfe zu erhalten, wenn nicht alle exakt im gleichen Abstand zur Kamera positioniert sind.

Achte genau auf den Hintergrund und sorge dafür, dass keine störenden Elemente enthalten sind. Eine Hecke, durch die das Licht fällt, kann eine einfache, aber schöne Kulisse ergeben. Mit einer offenen Blende und einer Telebrennweite ergibt sich ein schönes Bokeh.

HAUPT- UND NEBENDARSTELLER

Du kannst auch mit Unschärfe arbeiten, wenn du dich auf einen Hauptakteur konzentrierst und die Nebendarsteller im Hintergrund unscharf sind. Dann sollten die unscharfen Motive jedoch zur Geschichte beitragen und nicht einfach nur störend wirken.

Bei diesem Foto wurde das kleine Kind neben dem Hund abgesetzt, sodass beide Augenpaare den gleichen Abstand zur Kamera haben. Das Kind fing an, den Hund mit seinem Brötchen zu füttern, was ein schönes Bild ergab. Durch die offene Blende und die daraus resultierende Unschärfe des Hintergrunds konzentriert sich das Bild auf die beiden Akteure. ▶

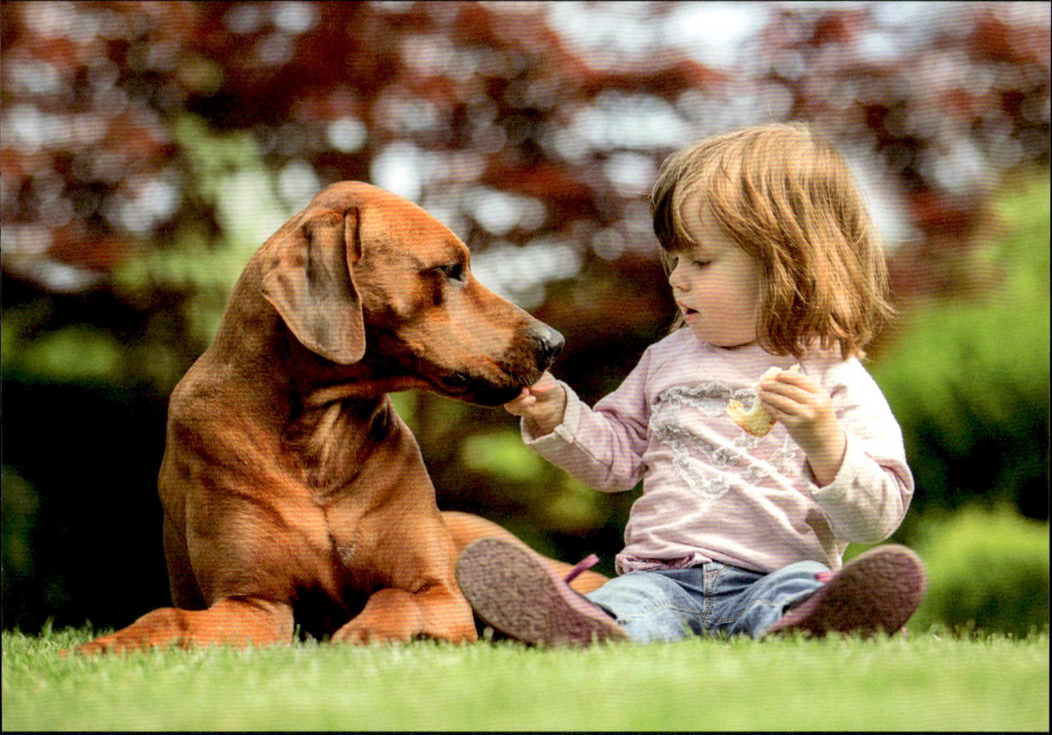

115 mm | f/2.8 | 1/1600 s | ISO 400

Detailaufnahme

Projekt

Fotografiere ein Detail deines Hundes.

Was du hier übst

Hier übst du, dich vom großen Ganzen zu lösen und die Details zu betrachten. Da du recht nah am Motiv bist, übst du, auf etwas scharfzustellen, was nah dran ist.

Umsetzung

Überlege, welche kleinen Merkmale deinen Hund ausmachen. Hat er besonders schöne Augen? Dann fotografiere nur diese oder auch nur eines davon. Hat er eine interessante Färbung an der Brust? Dann fotografiere diese formatfüllend. Ist der Schwanz besonders schön befedert? Finde eine Möglichkeit, nur diesen in Szene zu setzen.

Ein Makroobjektiv ist für die ganz kleinen Details natürlich von Vorteil. Aber viele der genannten Dinge kann man auch mit einem Objektiv ohne Makrofunktion einfangen. Sorge dafür, dass dein Bildausschnitt genau das zeigt, was dir wichtig ist. Mit einem Telezoom kannst du aus der Entfernung auch schon einen Bildausschnitt auswählen, der Details zeigt.

Ein Objektiv mit geringer Naheinstellgrenze ist ebenfalls von Vorteil. Dies ist die kürzeste Distanz, die zwischen Sensor und Motiv möglich ist. Darunter kann nicht scharfgestellt werden. Je näher ran du kannst, desto eher kannst du das Bild auf dein gewähltes Detail begrenzen.

Hier eine kleine Liste der kleinen Dinge: Auge(n), Nase, Ohren, Pfoten, Schwanz, Zähne, Zunge, Fellzeichnungen, Felltexturen ...

Es muss nicht immer eine Makroaufnahme sein. Auch ein ▶ Detail der Fellzeichnung kann eine schöne Erinnerung sein. Hierzu benötigst du keine spezielle Ausrüstung. Es sollte nur deutlich werden, was genau dargestellt werden soll.

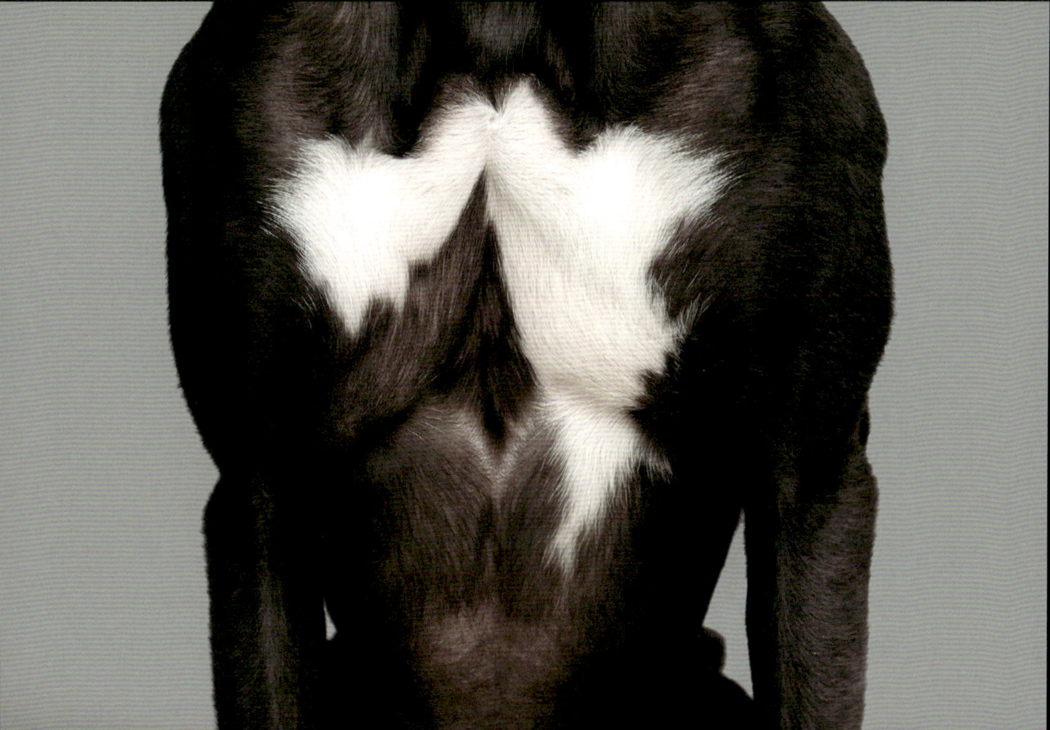

83 mm | f/13 | 1/800 s | ISO 200 | Studioblitz

Schwarzer Hund

Projekt

Fotografiere einen schwarzen Hund.

Was du hier übst

Hier übst du, ganz genau auf die Lichtverhältnisse zu achten und die Belichtung bestmöglich vorzunehmen.

Umsetzung

Bei einem schwarzen Hund muss man besonders auf das Licht achten. Der Hintergrund kann schnell sehr grell wirken, da man mehr belichten muss für das Schwarz des Fells, das wenig Licht zurückstrahlt. Wähle daher draußen ein dunkleres Grün. Helles Grün kann schnell ausgewaschen und unnatürlich gelb aussehen.

Sorge dafür, dass der Hund möglichst gleichmäßig ausgeleuchtet ist. Platziere den Hund nicht in der direkten Sonne. Sorge dafür, dass er im Schatten mit dem Gesicht in die hellste Richtung steht und möglichst Lichter in den Augen zu sehen sind. Auch die Seiten des Hundes sollten genug Licht abbekommen, um die Konturen herauszustellen.

Suche unterschiedliche Hintergründe. Auch ein schwarzer Hund kann vor Schwarz fotografiert werden, wenn man ganz genau auf das Licht achtet.

WENN'S EIN BISSCHEN MEHR SEIN KANN

Möchtest du sichergehen, dass auch unter dem Kinn und an den Konturen des Hundes genügend Licht zum Aufhellen dieser Partien bereit steht, nutze entsprechend aufgestellte Reflektoren.

Auch wenn Dara hier im Schatten sitzt, hat das Licht eine Richtung. ▶ Sie sitzt hier mit dem Rücken schräg zur hinter den Wolken versteckten Sonne. Man sieht, auf dem Kopf ist sie heller als an der Seite links. Da sie mit dem Gesicht in eine helle Lichtung schaut, ist dennoch überall eine recht schöne Ausleuchtung des Fells gegeben. Die Hecke im Hintergrund hat von dieser Seite kein Licht abbekommen, sodass sie recht dunkel ist.

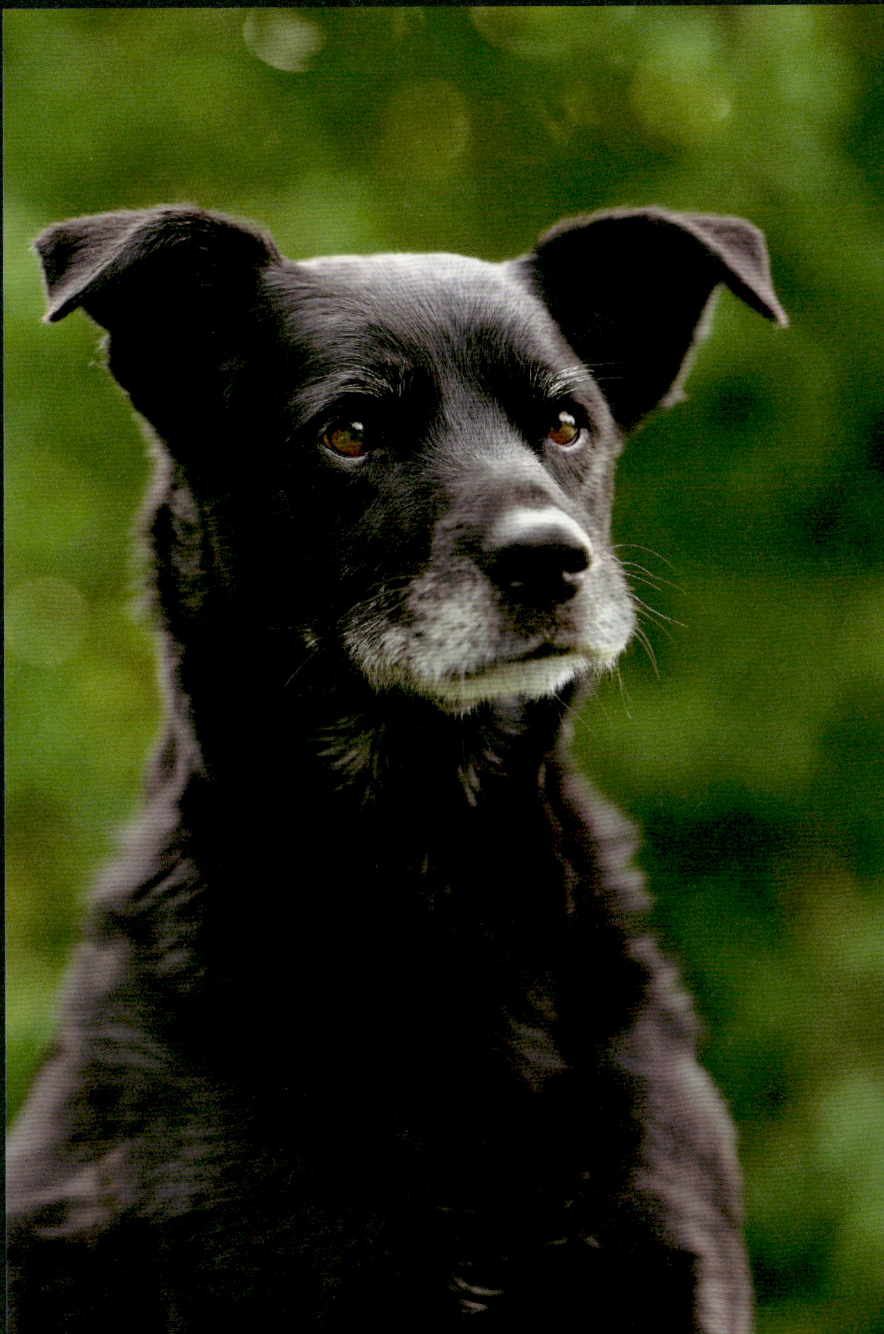

135 mm | f/2 | 1/500 s | ISO 500

Weißer Hund

Projekt

Fotografiere einen weißen oder sehr hellen Hund.

Was du hier übst

Helle Stellen, die ausgerissen sind, enthalten keine Farbinformationen mehr. Das bedeutet, dass auch in der Nachbearbeitung keine Strukturen mehr herausgekitzelt werden könnten. Umso wichtiger ist es, dass du bei weißem Fell penibel darauf achtest, dass alle Strukturen erhalten bleiben. Du lernst hier, bei weißem Fell das richtige Licht und die richtige Belichtung zu nutzen. Möchtest du eine richtige Herausforderung, suche dir einen schwarz-weißen Hund, wie z. B. einen Border Collie.

Umsetzung

Auch hier gilt wieder, dass das Fell einheitlich ausgeleuchtet sein sollte. Geh also eher in den Schatten oder fotografiere an einem hellen, bedeckten Tag.

Belichte eher auf die weißen Bereiche. Hierfür reicht ein einfacher Testschuss, um zu schauen, wie das Bild mit deinen Einstellungen belichtet wird. Aktiviere ggf. die Fehlbelichtungswarnung an deiner Kamera, um dir überbelichtete, ausgerissene Stellen anzeigen zu lassen.

Sorge also dafür, dass die weißen Partien des Fells noch Struktur zeigen und dennoch so hell wie in natura sind. Die schwarzen Bereiche können dann ggf. noch ein wenig dunkel sein, aber das ist nicht so schlimm wie überstrahlte Bildbereiche.

Border Collies haben häufig sehr weißes und sehr schwarzes Fell. ▶
Hier ist besondere Vorsicht geboten, das Foto richtig zu belichten.
Im weißen Fell sollte überall noch Struktur zu sehen sein.

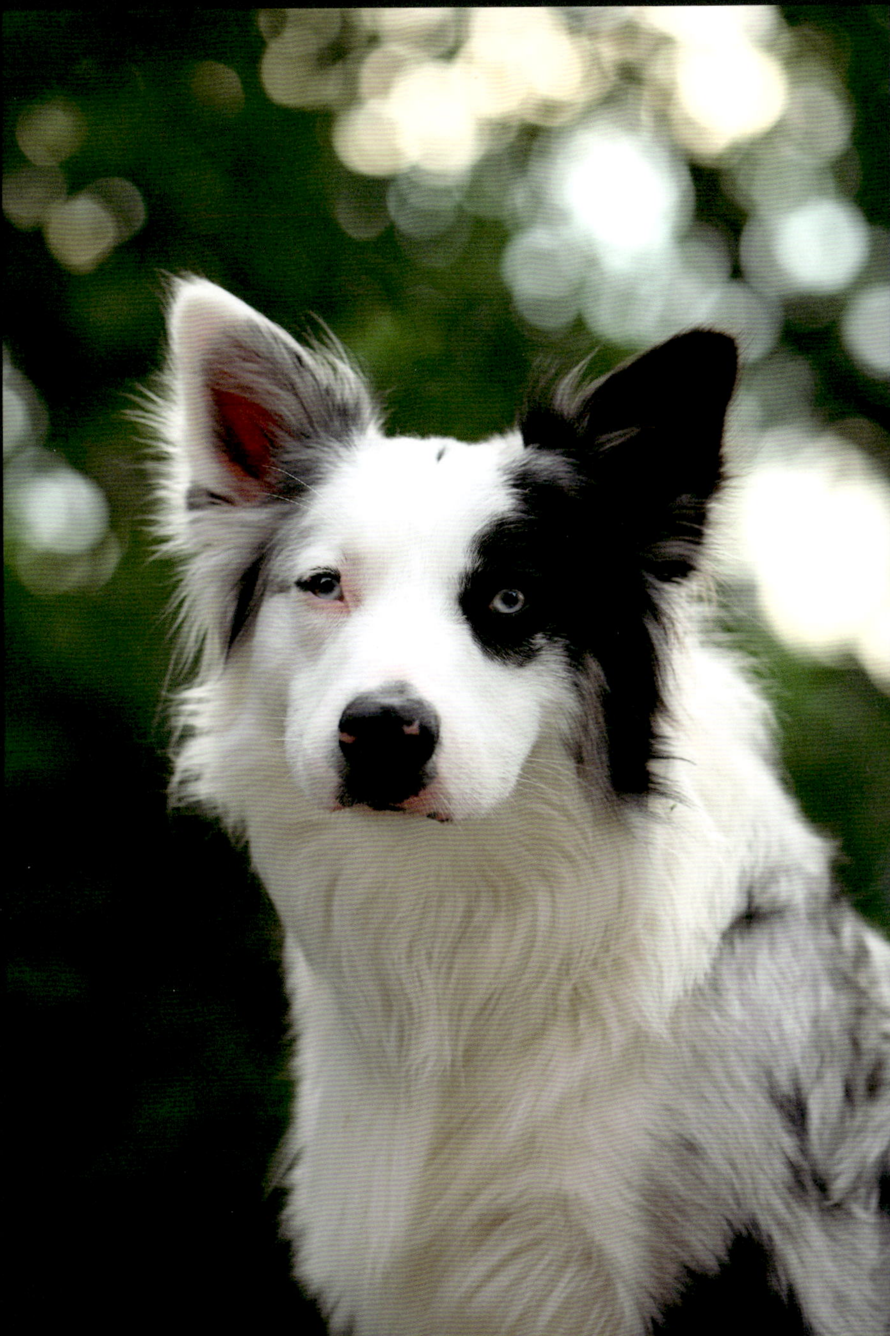

135 mm | f/2.2 | 1/640 s | ISO 250

Schlafende Hunde soll man nicht wecken

Projekt

Fotografiere einen schlafenden Hund.

Was du hier übst

Hier übst du, mit schwierigen Lichtsituationen umzugehen, Situationen zu planen und Eigenheiten des Tieres einzufangen.

Umsetzung

Warte, bis dein Hund schläft. Liegt der Hund in einem hellen Bereich, weil z. B. Tageslicht durch das Fenster fällt, dann fotografiere ihn mit einem lichtstarken Objektiv. Mit einer großen Blendenöffnung und damit auch einer geringeren Tiefenschärfe kannst du den Hintergrund schön unscharf gestalten, was vorteilhaft ist, wenn dieser ein wenig unaufgeräumt sein sollte.

Musst du künstliches Licht nutzen, sorge dafür, dass es so unaufdringlich wie möglich ist. Gewöhne den Hund im Vorfeld daran oder stelle Dauerlicht auf, das keine Geräusche macht.

Einige Kameras verfügen über einen Leise-Modus. Das kann hilfreich sein, um den Hund nicht gleich beim ersten Foto zu wecken und noch ein paar weitere Schüsse ausprobieren zu können. Mit einer Telebrennweite und ein bisschen Abstand zum Hund bekommt dieser dann eventuell gar nicht mit, dass er gerade für Fotos modelt.

Eventuell wacht der Hund kurz auf, wenn du mit dem Fotografieren beginnst oder dich in seine Nähe hockst. Warte ein wenig ab, bis er wieder einschläft. Hier war meine Hündin Scout wieder sanft am Einschlummern. ▶

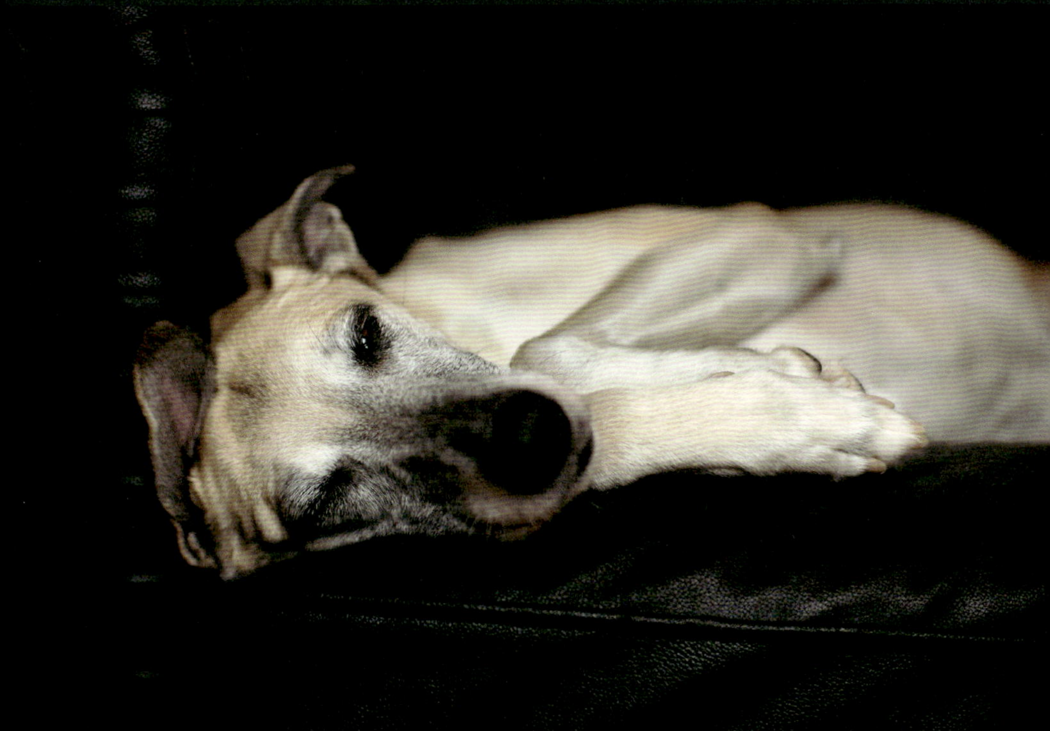

75 mm | f/2 | 1/250 s | ISO 320

Das macht der immer so!

Projekt

Halte typische Momente fest, die dein Hund von ganz alleine zeigt, ohne dass du ihn dazu anweist.

Was du hier übst

Mit dieser Übung lernst du deinen Hund besser kennen und erzählst eine Geschichte, indem du Erinnerung in ungestellten Bildern einfängst.

Umsetzung

Stelle eine schnelle Verschlusszeit ein, wenn es sich um eine schnelle Aktivität handeln sollte, und um auf alles vorbereitet zu sein. Aktiviere in dem Fall auch den Nachführfokus. Sorge im Vorfeld dafür, dass der Ort, an dem der Hund das gewünschte Verhalten zeigen wird, fotogen ist. Oder nutze eine große Blendenöffnung und eine lange Brennweite, um einen möglichst unscharfen Hintergrund zu erreichen und so Störendes auszublenden.

PLANUNG IST DAS HALBE LEBEN

Mach dir einen Plan, was du fotografieren möchtest. Welche Eigenheiten hat dein Hund und wann kannst du diese in Bildern einfangen, ohne dass du Szenen stellen müsstest? Welche Bedingungen werden vorherrschen und wie kannst du darauf vorbereitet sein?

Meine Hündin Scout buddelt für ihr Leben gerne. Im Garten haben wir daher eine Ecke, in der sie sich nach Belieben austoben kann. Hier schaut sie nach einer Buddelaktion glücklich aus ihrem Loch. Meine Kamera hatte ich bereit, da ich genau dieses glückliche, dreckige Gesicht dokumentieren wollte. Dabei achtete ich darauf, dass diese Stelle zu dem Zeitpunkt im Schatten des darüber befindlichen Baumes lag, ansonsten wäre das grelle Licht mitten am Tag unschön gewesen. ▶

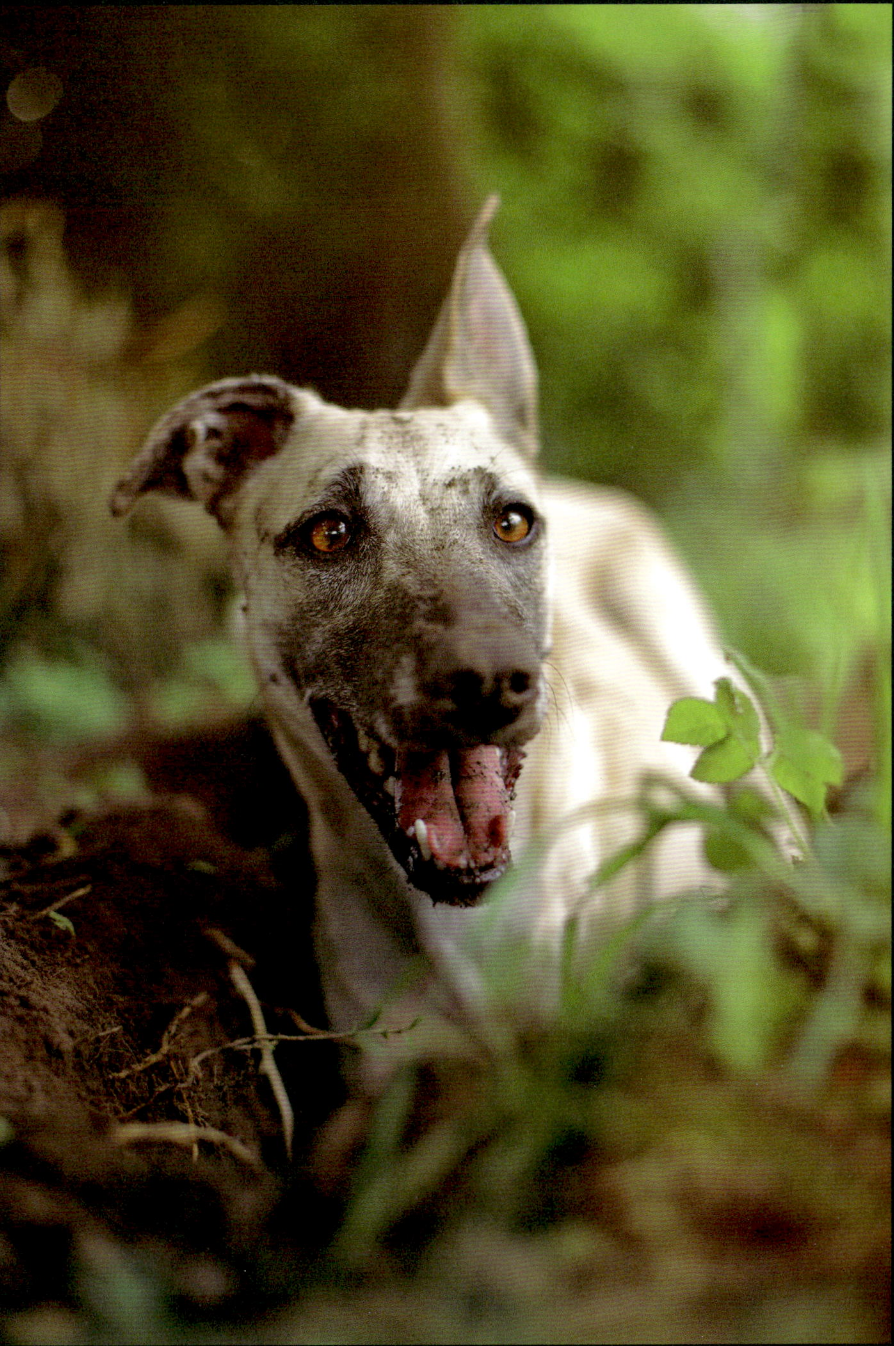

50 mm | f/2 | 1/320 s | ISO 320

Du und ich

Projekt

Fotografiere ein Selfie mit Hund.

Was du hier übst

Wer möchte nicht gerne eine Erinnerung von sich selbst mit dem eigenen Hund haben? Aber wie bekommst du euch beide ins Bild? Und wie bekommst du es hin, den Hund so zu motivieren, auch hier fröhlich zu schauen?

Umsetzung

Viele Hunde sind von körperlicher Nähe gar nicht unbedingt begeistert. Mach es dem Hund so angenehm wie möglich. Ist er eher kein Kuschler, dann umarme ihn nicht, sondern lass ihn so nah an dich ran wie es geht, ohne dass er schaut wie sieben Tage Regenwetter. Oder du fotografierst mit Fernauslöser und Kamera auf Stativ und nimmst Fotos von euch beiden in Aktion aus. Schalte dafür den Autofokus ab und fokussiere manuell auf den Ort, an dem ihr euch befinden werdet. Bespaße dann den Hund und löse mit Fern- oder Selbstauslöser aus.

WENN DU LIEBER HINTER DER KAMERA BLEIBST

Bist du kein Fan davon, selbst im Bild zu sein, gibt es auch Möglichkeiten, nur einen Ausschnitt zu zeigen, in dem dennoch eure Beziehung sichtbar wird. Hier kann man Kuschel- oder Spieleinheiten verewigen, bei denen nur deine Hand, dein Arm oder deine Beine im Bild sind. Arbeite hierfür mit einer kürzeren Brennweite.

Scout hat keine Probleme mit körperlicher Nähe. Dennoch habe ich sie hier nicht umarmt, sondern mich nur zu ihr gesetzt. Wir beide sitzen auf einer Plattform im Studio, sodass sie mit ihrem Kopf auf meiner Höhe ist. Ich nutzte ein Weitwinkelobjektiv, um uns beide ins Bild zu bekommen. Die Kamera stand auf einem Stativ. Ausgelöst habe ich mit einem Funkauslöser in meiner rechten Hand. In der linken Hand halte ich ein Quietschie, das Scout noch nicht kannte. Sie war vom Quietschen leicht beeindruckt. ▶

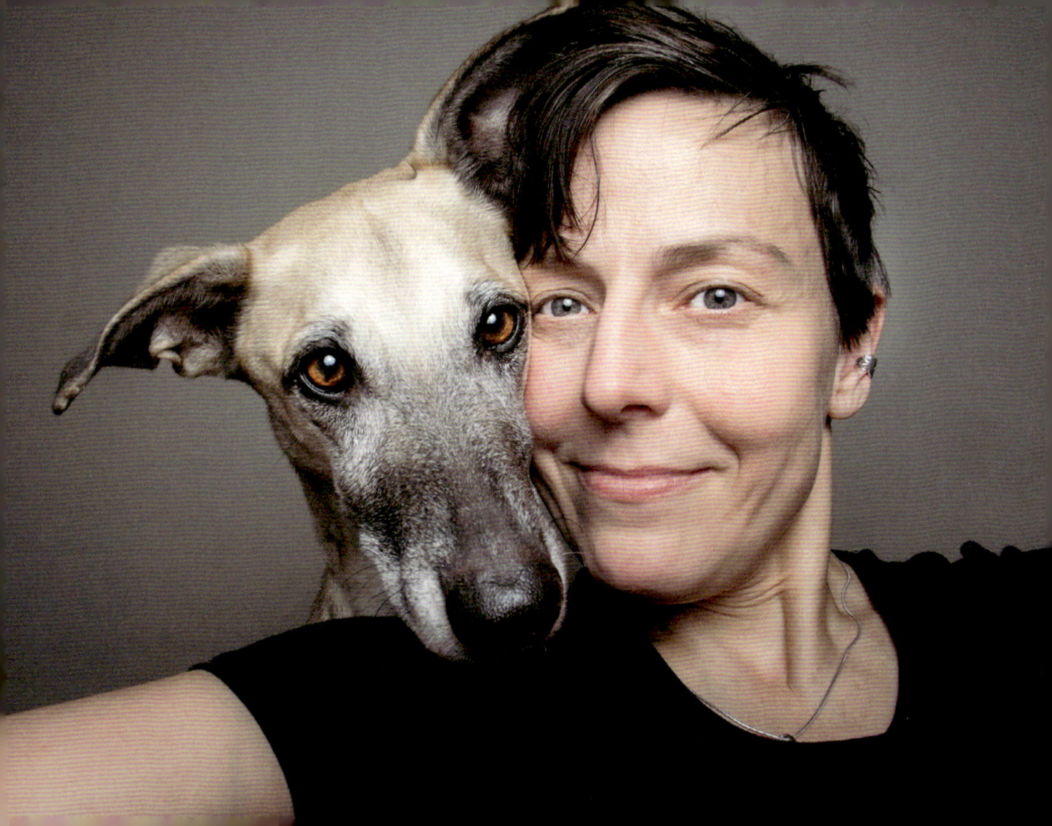

Tricks

Projekt

Bring deinem Hund einen Trick bei und fotografiere diesen.

Was du hier übst

Hier lernst du, deinen Hund mit Spaß anzuleiten und Geduld zu haben. Du lastest ihn aus und sorgst gleichzeitig für eine schöne Fotoidee.

Umsetzung

Sei geduldig und sorge dafür, dass der Hund gerne mitmacht. Meine Hunde können Sachen im Maul tragen. Das haben sie mit viel Belohnung und in langsamen Schritten gelernt. Obwohl es nicht zu ihren absoluten Lieblingsaufgaben gehört, machen sie es lieb und mit Ausdauer mit, weil sie es mit Geduld beigebracht bekommen haben und wissen, es gibt eine Belohnung.

Ein Mit-der-Pfote-Winken kann ein schönes Bild ergeben. Wenn du deinem Hund sagen kannst, er soll den Kopf ablegen, hast du für viele gestellte Porträts einen tollen Trick parat, der dir das Fotografieren leichter macht.

Eventuell brauchst du einen Assistenten, aber überlege auch, welche Tricks du mit dem Hund allein durchführen kannst. Mache dir Eigenheiten zunutze. Meine Hündin Scout hat beispielsweise gelernt, auf Befehl mit dem Oberkörper herunterzugehen, weil ich sie, wenn sie es von sich aus gezeigt hat, dafür belohnt habe. Ein „Schäm-dich" (Hund nimmt Pfote an Nase/Auge) ist niedlich anzuschauen – vielleicht kann dein Hund das lernen.

Ein Winken mit der Pfote lernen viele Hunde schnell. Dieser kleine Kerl hat noch vor kurzer Zeit die Zitze seiner Mutter durch den sogenannten Milchtritt bearbeitet. So ist es eine für den Hund ganz natürliche Bewegung, die er auch schon von sich aus präsentieren kann und schnell gelernt hat, auf Kommando zu zeigen. ▶

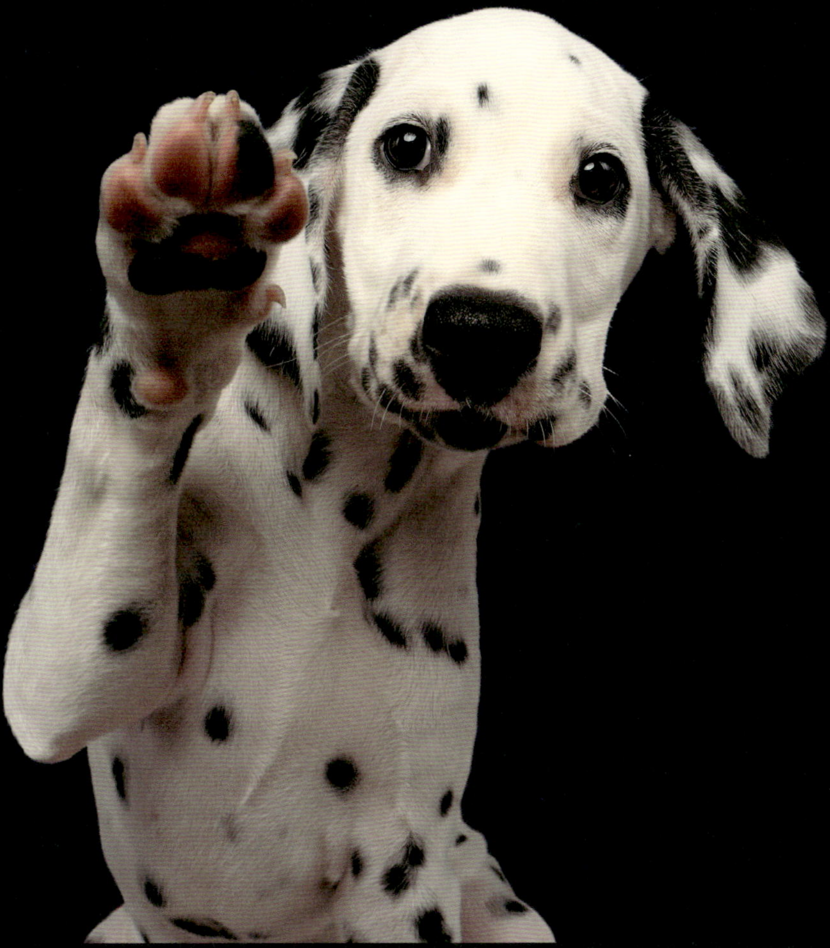

30 mm | f/13 | 1/800 s | ISO 320 | Studioblitz

Fix und fertig

Projekt

Fotografiere Bilder ausschließlich mit den Einstellungsmöglichkeiten in der Kamera, ohne Nachbearbeitung am Computer.

Was du hier übst

Du lernst, Störendes im Bild vor dem Auslösen zu entdecken, gleich richtig zu belichten, ansprechend zu komponieren und das bestmögliche Ausgangsfoto routinemäßig anzufertigen. So wirst du mehr Zeit mit Fotografieren verbringen können und weniger am Computer – auch wenn die Nachbearbeitung von Bildern zur Umsetzung einer Idee absolut legitim ist.

Umsetzung

Schau dir dein Modell noch mal an und prüfe auf Sabber, Augenschmadder oder loses und dreckiges Fell und beseitige dies vor der Aufnahme.

Nimm sowohl im RAW- als auch im JPG-Format auf. Die RAW-Datei müsste noch bearbeitet werden. Die JPG-Datei zeigt das in der Kamera aufgenommene Ergebnis mit allen Einstellungen.

Deine Kamera wird dir einige Möglichkeiten bieten, dein Bild nach deinen Vorlieben zu gestalten. Neben den üblichen Parametern wie Blende, Verschlusszeit und ISO-Wert kannst du Bildstile (auch z. B. Filmsimulation/Kreativmodus genannt) auswählen, darunter auch monochrome oder besonders gesättigte Farben. Du kannst Lichter und Schatten oder die Sättigung erhöhen oder verringern. Über den Weißabgleich kannst du dein Bild wärmer oder kälter gestalten.

Ich fotografiere häufig Bilder meiner Hunde direkt in der Kamera, ohne Nachbearbeitung. Insbesondere bei Schwarz-Weiß-Aufnahmen macht mir dies Spaß. Hier habe ich mit Licht von rechts und Reflektor von links für Ausleuchtung gesorgt. Der Hund ist von losem Fell und Augenschmutz befreit. In meiner Fujifilm-Kamera war die Filmsimulation Acros ausgewählt. ▶

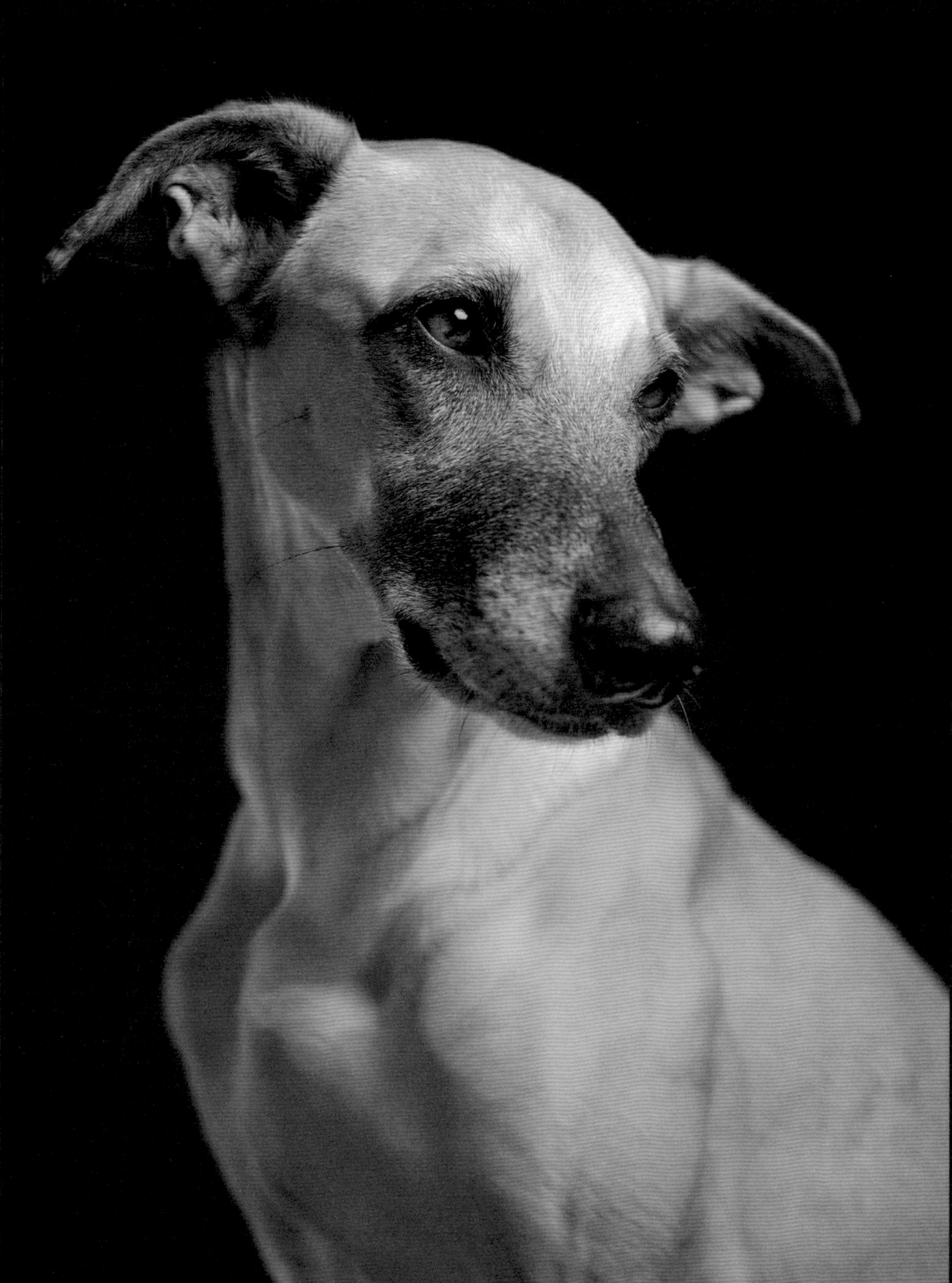

50 mm | f/2.5 | 1/250 s | ISO 200 | Dauerlicht

Weitwinkelaufnahme

Projekt

Fotografiere mit Weitwinkelobjektiv.

Was du hier übst

Hier lernst du die Gestaltungsmöglichkeiten kennen, die dir das Weitwinkelobjektiv bietet. Da hier der Bildausschnitt größer ist, kommt mehr auf das Bild. So musst du mehr über Bildgestaltung nachdenken.

Umsetzung

Fotografiere im weitwinkligen Brennweitenbereich, das heißt, alles bis etwa 35 mm. Mach dir Gedanken um die Kulisse. Sorge dafür, dass der Hintergrund nichts enthält, was nicht zur Geschichte beiträgt. Das ist schwieriger als bei einer Telebrennweite, wo du den Hintergrund komprimierter und in Kombination mit einer großen Blendenöffnung gänzlich unscharf darstellen könntest.

Mit dem Weitwinkel kannst du wunderbar Umgebungsporträts einfangen, also Bilder vom Hund in einer Szenerie, wie z. B. den Hund bei der Arbeit (mit dem Arbeitsumfeld) oder beim Hobby (mit dem Agility-Parcours) usw. Du kannst aber auch nah an den Hund herangehen und verzerrte, urige Porträts machen.

Das Weitwinkel schafft Nähe. Versuche, diese Nähe in deinen Bildern auszudrücken, indem du nah an das Motiv herangehst, aber das Umfeld so einbindest, dass Räumlichkeit entsteht.

Mit einem Weitwinkel kann man ganze Kulissen einfangen ▶ oder auch urige, verschrobene Porträts fotografieren. Hier war ich ganz dicht mit Weitwinkel am Hund und habe direkt von oben fotografiert, sodass sein Körper schon fast hinter seinem niedlichen Gesicht verschwindet.

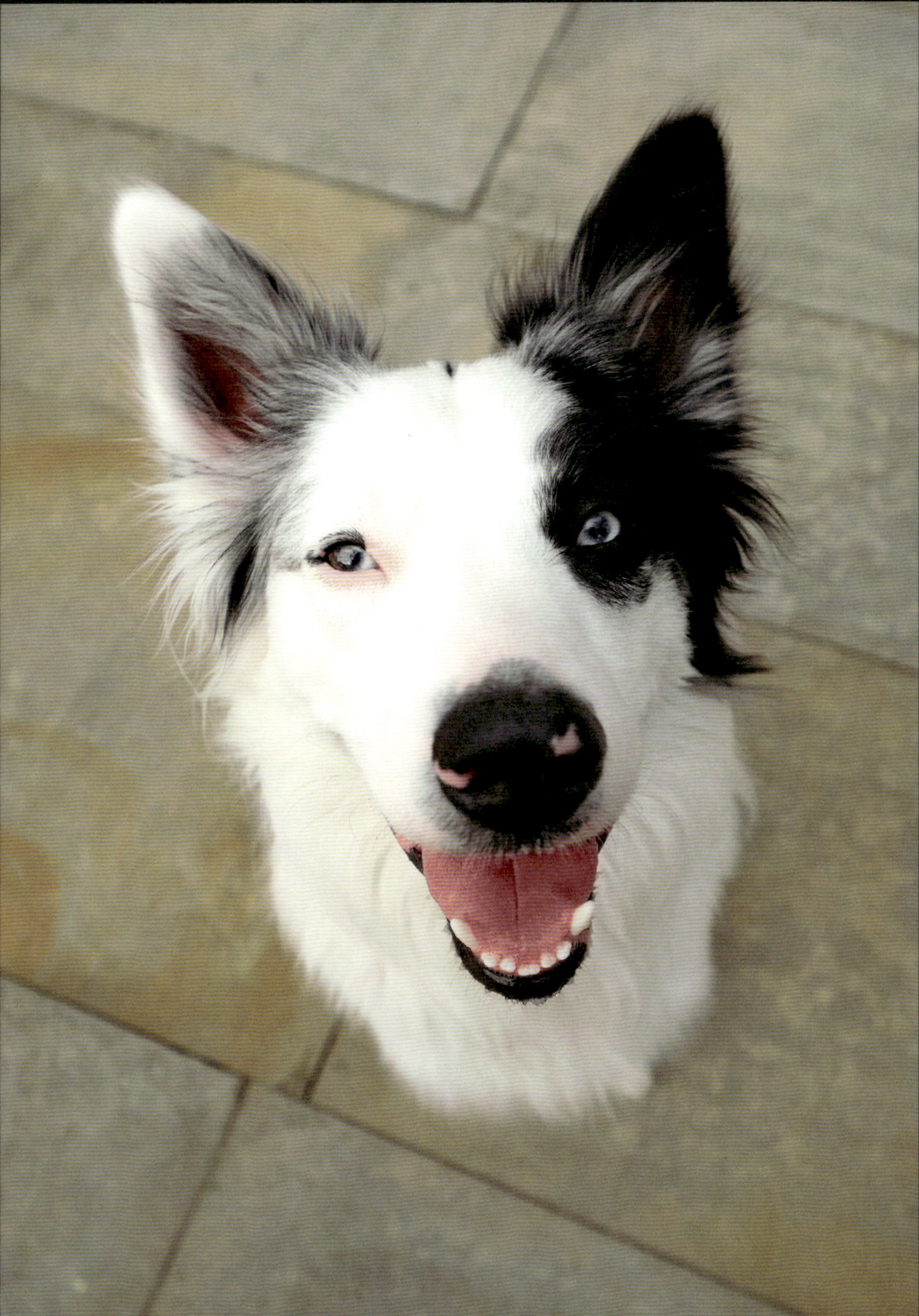

24 mm | f/2.8 | 1/1000 s | ISO 250

Teleaufnahme

Projekt

Fotografiere mit dem Teleobjektiv.

Was du hier übst

Mit einer Telebrennweite bist du weiter entfernt vom Motiv. Die Fotos wirken weniger räumlich und transportieren weniger Nähe zum Motiv. Dafür aber kannst du dein Motiv natürlicher und sehr schön durch einen unscharfen Hintergrund herausstellen. Es wird leichter, störende Elemente im Hintergrund auszublenden.

Mit einem Teleobjektiv können wir Geschehen besser aus der Entfernung mitverfolgen, was insbesondere bei Hunden in Aktion von Vorteil ist. Eventuell braucht man hier einen Assistenten, der den Hund anleitet.

Umsetzung

Nutze ein Teleobjektiv mit einer Brennweite von mindestens 75 mm. Falls möglich, probiere unterschiedliche Telebrennweiten aus, z. B. beginnend bei der Normalbrennweite von 50 mm über 75 mm, 100 mm bis hin zu beispielsweise 200 mm. Wie weit bist du jeweils vom Hund weg? Fällt es dir leichter oder schwerer, ein schönes Porträt hinzubekommen? Welche Unterschiede siehst du? Was gefällt dir am besten? Probiere dich aus und lerne die Unterschiede zwischen den Brennweiten sehen.

Mit einem Teleobjektiv kann man Szenen einfangen, die weiter ▶ entfernt liegen. Dafür ist man jedoch auch weiter vom Hund entfernt und hat daher weniger Möglichkeiten, direkt mit ihm zu kommunizieren. Oft ist ein Assistent notwendig, insbesondere bei Bewegungsaufnahmen. Die Telebrennweite sorgt aber auch dafür, dass man die Kulisse so gut es geht komprimieren kann, um störende Elemente außen vor zu lassen.

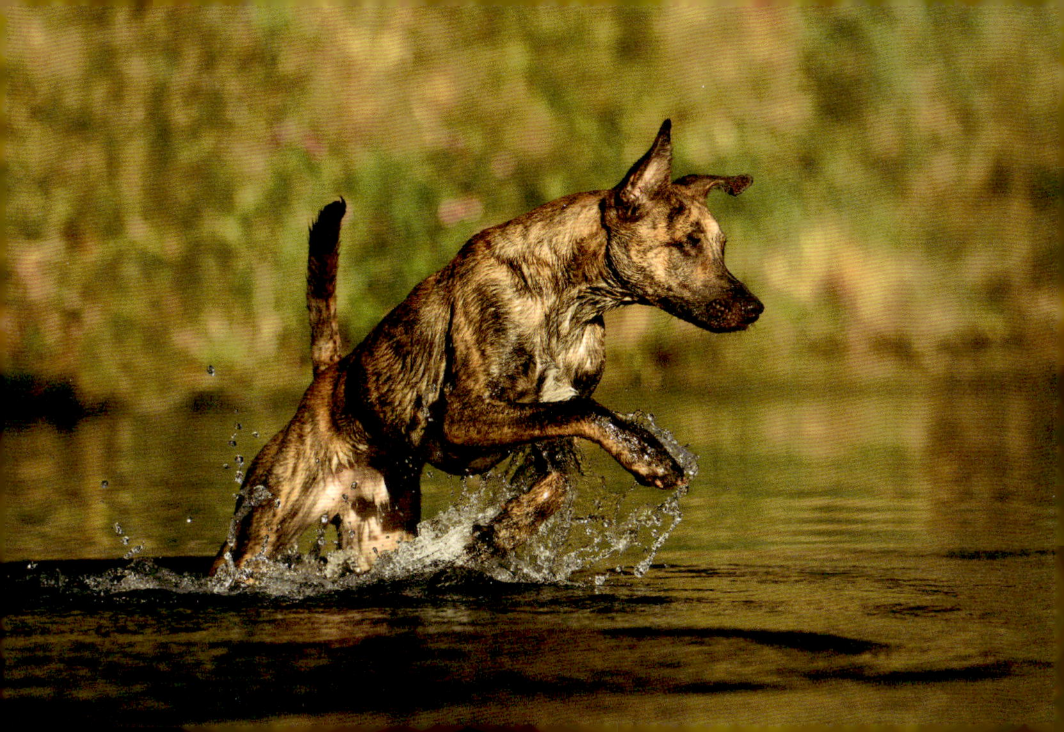

Herausforderung Brennweite

Projekt

Fotografiere eine Weile lang ausschließlich mit der Brennweite oder dem Brennweitenbereich, die bzw. den du am wenigsten nutzt.

Was du hier übst

Zuweilen sind wir in Routinen gefangen und fotografieren immer auf die gleiche Art. Probiere mal etwas anderes aus und überwinde Hindernisse durch Kreativität.

Umsetzung

Es gibt den Weitwinkeltyp und den Teletyp. Überlege, welche Brennweite du am häufigsten nutzt, und fotografiere dann eine Weile mit der jeweils anderen.

Gerne fotografieren wir mit der Telebrennweite, weil diese für Porträts am ehesten zu ansprechenden Ergebnissen führt. Suche dir aber immer wieder Motive, die im Weitwinkel interessant umsetzbar sind. Solltest du im Gegensatz bisher fast nur mit Weitwinkel fotografiert haben, gilt natürlich der umgekehrte Fall. Für viele aber ist beispielsweise die Normalbrennweite eher langweilig. Gehörst du zu diesen, dann nutze mal eine Weile lang nur ein 50-mm-Objektiv.

Wenn wir unsere ausgetretenen Pfade verlassen, werden wir mehr darüber nachdenken, was wir tun können, um zu überraschenden Ergebnissen zu kommen. Zuweilen findet man dadurch genau den Ansatz, den kein anderer verfolgt, und schafft etwas, das man sein Eigen nennen kann.

Insbesondere meine Reportagefotos fotografiere ich sehr gerne ▶ mit einer Normalbrennweite, da diese die Welt unverzerrt wiedergibt und mich zwingt, mehr auf die Bildgestaltung zu achten.

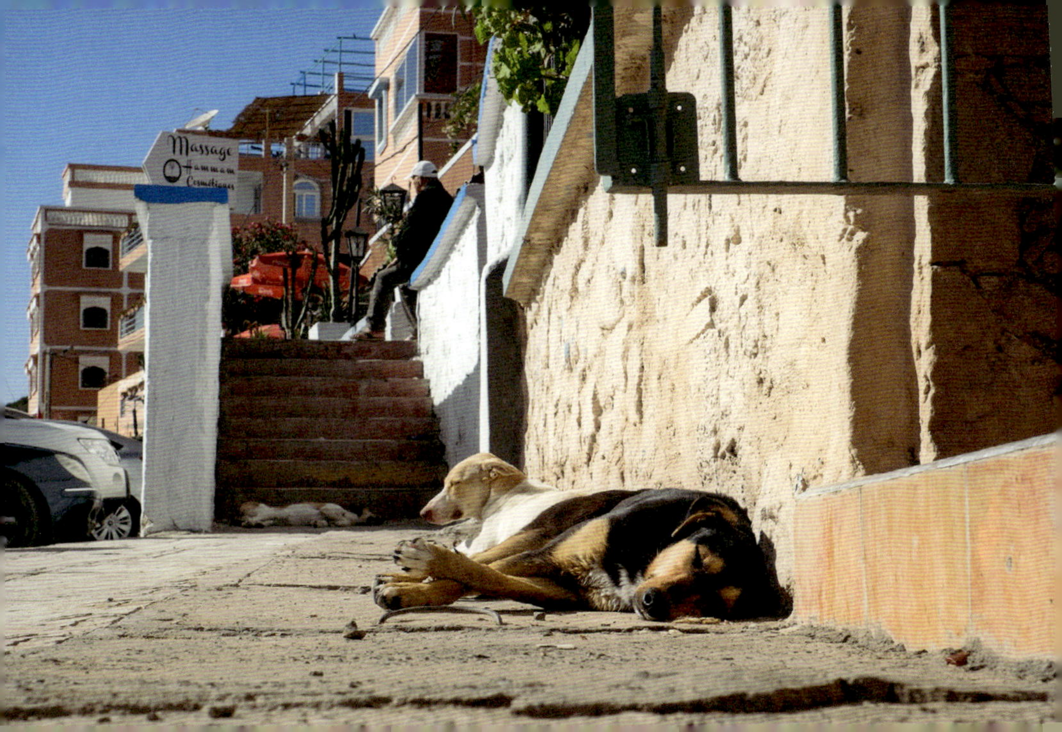
Massage
Hammam
Cosmétiques

Im Studio

Projekt

Fotografiere ein Hundeporträt im Studio.

Was du hier übst

Studiofotografie ist eine Welt für sich. Die Bilder sind zumeist sehr auf den Hund konzentriert, es fehlt ein Umfeld. So lernst du durch Lichtsetzung und Motivation des Hundes Emotionen und Spannung zu erzeugen.

Umsetzung

Gewöhne deinen Hund an die Studio-Atmosphäre und das Licht. Sorge dafür, dass er Spaß hat und belohnt wird. Sorge auch dafür, dass du so wenig Nachbearbeitung hast wie möglich. Jedes lose Haar oder Dreck im Fell oder am Auge fallen im Studio besonders auf.

Probiere unterschiedliche Hintergründe und Licht-Set-ups aus. Verwende einen Blitz, wenn du einen hast, aber auch Dauerlicht ist eine Alternative. Überlege, welche Hintergrundfarbe zum Fell des Hundes passt. Versuche, mit einfachen Mitteln ein ausdrucksstarkes Porträt des Hundes zu fotografieren. Auch mit Reflektoren kann man viel erreichen. Möchtest du mehr Kontrolle über das Licht, sind mehrere Blitze sinnvoll. Man kann z. B. einen Blitz auf den Hintergrund richten, um hier einen Spot zu setzen. Je nach Abstand zwischen Licht und Hintergrund fällt mehr oder weniger Licht auf den Hintergrund. So kann man auch Weiß oder Grau mit genügend Abstand gänzlich Schwarz erscheinen lassen.

Auch solltest du darauf achten, dass der Hund keinen Schatten wirft. Ein heller Hund vor Schwarz beispielsweise ist recht einfach zu fotografieren, wenn man schon bei der Aufnahme auf die Lichtsetzung achtet.

Auch wenn man im Studio Kulissen aufbauen kann, werden doch die meisten Studiobilder sehr auf Hund mit Hintergrundfarbe beschränkt sein. Mit Blitz hat man die Möglichkeit, mit kleiner Blendenöffnung für viel Tiefenschärfe zu sorgen. So sind Augen und auch Nase scharf. Hier waren nur ein Blitz und Reflektoren zu beiden Seiten des Hundes im Einsatz. ▶

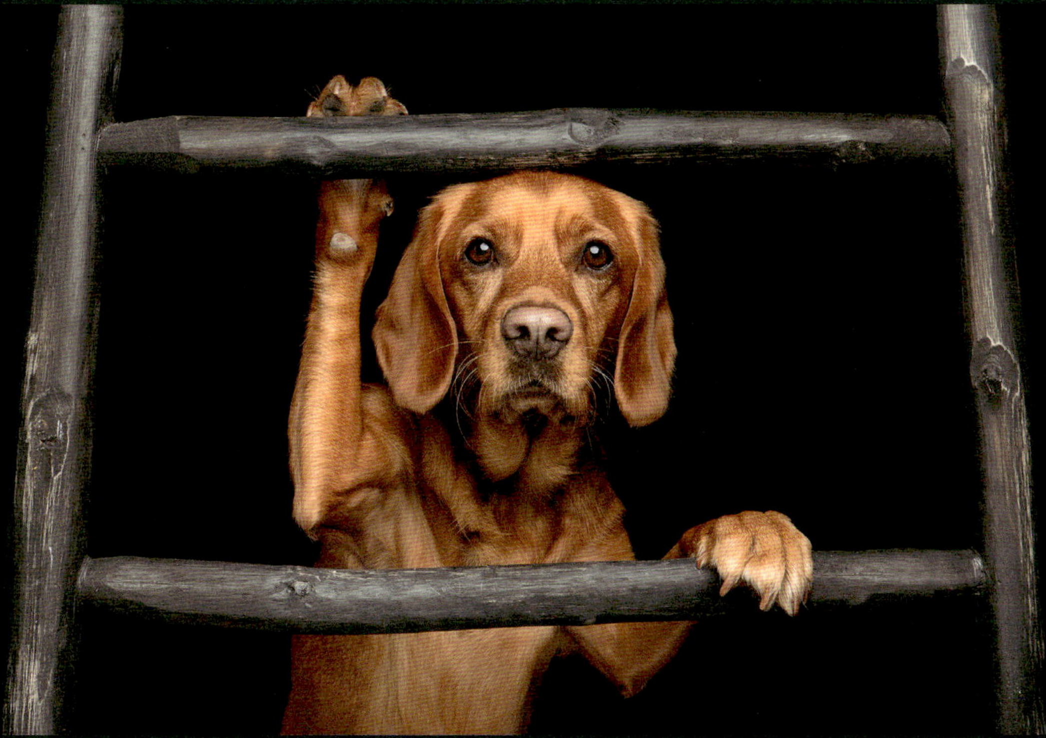

70 mm | f/10 | 1/640 s | ISO 400 | Studioblitz

Blitzen im Freien

Projekt

Fotografiere mit Blitz draußen.

Was du hier übst

Dunkles Wetter bereitet dir keine Sorgen mehr, wenn du weißt, wie du mit einem Blitz im Freien umgehen kannst.

Umsetzung

Nimm einen Blitz mit Akku oder einen Aufsteckblitz, den du losgelöst von der Kamera verwendest. Wähle den geeigneten Lichtformer.

Für das Blitzen im Freien benötigst du einen Blitz mit Akku, damit du unabhängig vom Netzstrom agieren kannst.

Sehr wichtig ist zudem ein Blitz, der dir die sogenannte „High-Speed-Synchronisation“ bietet. Dies bedeutet, dass du trotz Blitz schnelle Verschlusszeiten von beispielsweise 1/1000 s nutzen kannst. Ein normaler Studioblitz bietet das häufig nicht. So hast du alle Möglichkeiten, das natürliche Licht mit deinem Blitzlicht zu kombinieren, schnelle Bewegungen des Hundes einzufrieren und das Bild natürlich wirken zu lassen.

Probiere auch einmal Blitzfotos gegen die Sonne. Hierfür brauchst du ein bisschen mehr Leistung und die Sonne sollte tief stehen.

Der Blitz sollte standsicher aufgebaut werden, damit er nicht durch einen Windstoß umgeweht wird. Gerade bei einem großen Lichtformer wie einer Softbox wäre der Blitz ein nur zu freudiger Windfänger. Ein Assistent, der den Blitz an einem Griff festhält, wäre natürlich auch von Vorteil.

Hier hat ein Assistent den Blitz von rechts vorne auf den Hund ▶ gerichtet. Die verwendete Softbox ist nur knapp außerhalb des Bildbereichs. Die schnelle Verschlusszeit und die geringe ISO-Zahl sorgen dafür, dass das Umgebungslicht weiterhin wunderbar zu sehen ist und nicht „weggeblitzt" wird.

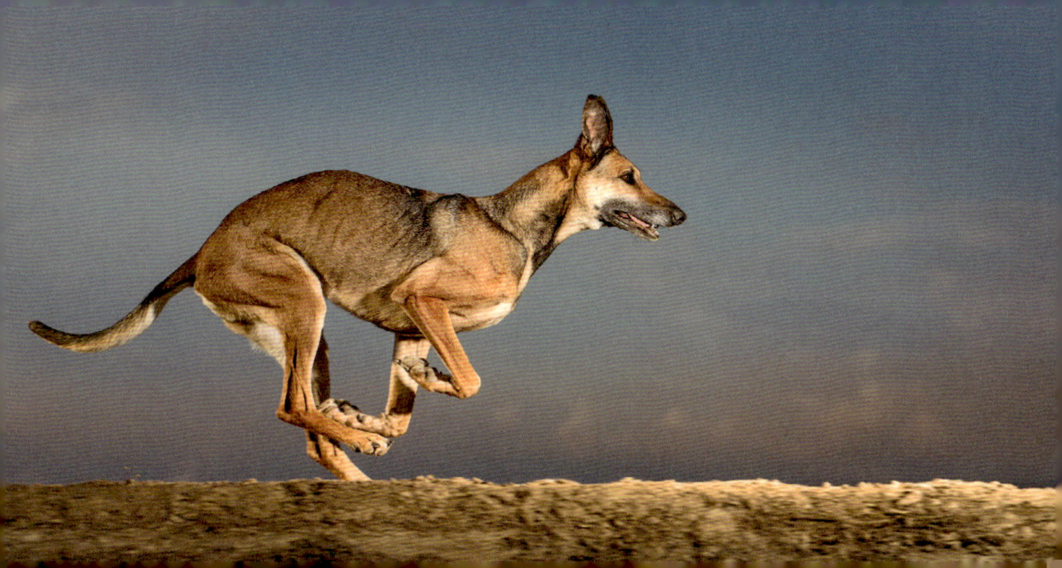

Indirektes Blitzen mit Aufsteckblitz

Projekt

Fotografiere indirekt mit Aufsteckblitz im Innenraum.

Was du hier übst

Dies ist eine Übung, die dir Welten in Innenbereichen erschließen kann, wo es häufig zu dunkel sein kann für Fotos.

Umsetzung

Ein Aufsteckblitz muss nicht teuer sein. Es gibt günstige Varianten schon ab 50 Euro. Er muss auch keine allzu ausgeklügelten Funktionen bieten, aber sein Blitzkopf sollte schwenkbar sein. Nutze ihn – entgegen sonstiger Empfehlung – an der Kamera angebracht, aber richte den Blitzkopf gegen die Wand (hinter oder seitlich von dir), um durch das reflektierte Licht den Raum zu erhellen. So brauchst du keinen Lichtformer vor dem Blitz, sondern die Wand ist dein „Diffusor".

Je größer und näher die Wand ist, desto weicher und heller ist das Licht. Da das zurückgeworfene Licht die Farbe der Wand annimmt, sollte die Wand weiß oder hellgrau sein. Eine grüne Wand würde zu einem starken Grünstich im Bild führen, der schwer zu bereinigen ist. Da hilft zumeist nur noch ein Konvertieren des Bildes in Schwarz-Weiß. Eine Holzvertäfelung z. B. kann zu einer sehr warmen Farbe führen, was auch toll aussehen oder durch einen Weißabgleich abgedämpft werden kann.

Teste aus, welche Auswirkungen es hat, wenn du die Wand hinter oder seitlich von dir anstrahlst. Dein Hund wird entweder flach beleuchtet (wenn du die Wand hinter dir anstrahlst) oder Seitenlicht abbekommen, wenn du die Wand seitlich von euch wählst.

Hier war der Raum sehr düster. Durch Blitzen an die Wand hinter mir habe ich das Blitzlicht durch die große Fläche der Wand weicher gestaltet. Der gesamte Raum wurde heller und der Hund einheitlich ausgeleuchtet. An seiner weit geöffneten Pupille sieht man, dass der Raum nicht allzu hell beleuchtet war. ▶

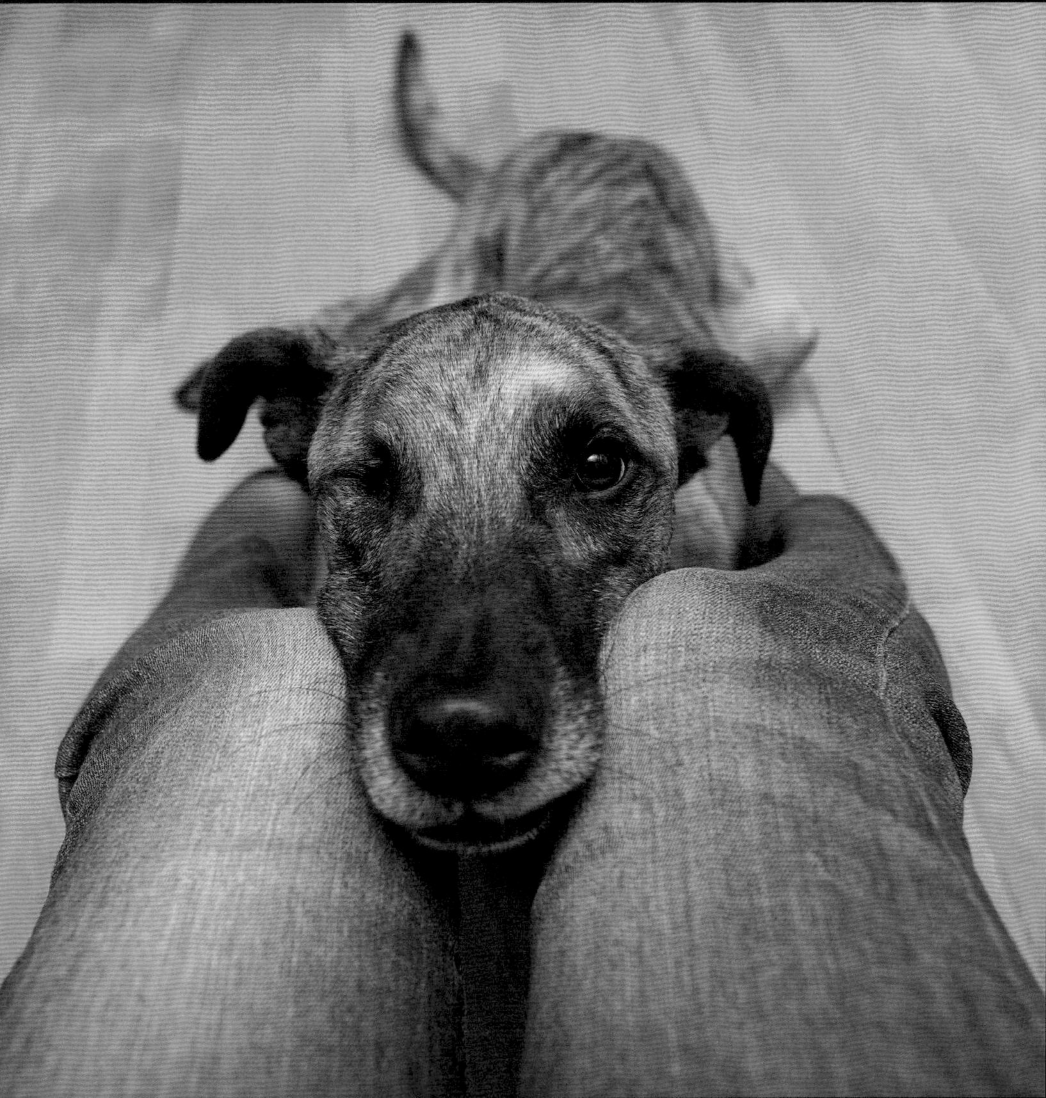

Dauerlicht

Projekt

Fotografiere im Studio mit Dauerlicht.

Was du hier übst

Hier lernst du, künstliches Licht vorteilhaft einzusetzen. Insbesondere für Hunde, die Angst vor Blitzlicht haben, kann Dauerlicht eine Alternative sein.

Umsetzung

Setze das Licht so, dass der Hund vorteilhaft ausgeleuchtet ist. Möchtest du eine einheitliche Ausleuchtung, platziere die Lampe von schräg oben vor dem Hund. Möchtest du eine dramatischere Ausleuchtung, platziere die Lampe von leicht schräg hinten. Auch ein Lichtformer ist wichtig. Nutze Reflektoren (das kann schon auf eine Pappe aufgebrachte Alufolie sein) oder weitere Lampen, um die Konturen und gegenüberliegende Seite des Hundes zu beleuchten.

Bei einigen Dauerlichtern kann man Lampen hinzuschalten. Spiele mit unterschiedlichen Lichtmengen aus unterschiedlichen Richtungen.

Beachte, dass Dauerlicht nicht so lichtintensiv ist wie Blitzlicht. Du wirst daher nur durch eine sehr hohe ISO-Zahl eine schnelle Verschlusszeit erreichen. Daher ist Dauerlicht eher für Porträts geeignet als für Actionaufnahmen.

Dieser entzückende Kerl hielt niedlich still für meine Fotos. ▶ Man sieht, dass durch die große Blendenöffnung eine geringere Tiefenschärfe vorhanden ist. Die Augen sind scharf, während die Nase bereits leicht unscharf ist. Das gefällt nicht jedem. Es ergibt jedoch eine weiche, romantischere Stimmung als das Blitzlicht mit seiner Möglichkeit der Wiedergabe sämtlicher Details. Als Lichtformer kam eine 40-cm-Softbox zum Einsatz.

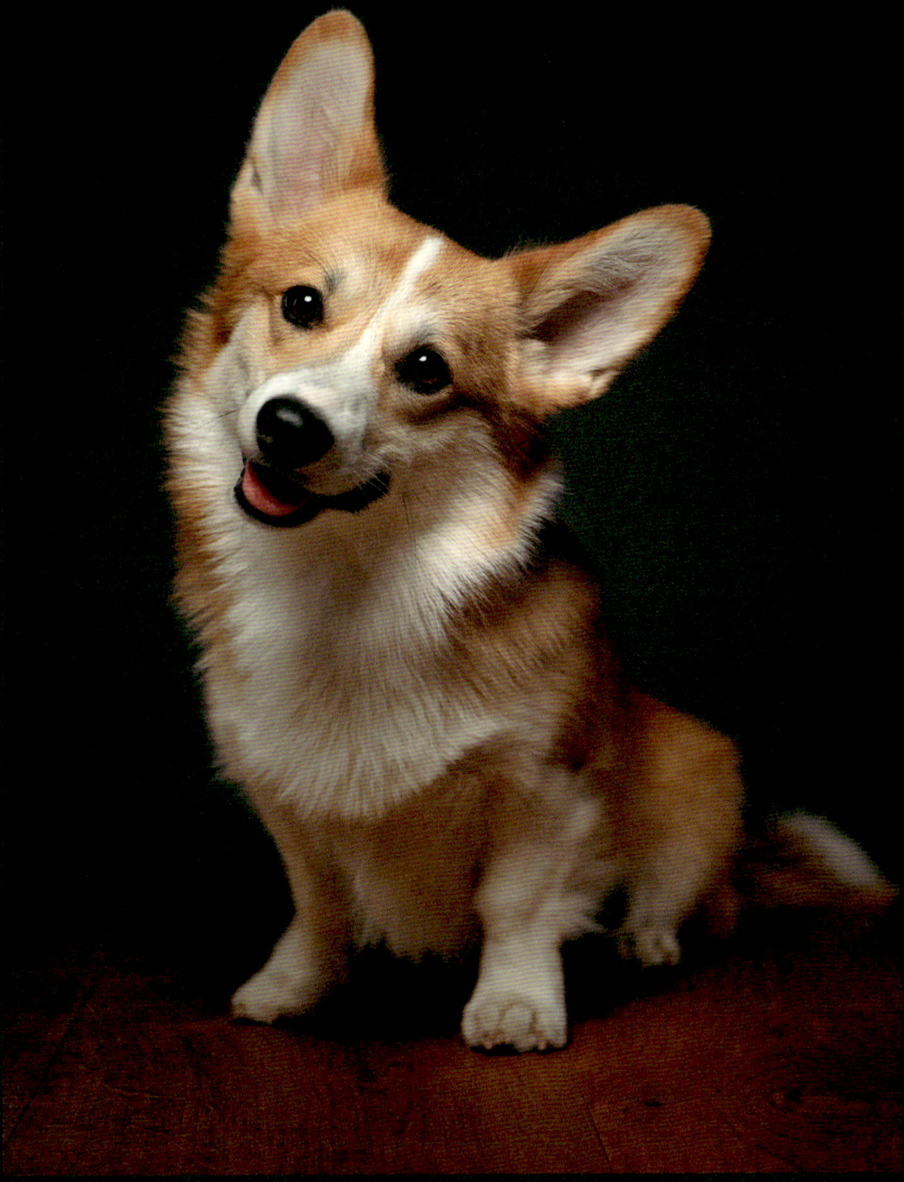

75 mm | f/2 | 1/640 s | ISO 1250

Porträt vor Schwarz

Projekt

Fotografiere ein Porträt vor Schwarz, das aussieht wie im Studio fotografiert, aber ohne künstliches Licht oder Nachbearbeitung entstanden ist.

Was du hier übst

Hier lernst du, einfachste Kulissen zu nutzen, genau auf den Hintergrund und das Licht zu achten und natürliches, diffuses Licht bestmöglich einzusetzen.

Umsetzung

Als ich noch keine Studioausrüstung hatte, habe ich die Tür meines Gartenhäuschens aufgemacht und das Gartenhäuschen im Inneren abgedunkelt, indem ich die Fensterläden schloss. Den Hund stellte ich vor die geöffnete Tür und fotografierte ihn im Schatten oder an einem hellen, bedeckten Tag vor der Tür. So habe ich, wenn der Hund genügend Licht abbekommt, ein Porträt vor Schwarz, schön ausgeleuchtet, ohne Blitz oder anderes künstliches Licht zu nutzen und im Idealfall auch ohne Photoshop & Co. heranziehen zu müssen.

Voraussetzung dafür, dass der Hintergrund schwarz ist, ist, dass kein Licht in den hinteren Bereich des Raumes fällt. Mache ich solche Fotos vor meiner geöffneten Haustür, wo eine Treppe folgt, die noch hell im Bild zu sehen wäre, stelle ich einen großen, schwarzen Falthintergrund auf, der das Licht schluckt und mir den nötigen schwarzen Hintergrund bietet.

Durch die einheitliche Ausleuchtung sollte selbst ein schwarzer Hund wunderbar ohne Nachbearbeitung am Computer vor Schwarz zu sehen sein.

Selbst einen schwarzen Hund kann man, wenn man genau ▶ auf das Licht achtet, recht einfach in Szene setzen. Eventuell kann ein Reflektor unter dem Kinn noch ein bisschen mehr Licht in die dunklen Bereiche unter der Schnauze lenken.

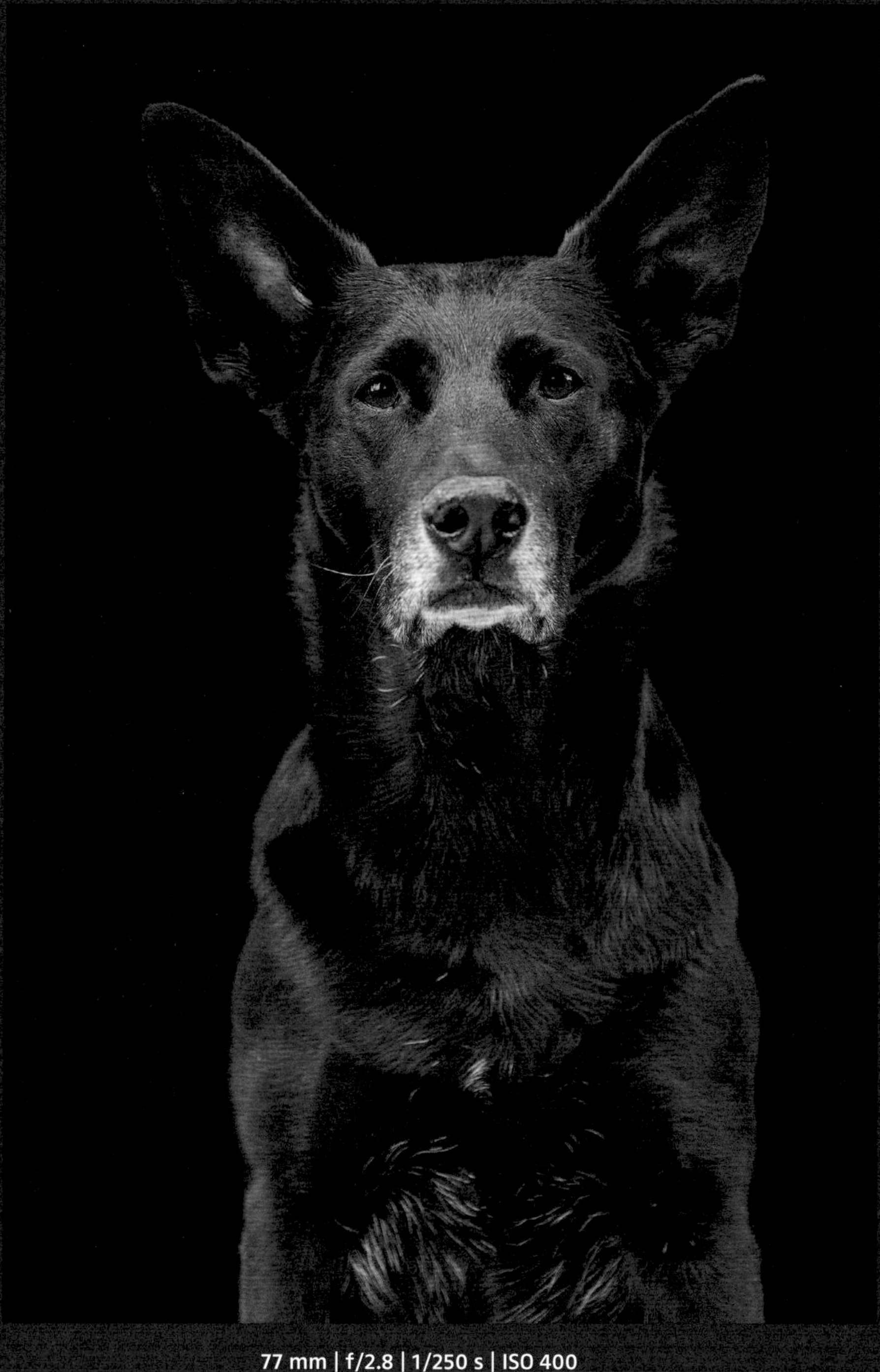

77 mm | f/2.8 | 1/250 s | ISO 400

In der Luft

Projekt

Schieße eine kleine Fotoserie zum Thema „in der Luft“.

Was du hier übst

Hier kannst du deinen kreativen Ideen freien Lauf lassen. Vorrangig soll diese Übung dazu da sein, dass du dir Gedanken über unterschiedliche Perspektiven und Locations machst.

Umsetzung

Der Hund ist ein Landtier, aber warum nicht einmal ausprobieren, ihn „fliegen“ zu lassen? Lass ihn springen und fotografiere ihn von so weit unten, dass es aussieht, als würde er fliegen. Zeig Initiative und geh so weit runter wie möglich, um eine Perspektive von ganz unten zu erhalten. Oder setze ihn auf eine erhöhte Plattform, um ihn von weit unten, vielleicht mit einem Weitwinkel, gegen den blauen Himmel zu fotografieren.

Bindest du den Himmel mit ins Bild ein, sorge dafür, dass dieser auch spannend ist. Ein leicht grauer Himmel ohne Struktur in den Wolken sieht eher langweilig aus oder ist, insbesondere bei einem dunklen Hund, unansehnlich überbelichtet. Blauer Himmel eventuell mit kleinen Schäfchenwolken oder auch dunkle Gewitterwolken können eine tolle Kulisse bieten.

Hier ist das Thema „in der Luft“ wörtlich umgesetzt. ▶
Mein Hund springt hier über ein schneebedecktes Feld, das allerdings direkt unterhalb des Bildausschnitts erst beginnt.

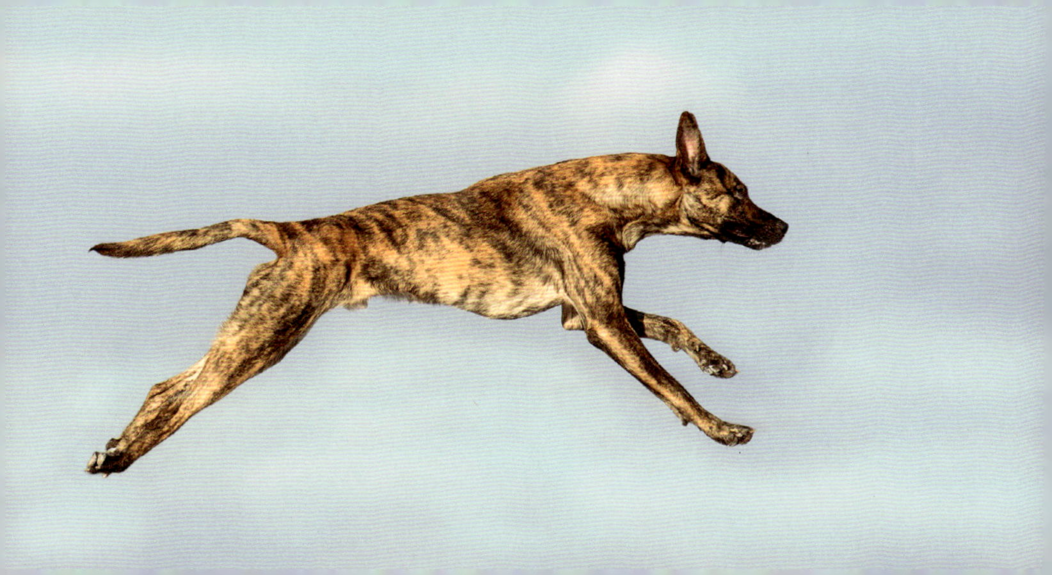

Die unscheinbare Kulisse

Projekt

Suche dir einen Ort, den du bisher noch nicht für Fotos in Betracht gezogen hast, mit einer Kulisse, die auf den ersten Blick unfotogen wirkt, und versuche sie zum bestmöglichen Vorteil für dein Bild zu nutzen.

Was du hier übst

Hier lernst du neue Kulissen und Möglichkeiten kennen, deinen Hund in Szene zu setzen. Zuweilen kann man sich nicht aussuchen, wo man fotografieren kann. Indem du übst, auch den unspektakulären Ort so gut wie möglich zu nutzen, wirst du keine großen Probleme mehr haben, überall zu einem guten Ergebnis zu kommen.

Umsetzung

Alles, was erlaubt und für den Hund sicher ist, kann potenziell als Kulisse dienen. Sei experimentierfreudig. Je unfotogener eine Kulisse aussehen mag, desto überraschender und einzigartiger können die Ergebnisse sein. Lass dich nicht von Misserfolgen abschrecken. Du wirst durch sie lernen, was nicht funktioniert.

Versuche, Störendes im Hintergrund durch eine geringe Tiefenschärfe auszublenden. Verwende ein Teleobjektiv, um möglichst wenig der störenden Szenerie einzufangen, sondern dich auf Farben und Strukturen im Hintergrund zu konzentrieren, die du nutzen könntest.

Schon ein Fenster jeder Art kann eine schöne Kulisse bieten. Beim Autofenster hat man die Möglichkeit, ins Grüne zu fahren und durch eine geringe Tiefenschärfe schöne Reflexionen der Vegetation mit ins Bild zu integrieren. Das Auto war nicht einmal sonderlich geputzt, was durch die Unschärfe nicht mehr ersichtlich ist. ▶

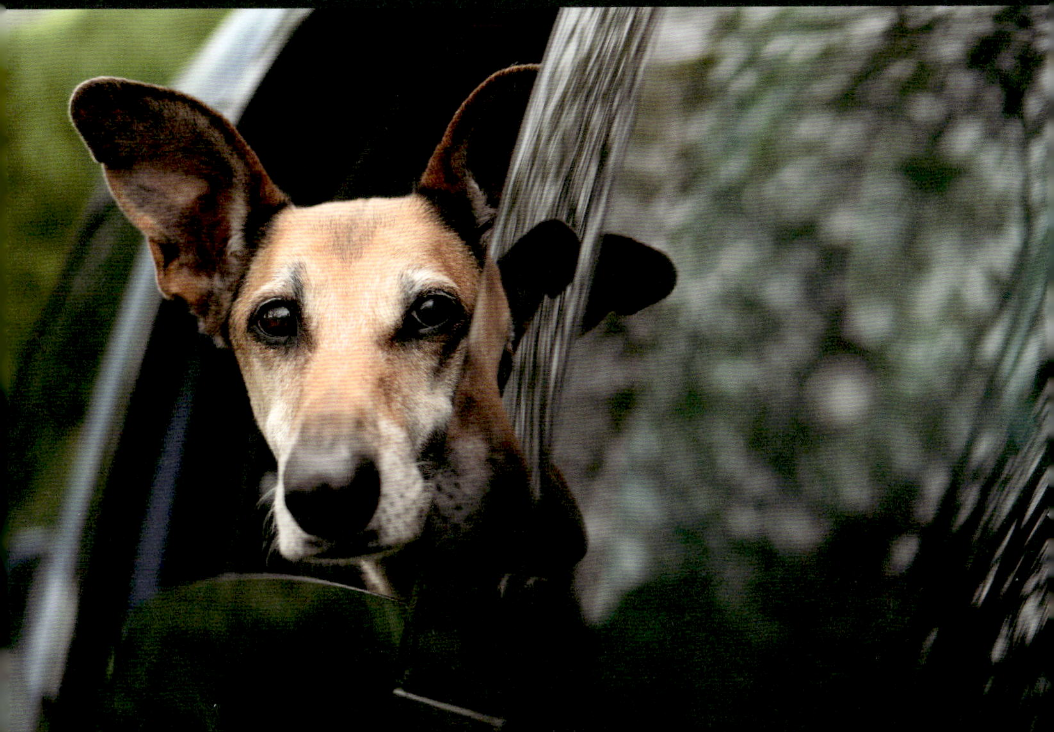

75 mm | f/2 | 1/800 s | ISO 250

Ungewöhnliche Perspektiven

Projekt

Probiere ungewöhnliche Perspektiven aus.

Was du hier übst

Hier lernst du, deine Bilder vielseitig zu gestalten und die Auswirkungen von Perspektiven auf die Aussage deines Bildes kennenzulernen.

Umsetzung

Die Normalperspektive auf unseren Hund ist eine leichte Draufsicht, da er zumeist auf dem Boden steht und wir von schräg oben auf ihn herunterschauen. Das ist nicht besonders spannend. Geh also auf Augenhöhe oder vielleicht sogar noch tiefer. Kannst du den Hund über dich hinwegspringen lassen, um eine Froschperspektive zu erreichen? Wie sieht ein Vogel deinen Hund? Sei vielseitig. Probiere auch unterschiedliche Brennweiten mit den verschiedenen Perspektiven aus.

Setze den Hund auf eine Plattform, um besser von unten fotografieren zu können. Oder fotografiere von einer erhöhten Fläche aus auf ihn herunter.

Ein schwenkbares Display kann generell hilfreiche Dienste tun, wenn man körperlich nicht in der Lage sein sollte, auf dem Boden zu liegen oder sich im Sitzen weit herunterzubeugen.

Hier habe ich die Kamera auf den Boden gelegt und mittels Fernauslöser ausgelöst, während ich dem Hund einen Ball in die Luft warf. Das ergab ein eigentümliches Selbstporträt mit Hund. ▶

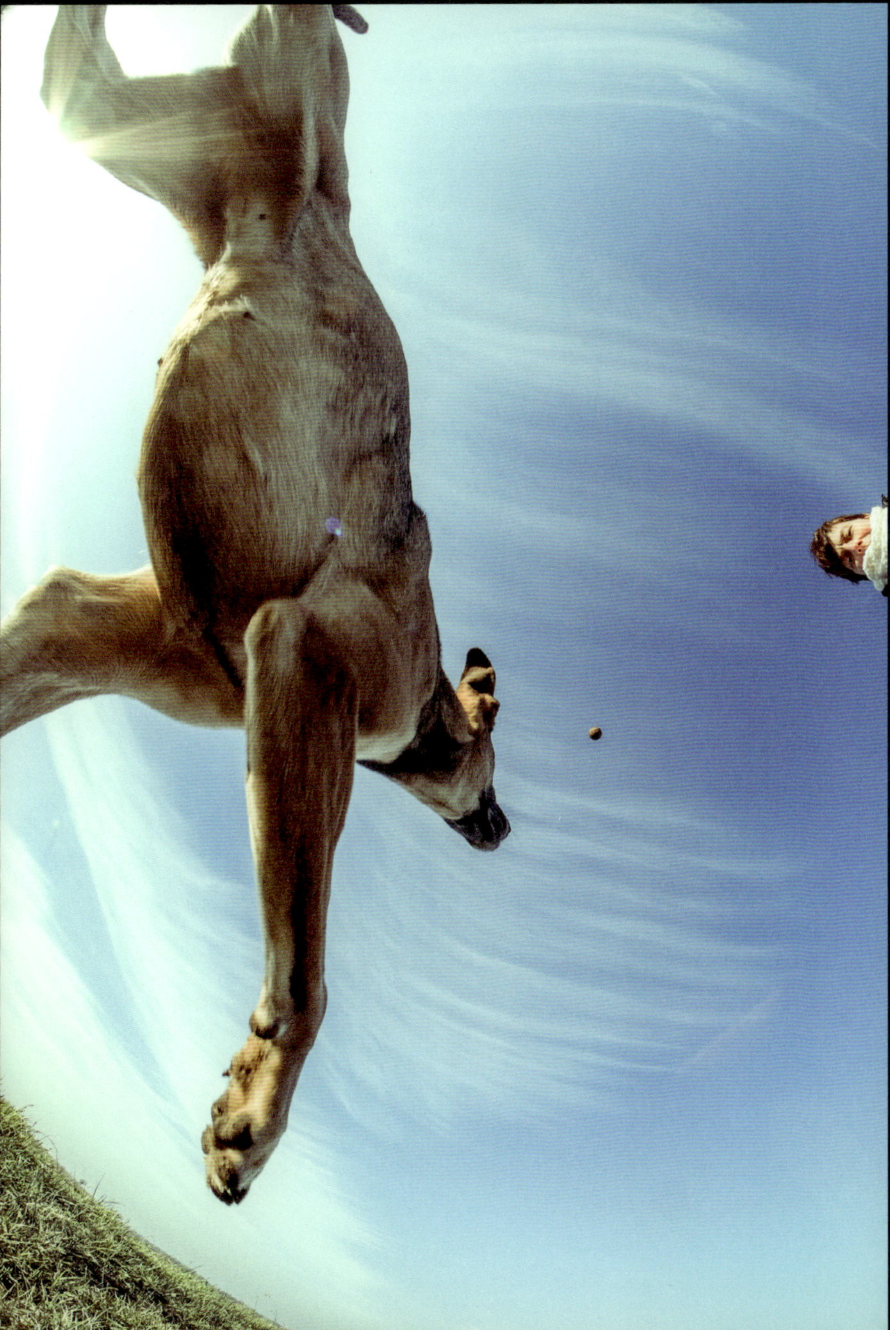

75 mm | f/8 | 1/1200 s | ISO 1000

Ungewöhnliche Schnitte

Projekt

Schneide deine Bilder ungewöhnlich zu.

Was du hier übst

Die Fotografie bietet uns endlos viele Möglichkeiten, unsere Bilder zu gestalten. Verlasse die eingetretenen Pfade und probiere andere Dinge aus.

Umsetzung

Nimm deine Bilder, die du in der Vergangenheit geschossen hast, und überlege, ob du sie auch anders schneiden könntest. Vielleicht hast du ja damals beim Fotografieren noch gar nicht darauf geachtet, und bei genauer Überlegung würde dem Bild ein Hochformat mit Seitenverhältnis 3:4 guttun.

Oder schneide es völlig anders. Du hast ein Ganzkörperporträt aufgenommen? Schneide es zu als Kopfporträt, Detailansicht usw. Überlege, ob ein anderer Schnitt eine andere Aussage bewirken könnte.

Ein starkes Zuschneiden kann auch einen Qualitätsverlust zur Folge haben, da nun die Datei kleiner geworden ist. Es ist eine Übung, die dir für zukünftige Fotos zeigen soll, was du anders machen kannst.

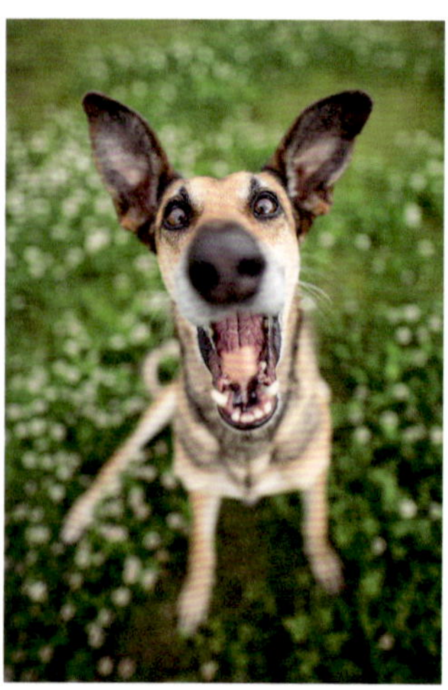

◀ Dies ist das Ausgangsbild. Dank der hohen Auflösung meiner Kamera sorgte der Zuschnitt nicht für eine zu schlechte Qualität des Endergebnisses.

Dieses urige Porträt ist – wie man sieht – ein Ausschnitt. Die weit aufgerissenen Augen verleiteten mich dazu, näher an das Motiv heranzugehen und einen ungewöhnlichen Schnitt zu wagen. ▶

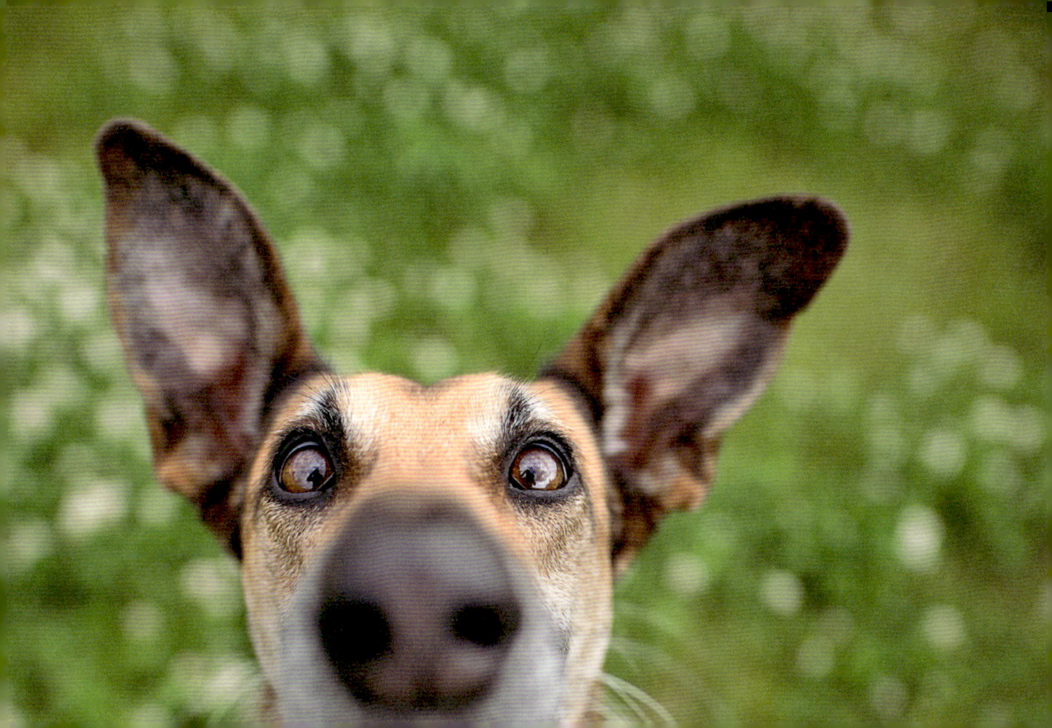

Formate und Seitenverhältnisse

Projekt

Fotografiere Bilder in unterschiedlichen Formaten und schneide sie in unterschiedlichen Seitenverhältnissen zu.

Was du hier übst

Du lernst dir mehr Gedanken um Bildgestaltung zu machen und wirst „sehen“ lernen, welche Auswirkungen Format und Seitenverhältnis auf die Aussage des Bildes haben.

Umsetzung

Überlege dir, welche Motive eher für das Querformat oder eher für das Hochformat geeignet sind. Probiere beide Formate am gleichen Motiv aus.

Schneide dann deine Bilder – gern auch alte – am Computer in unterschiedlichen Seitenverhältnissen zu. Auch die einfachsten Bildbearbeitungsprogramme bieten dir die Möglichkeit, dies zu tun. Probiere die Seitenverhältnisse 3:2 oder 4:3 oder auch 1:1 oder 16:9 aus. Wie verändert sich die Wirkung des Bildes?

Oben: Sowohl für Kopfporträts als auch Ganzkörperaufnahmen kann das Hochformat gut geeignet sein, wenn das Motiv höher als breiter ist. ▶

Mitte: Hier bietet sich das Querformat an. Damit nicht zu viel Leerraum links und rechts war, habe ich mich für das Verhältnis 4:3 entschieden statt 3:2. ▶

Unten: Diese Ohren fanden im Seitenverhältnis 16:9 stimmig Platz. ▶

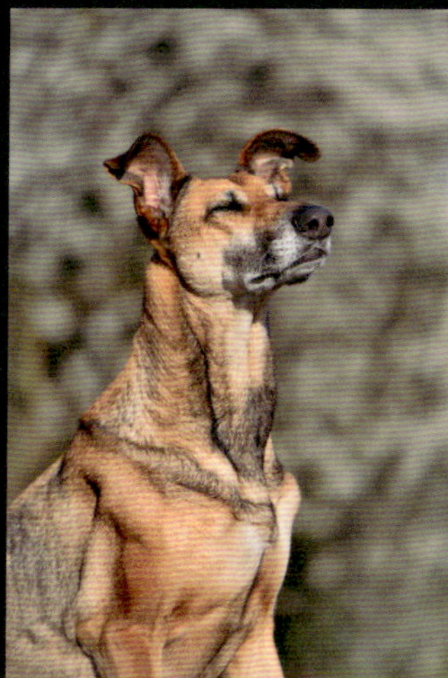

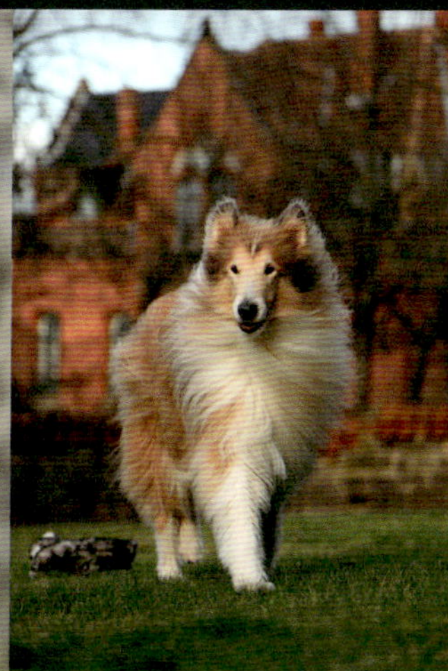

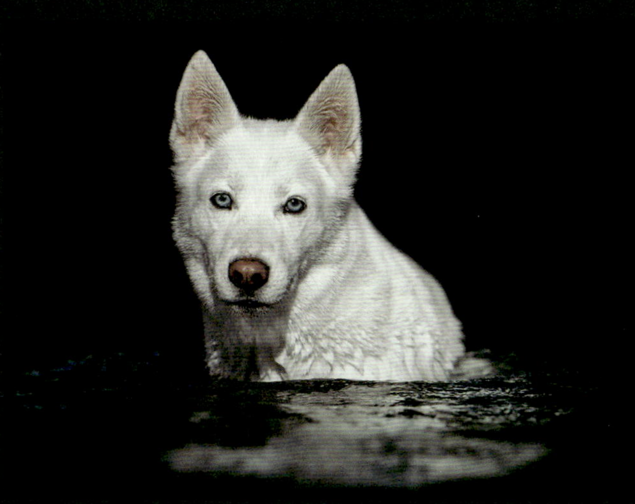

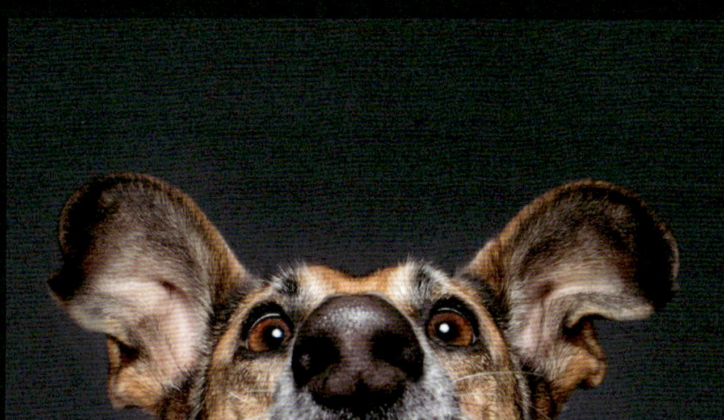

Negativer Raum

Projekt

Mach den negativen Raum zum zweiten Hauptdarsteller deines Bildes.

Was du hier übst

Hier lernst du, negativen Raum so einzusetzen, dass er die Aussage des Bildes unterstreicht oder einen überraschenden Bildaufbau liefert. Du lernst, Hintergrund und Vordergrund vorteilhaft einzusetzen.

Umsetzung

Der negative Raum ist der Bereich im Bild, der sich zwischen oder um das eigentliche Motiv herum befindet, z. B. der Hintergrund und der Bereich zwischen den Beinen des Hundes.

Such dir eine Location, bei der du den negativen Raum übertrieben als eine Art Hauptakteur des Bildes in Szene setzen kannst. Hier arbeitest du mal nicht formatfüllend, sondern lässt die Leere, den Raum die Bildaussage tragen. Das kann überraschend und lustig wirken.

Sorge durch Farb- oder Helligkeitskontraste dafür, dass sich dein Motiv vom negativen Raum abhebt.

Hier überrascht das Bild durch die ungewöhnliche ▶
Aufteilung zwischen viel negativem Raum (Hecke)
und wenig eigentlichem Motiv (Hund).

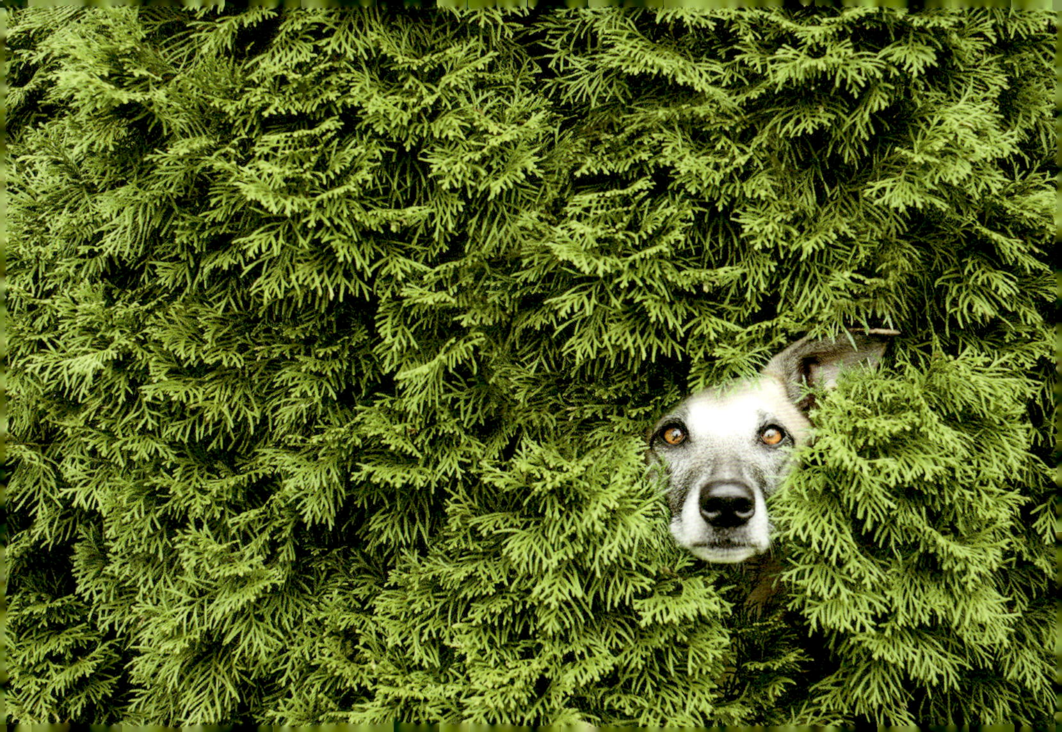

Eingerahmt

Projekt

Suche nach Rahmen, mit denen du dein Motiv umgeben kannst.

Was du hier übst

Hier lernst du, Möglichkeiten für das Einrahmen zu finden und deine Bilder dadurch interessanter zu gestalten.

Umsetzung

Suche dir Rahmen. Die Möglichkeiten sind endlos. Du kannst die Natur oder Gebäudestrukturen nutzen.

Der Rahmen kann eindeutig oder abstrakt sein. Vielleicht kannst du einen hübschen Zweig ins Bild integrieren. Oder du setzt deinen Hund in Fenster, Türen, zwischen Säulen, Tore oder andere Gebäudestrukturen, die einen einfachen aber fotogenen Rahmen ergeben. Vielleicht hat dein Rahmen eine schöne Farbe oder interessante Strukturen.

Hier wurde das Thema sehr wörtlich umgesetzt. ▶
Aber lass deine Fantasie spielen und interpretiere die Aufgaben nach deinen Vorstellungen.

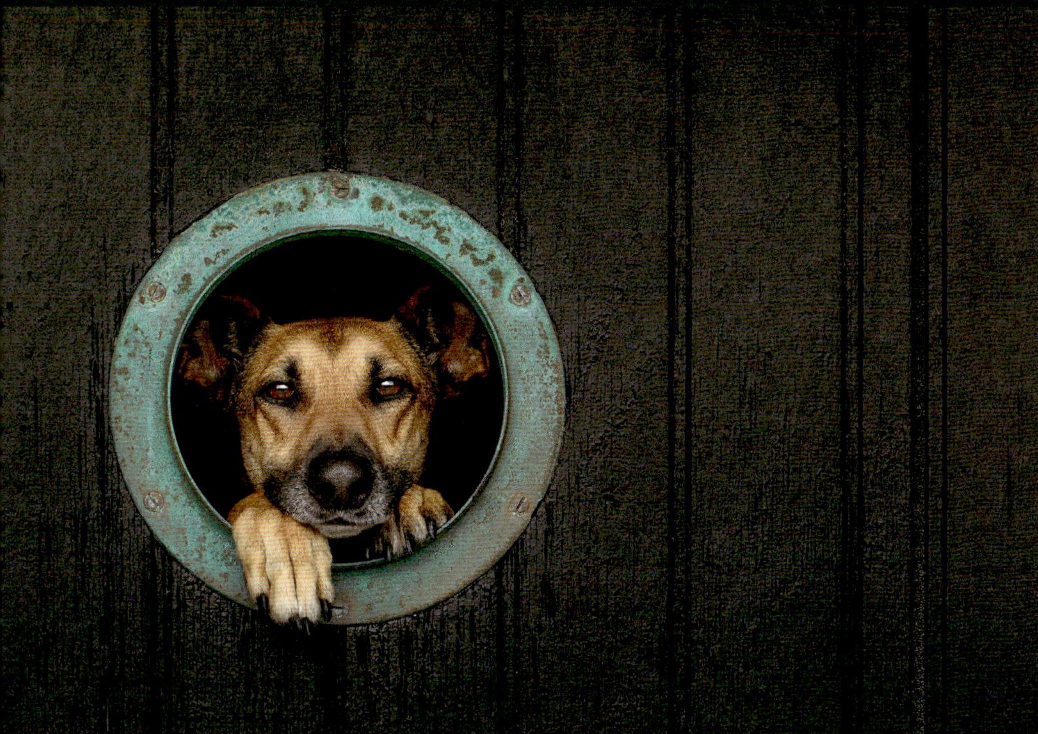

100 m | f/5.6 | 1/250 s | ISO 400

Die goldene Stunde

Projekt

Fotografiere an einem sonnigen Tag zur goldenen Stunde.

Was du hier übst

Hier übst du, die Tageszeiten, das Wetter und das Licht richtig zu nutzen.

Umsetzung

Die goldene Stunde ist die Zeit direkt nach Sonnenaufgang und direkt vor Sonnenuntergang. Hier steht die Sonne besonders tief. Das Licht hat eine warme Farbe und kann das Fell des Hundes zum Strahlen bringen.

Probiere, mit dem Licht zu fotografieren, aber auch im Gegenlicht. Nutze das schönste Licht direkt vor Sonnenuntergang und achte darauf, wie das Gold des Lichtes das Fell zum Strahlen bringt.

Sorge mit einem warmen Weißabgleich dafür, dass die Wärme des Lichtes auch in deinem Bild deutlich wird. Ist der Weißabgleich zu kalt eingestellt, wirkt dein Bild eventuell nicht so strahlend und eher blau. Das warme Licht der Abendsonne hat eine Farbtemperatur von etwa 2000 Kelvin. Je höher der Kelvin-Wert für den Weißabgleich an deiner Kamera eingestellt ist, desto blauer wird dein Bild.

Hier sieht man im Gesicht meiner Hündin noch das wunderbare ▶ warme Sonnenlicht der untergehenden Sonne. Ihr Rücken und Körper liegen bereits im Schatten, wo sich im Gegensatz dazu ein leichter Blaustich zeigt, was zu einem schönen Kontrast führt.

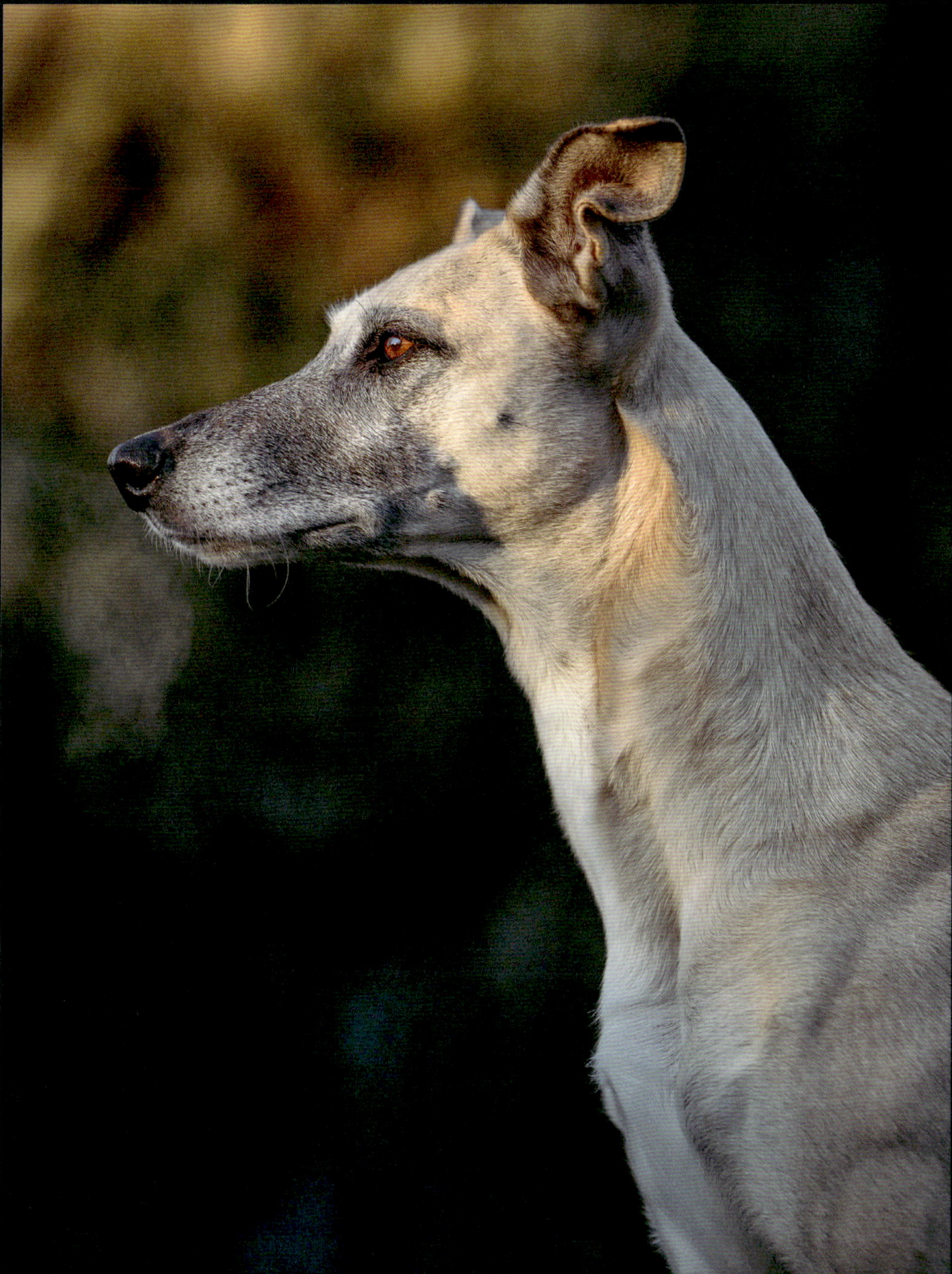

200 mm | f/4 | 1/800 s | ISO 250

Zur Mittagszeit

Projekt

Fotografiere zur Mittagszeit.

Was du hier übst

Hier lernst du, mit widrigen Bedingungen umzugehen und Probleme zu lösen.

Umsetzung

Wir können uns nicht immer aussuchen, wann wir fotografieren. Sonnenlicht zur Mittagszeit kann sehr unschmeichelhaft sein. Das grelle Licht führt dazu, dass das Tier die Augen zukneift. Die helle Sonne auf der Stirn des Hundes kann zu Überbelichtungen führen, während unter dem Kinn ein unschöner Schatten fällt. Der Motivkontrast kann den Tonwertumfang deiner Kamera übersteigen. Platziere dein Tier daher im Schatten eines Baumes oder Gebäudes.

Ich achte penibel darauf, dass kein Lichtfleck auf dem Fell des Hundes zu sehen ist. Sorge dafür, dass auch der Hintergrund möglichst im Schatten liegt oder, wenn er durch Sonnenlicht bestrahlt wird, nicht so grell ist, dass er ausgerissen oder unnatürlich aussieht. Eine dunkle Mauer ist dann besser geeignet als eine weiße Wand. Das überstrahlte Grün von Bäumen oder Hecken kann sehr unschön aussehen. Eine im Schatten befindliche Hecke ist daher besser als Hintergrund geeignet als das sonnenbeschienene Gras.

Oben: Beide Bilder wurden zur Mittagszeit fotografiert. Links steht Scout in der Sonne. Sie sieht leicht gestresst aus. Die Ohren sind zurückgelegt und sie hechelt. Die Sonne ist grell und verursacht einen starken Schatten unter dem Kinn – alles insgesamt sehr unschön. Rechts hat sie einen entspannteren Ausdruck. Sie ist nun im Schatten, sodass das Licht weicher und schöner ist. Dennoch ist der Hintergrund durch die grelle Sonne sehr überstrahlt. ▼

Unten: Hier sitzt Scout auch im Schatten und ich habe zusätzlich darauf geachtet, dass der Hintergrund eher dunkler ist. Es fällt jedoch keine direkte Sonne auf die Hecke, sodass keine unschönen grellen Stellen im Hintergrund entstehen. So kann man auch zur Mittagszeit schöne Porträts ohne grelle Überbelichtung oder unschöne Schatten machen. ▲

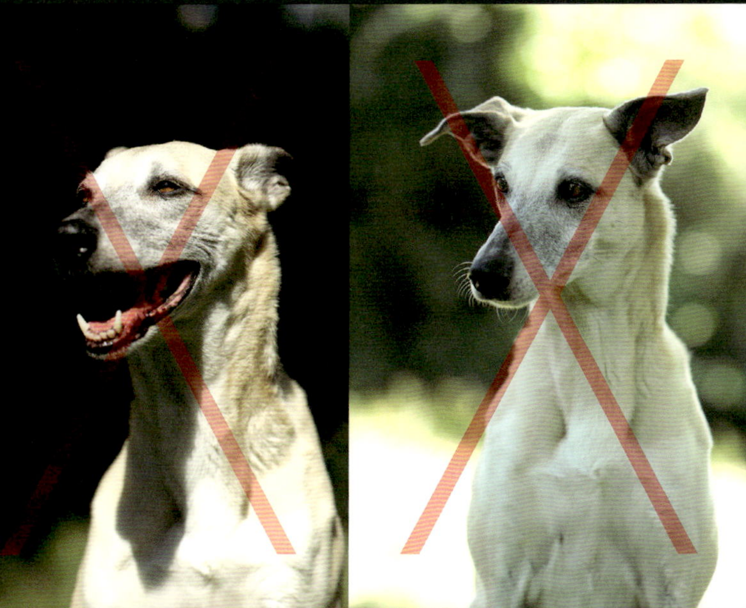

Links: 135 mm | f/2.2 | 1/4000 s | ISO 250
Rechts: 135 mm | f/2 | 1/500 s | ISO 640

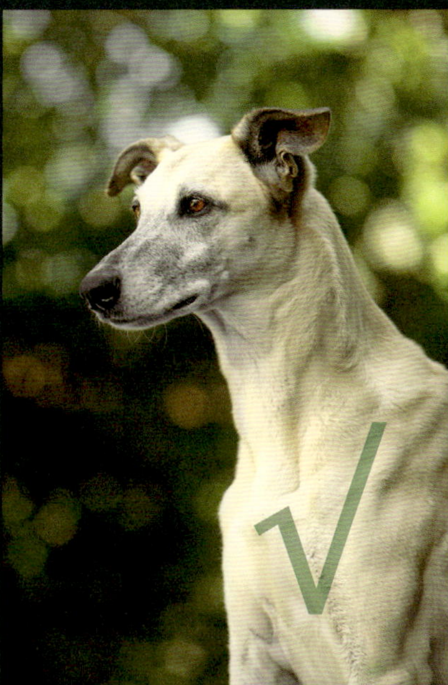

Gegenlichtaufnahme

Projekt

Fotografiere eine Gegenlichtaufnahme.

Was du hier übst

Hier lernst du, Gegenlicht richtig zu nutzen und die Schwierigkeiten, die es birgt, zu überwinden.

Umsetzung

Fotografiere kurz nach Sonnenaufgang oder kurz vor Sonnenuntergang, wenn die Sonne am niedrigsten steht. Setze deinen Hund ins Gegenlicht. Probiere verschiedene Varianten aus: mit Sonne direkt hinter dem Hund oder mit Sonne, die schräg ins Bild einfällt.

Entweder fotografierst du vollständig bei natürlichem Licht oder du hellst die lichtabgewandte Seite des Hundes durch einen Reflektor oder Blitz auf. Dies hängt auch davon ab, wie dunkel dein Hund ist und ob du die Sonne direkt hinter ihm platzierst. Probiere auch einmal aus, Lichtstrahlen (sogenannte *sunflares*) einzufangen.

Achte auch auf den Hintergrund. Lass das Licht durch Blätter fallen, indem du deinen Hund vor einem Baum oder einer Hecke platzierst.

An den Ohren des Hundes sieht man, dass das Licht von hinten auf die Szene fällt. Die Sonne befindet sich leicht oberhalb des Bildausschnitts, da ihr Gegenlicht bereits wunderbar das Blattwerk von hinten zum Leuchten bringt. ▶

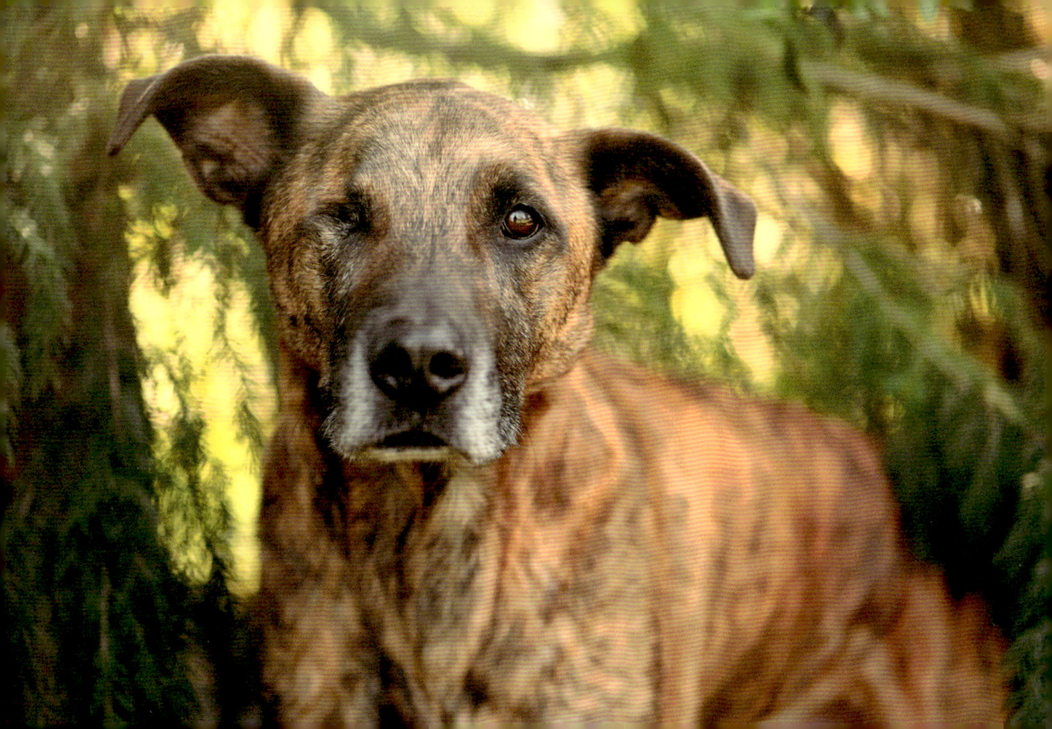

Schwarz-Weiß

Projekt

Fotografiere ein Porträt in Schwarz-Weiß.

Was du hier übst

Hier übst du, die Strukturen und Kontraste zu sehen, die besonders schön in Schwarz-Weiß wirken.

Umsetzung

Ich empfehle dir, bereits in der Kamera in Schwarz-Weiß zu fotografieren. Die meisten Kameras bieten hierzu einen Bildstil bzw. eine Filmsimulation oder einen Kreativmodus. So siehst du das Ergebnis bereits bei der Aufnahme auf deinem Display. Stelle die Kamera so ein, dass RAW und JPG gespeichert werden. Mit der JPG-Datei erhältst du dann ein fertiges Schwarz-Weiß-Bild direkt aus der Kamera. Die RAW-Datei dagegen enthält weiterhin die Farbinformationen und für eine eventuelle spätere Bearbeitung mittels Software verlustfreie Informationen.

Da beim Schwarz-Weiß-Bild die Farbe fehlt, müssen wir andere Elemente finde, die das Bild interessant gestalten können. Suche nach Texturen, Mustern, Wiederholungen und Hell-Dunkel-Kontrasten, die für Spannung im Bild sorgen. Ein Schwarz-Weiß-Bild benötigt mehr Kontrast als ein Farbbild.

Ein heller Hund vor einem dunklen Hintergrund oder umgekehrt hebt sich auch in Schwarz-Weiß gut ab, wohingegen ein brauner Hund vor Grün fast die gleichen Tonwerte liefert, sodass eine Schwarz-Weiß-Version hier eher flach wirkt. Suche also einen Hintergrund, vor dem sich der Hund in Schwarz-Weiß gut absetzt.

Eine Unschärfe des Hintergrunds unterstützt die Freistellung des Motivs.

Hier hat der Hut ein wenig Textur ins Bild gebracht. ▶ Mir gefällt der leicht abstrakte Touch durch das augenlose Porträt und den schwebenden Körper (bewirkt durch einen um die Brust gelegten schwarzen Stoff), der durch die Schwarz-Weiß-Umsetzung noch betont wird.

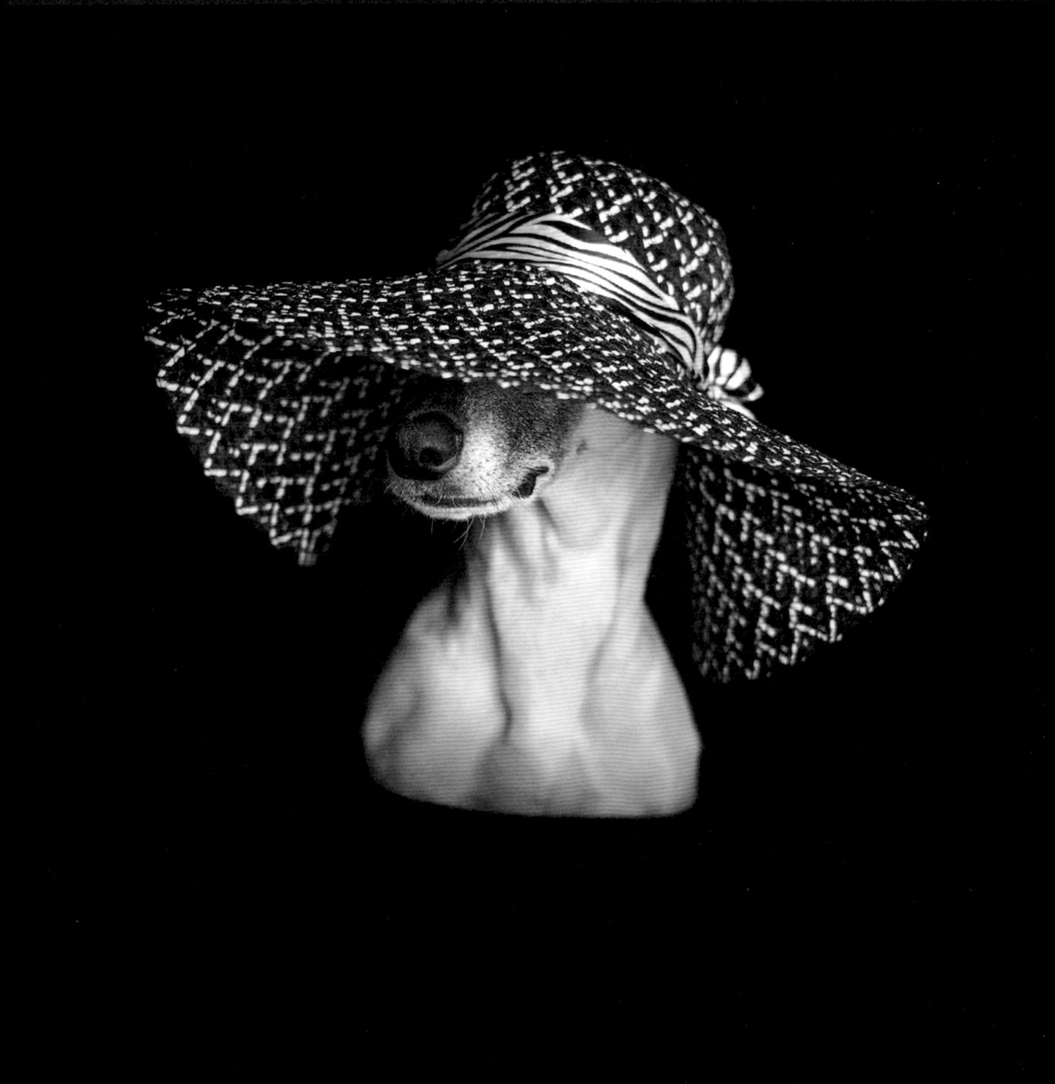

50 mm | f/1.8 | 1/250 s | ISO 100

Bewegungsaufnahme

Projekt

Fotografiere Fotos von Hunden bei unterschiedlichen Arten der Bewegung.

Was du hier übst

Dies ist eine der schwierigsten Übungen in der Hundefotografie. Du lernst, scharfe Bilder von sich bewegenden Hunden zu schießen. Versuche zudem, kreativ zu sein und so viele verschiedene Arten der Bewegung wie möglich festhalten.

Umsetzung

Wähle eine schnelle Verschlusszeit, den Nachführfokus, die Serienbildfunktion und vorteilhafte Lichtbedingungen.

Ein Assistent, der den Hund anleitet, kann von großem Vorteil sein. Oder fotografiere Bewegungsaufnahmen, die sich z. B. durch das Spiel mehrerer Hunde miteinander von alleine ergeben.

Sorge für einen Bildausschnitt, bei dem der Hund sich dynamisch recken und strecken kann, aber dennoch Platz in Bewegungsrichtung bleibt.

Mach abwechslungsreiche Aufnahmen. Ein Hund kann springen, sich schütteln, laufen, schnappen, mit anderen toben, quer zur Kamera laufen oder direkt auf dich zu oder Sport machen (Agility, Dogdancing, Apportieren usw.).

Hier sprang mein Rüde mit Begeisterung durchs hohe ▶
Gras, um nicht wirklich vorhandene Mäuse zu jagen.
Das Fangen ist nebensächlich, die Bewegung ist Belohnung.
So konnte ich ihn einige Zeit beobachten und fotografieren.

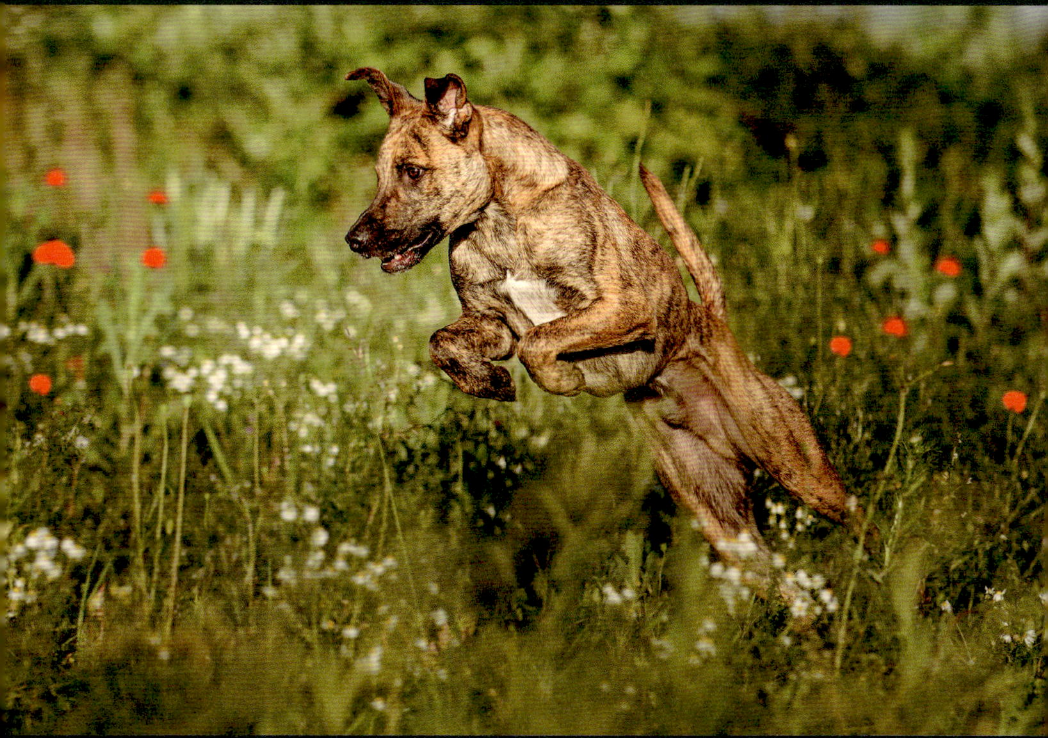

135 mm | f/3.2 | 1/2500 s | ISO 100

Wasser

Projekt

Fotografiere einen Hund im Wasser.

Was du hier übst

Wasser bietet eine wunderbare Kulisse für Bewegungsaufnahmen und Porträts. Hier musst du Einsatz zeigen, um dem Element Wasser zu trotzen.

Umsetzung

Wasser bietet unendlich viele Möglichkeiten für Aufnahmen. Der Hund sollte nicht wasserscheu sein, aber auch so manch wasserscheuer Hund lässt sich dazu ermutigen, im flachen Wasser zu zu stehen, wobei man interessante Spiegelungen einbinden kann.

Lässt du den Hund im flachen Wasser rennen, kann das zu tollen Spritzern und dynamischen Bildern führen.

Geh auch im Wasser mit dem Hund auf Augenhöhe. Fotografiere bei einem kleinen oder schwimmenden Hund also direkt über die Wasseroberfläche. Achte dabei auf deine Ausrüstung. Einen Sturz ins Wasser überlebt nur eine Unterwasserkamera. Ein spritzwassergeschütztes Gehäuse ist von Vorteil, aber ein bisschen Risiko macht das Leben spannender.

Oben: Flaches Wasser ist auch für viele wasserscheue Hunde kein Problem mehr, wenn man den Jagdtrieb nutzt und den Hund etwa nach einem Ball jagen lässt. ▶

Unten: Meine wasserscheue Scout bekomme ich eher nicht freiwillig ins Wasser. Einmal aber musste eine kurze Wäsche her, um sie wieder wohnungstauglich zu machen. Ich wusste, nach dem Bad wird sie sich schütteln, und ich wies meinen Mann an, Wasser aus dem Gartenschlauch zeitgleich zwischen mir und Scout spritzen zu lassen. ▶

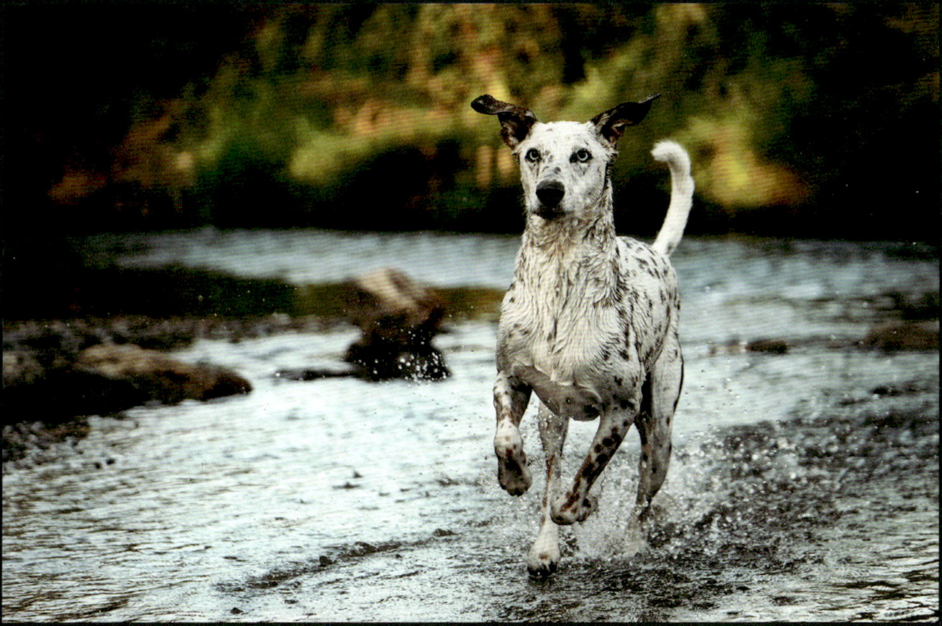

112 mm | f/2.8 | 1/1000 s | ISO 400

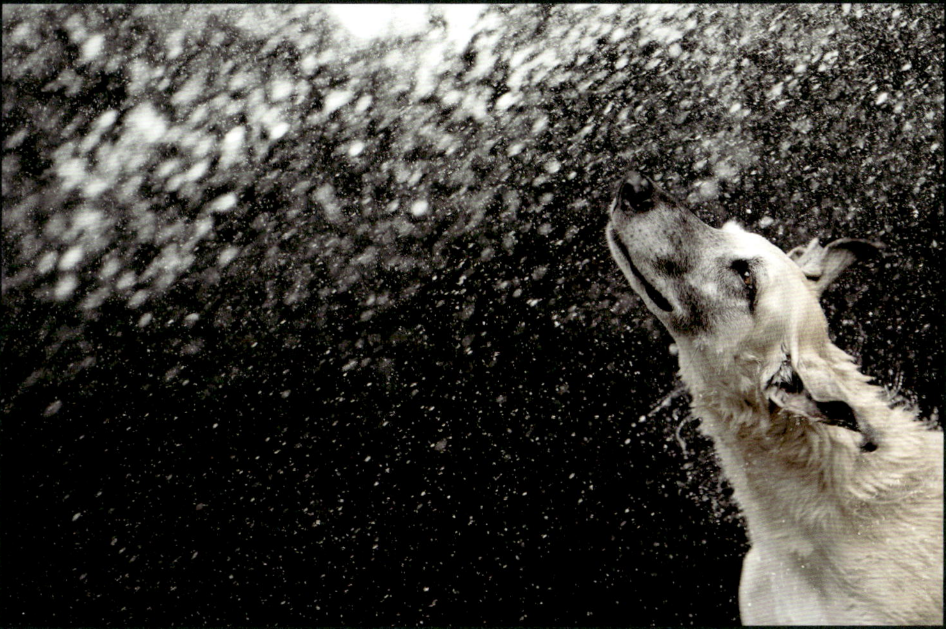

75 mm | f/2.8 | 1/4000 s | ISO 1000

Die Spielstunde

Projekt

Fotografiere Hunde beim Toben, ohne einzugreifen.

Was du hier übst

Hier lernst du, flexibel zu agieren, Situationen vorauszusehen und ungestellte Bewegung zu fotografieren.

Umsetzung

Suche dir eine Situation, in der Hunde miteinander toben. Das kann dein eigener Hund in einer Hundegruppe sein oder du besuchst eine Welpenspielstunde. Vielleicht gibt es ein Hundeauslaufgebiet, wo du garantiert spielende Hunde findest. Frage die Besitzer, ob du die Hunde beim Toben fotografieren kannst, um zu üben. Vielleicht kannst du dem ein oder anderen Besitzer eine Freude mit einem schönen Foto von seinem Hund machen.

Suche dir einen strategischen Ort, von wo aus du fotografierst, und beobachte. Achte darauf, dass der Blick auf die Hunde frei ist. Ist das Licht gut? Schwierig wird es, wenn die Hunde abwechselnd durch Licht und Schatten toben. Dann musst du entweder schnell deine Kamera auf die jeweilige Situation einstellen können oder du konzentrierst dich nur auf die Situationen im Schatten oder in der Sonne. Greife nicht ein, sondern lass die Dinge ihren Lauf nehmen.

Ein Zoomobjektiv ist von Vorteil, um flexibel auf die Aktionen rein- oder rauszoomen zu können. Wechsle je nach Situation und Motiv zwischen Hoch- und Querformat. Achte auf eine schnelle Verschlusszeit und fotografiere mit Nachführfokus, damit die Schärfe nachgeführt wird. Fotografiere im Serienbildmodus, um keine Szene zu verpassen.

Das mag gefährlicher aussehen, als es war. Die beiden lieben sich und toben gerne. Wie überall, wenn es um Hunde in Bewegung geht, fallen auch Ausschussbilder an. Da ist dann der Kopf des einen Hundes gänzlich verdeckt oder man hat eine Großaufnahme eines Hinterteils erwischt. Dranbleiben! Es lohnt sich. ▶

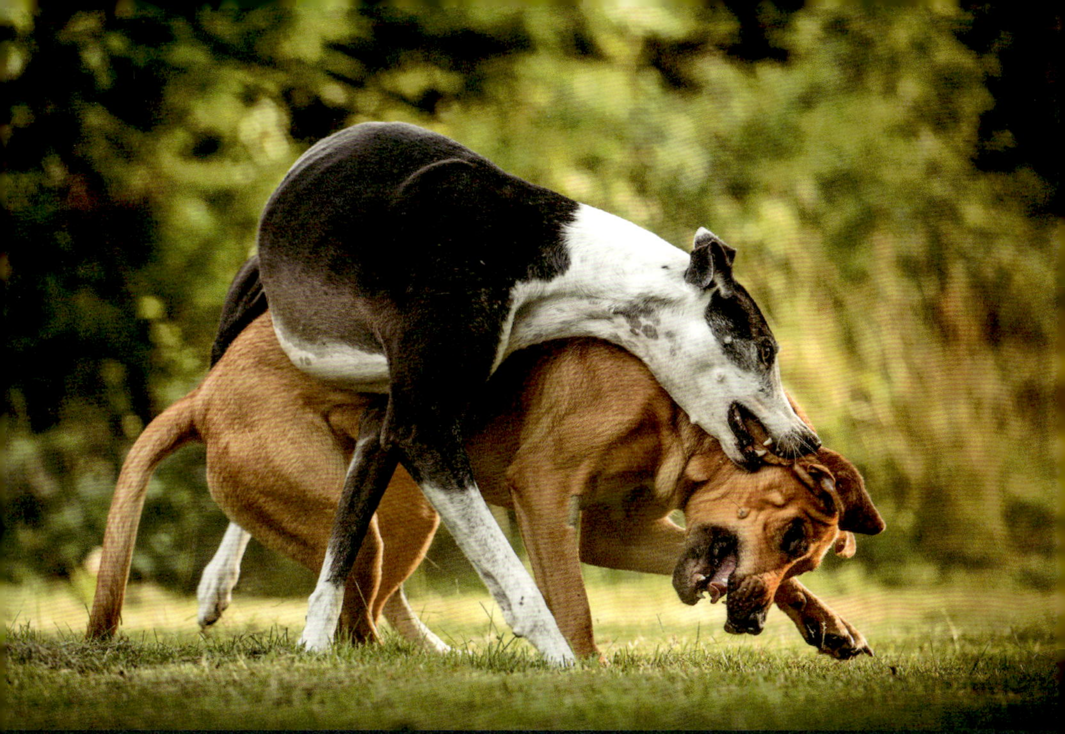

150 mm | f/3.2 | 1/2000 s | ISO 1250

Mitzieher

Projekt

Fotografiere einen Mitzieher.

Was du hier übst

Hier übst du, deine Kamera mit der Bewegung des Hundes mitzuziehen, und lernst die Auswirkungen der Verschlusszeit auf das Fotografieren von Bewegungen kennen.

Umsetzung

Wähle eine Verschlusszeit von maximal 1/60 s, aber experimentiere mit verschiedenen Einstellungen. Möchtest du zudem eine große Blendenöffnung nutzen, wähle eher dunkle Lichtverhältnisse oder nutze einen Graufilter, um das einfallende Licht zu verringern, denn bei hellem Wetter ist sonst eine so langsame Verschlusszeit eventuell nicht möglich.

Lass den Hund parallel zum Sensor laufen, damit du mitschwenken kannst. Schwenke gleichmäßig mit der Bewegung mit.

Diese Technik wirkt besonders gut bei Fahrzeugen, da diese sich nur horizontal bewegen. Ein richtiges Mitziehen sorgt so für ein scharfes Fahrzeug, während die Umgebung durch die Bewegung der Kamera unscharf dargestellt wird. Ganz so wird das mit Hunden, die ihre sämtlichen Gliedmaßen nicht nur geradeaus, sondern auch auf und ab bewegen, nicht funktionieren. Aber vielleicht glückt dir der eine Shot, bei dem das Gesicht scharf ist und alles andere unscharf.

Hier werden sicherlich einige Bilder anfallen, die nicht deinen Vorstellungen entsprechen. Aber sei geduldig und probiere dich aus. In jedem Fall lernst du etwas über deine Kamera und die Bewegung des Hundes. ▶

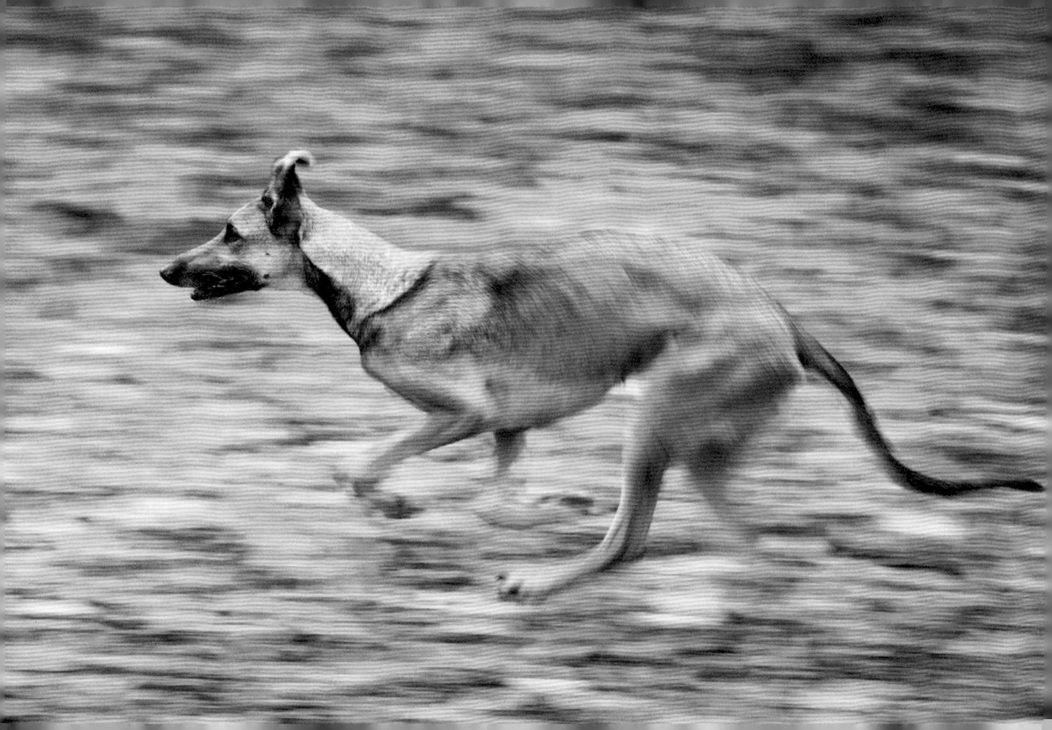

Unscharfer Hintergrund

Projekt

Fotografiere ein Porträt mit möglichst unscharfem Hintergrund.

Was du hier übst

Hier lernst du einzuschätzen, was möglich ist und was nicht. Du übst, das Motiv vor einem unscharfen Hintergrund freizustellen.

Umsetzung

Porträts mit unscharfem Hintergrund sieht man viele. Manch Anfänger ist frustriert, weil er solche Bilder nicht hinbekommt, aber keine Ahnung hat, was die anderen anders machen.

Nutze eine große Blendenöffnung (z. B. f/2.8), eine lange Brennweite (z. B. 200 mm), einen großen Abstand zum Hintergrund und einen geringen Abstand zum Hund.

Binde eventuell auch ein wenig Unschärfe im Vordergrund ein, um dein Motiv besonders schön einzurahmen und herauszustellen.

ES GIBT IMMER EINEN WEG

Unterstützt deine Ausrüstung keine lange Brennweite oder keine große Blendenöffnung, versuche durch die anderen Parameter (großer Abstand zum Hintergrund, geringer Abstand zum Hund) das bestmögliche Ergebnis zu erzielen.

Hier führte die Kombination aus langer Brennweite und ▶ großer Blendenöffnung zu einem wunderschön durch Unschärfe in Vorder- und Hintergrund herausgestellten Motiv.

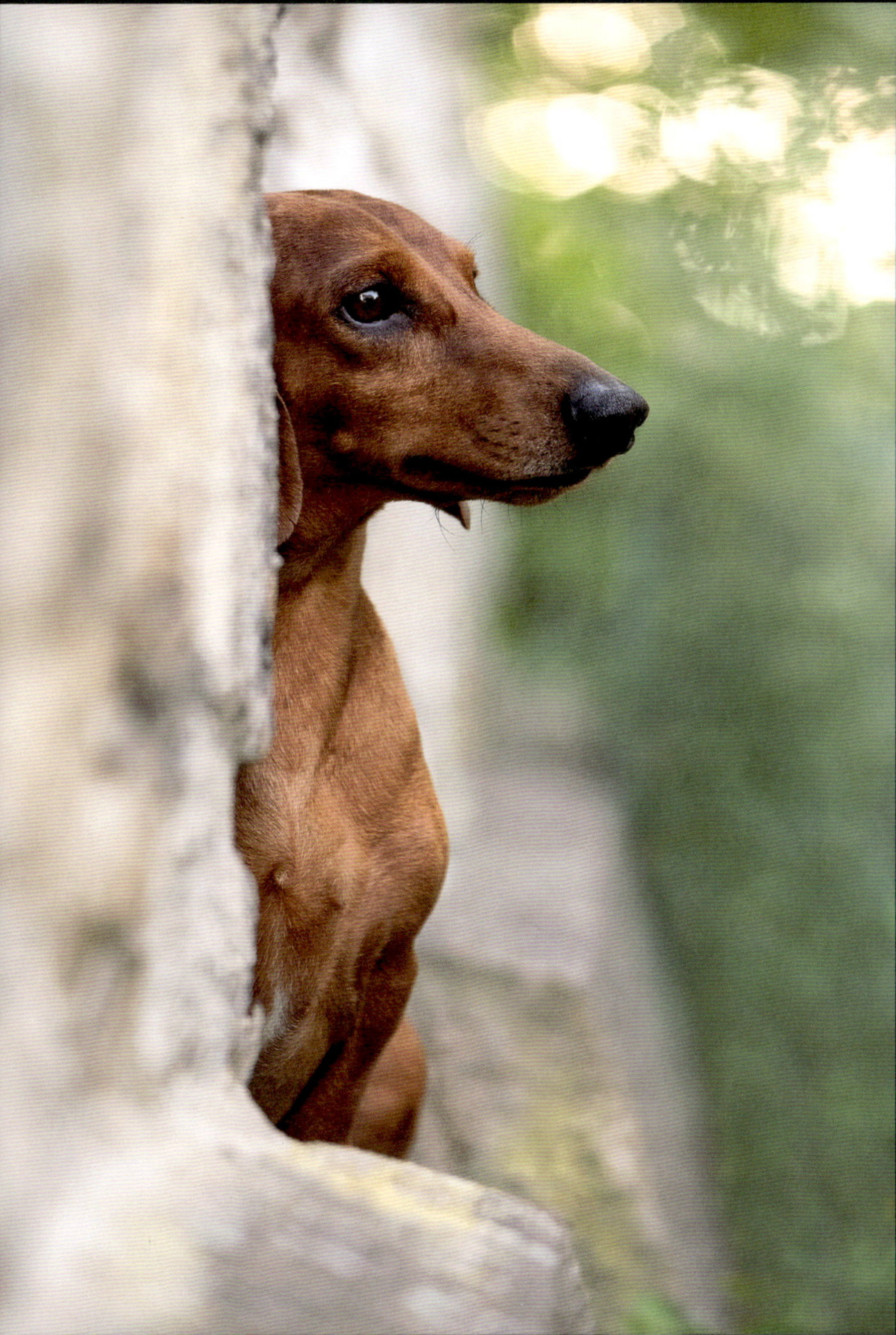

210 mm | f/2.8 | 1/400 s | ISO 1000

Bokeh

Projekt

Fotografiere ein Foto mit einem cremigen, ansprechenden Bokeh.

Was du hier übst

Hier gestaltest du den Hintergrund nicht nur unscharf, sondern suchst auch gezielt nach Möglichkeiten, die Unschärfe zu gestalten.

Umsetzung

Suche dir eine belaubte Hecke oder einen Baum, durch die der Himmel zu sehen ist oder durch die Licht fällt.

Wähle eine lange Brennweite (z. B. 200 mm) und eine große Blendenöffnung, um einen möglichst unscharfen Hintergrund zu erreichen. Die durch das Laub hervorschauenden hellen Stellen werden sich durch die Unschärfe als Kreise darstellen. Das kann ganz wunderbar aussehen.

Platziere dein Motiv mit unterschiedlichem Abstand zum Hintergrund. Fotografiere mit ganz offener Blende oder ein wenig abgeblendet. Probiere ein Weitwinkel und ein Teleobjektiv aus.

Die Qualität der Unschärfe, also das Bokeh, hängt vom Objektiv ab. Teste unterschiedliche Objektive, um zu sehen, ob du einen Unterschied siehst und wenn ja, welches Bokeh dir besser gefällt. Probiere auch aus, wie es aussieht, wenn du bei Gegenlicht oder an einem bedeckten Tag fotografierst. Vergleiche dann die Fotos miteinander und schaue, was dir am besten gefällt.

Bei diesem Bild nutzte ich ein altes, manuell zu fokussierendes Objektiv, das bekannt dafür ist, dass es ein schönes Bokeh ergibt (das Helios 44-2). Es ist nicht teuer und kann mit Adapter an eine moderne Digitalkamera angeschlossen werden. Es erzeugt die Ringe um die Kreise, die durch lichte Stellen im Laub des Baumes entstanden sind. ▶

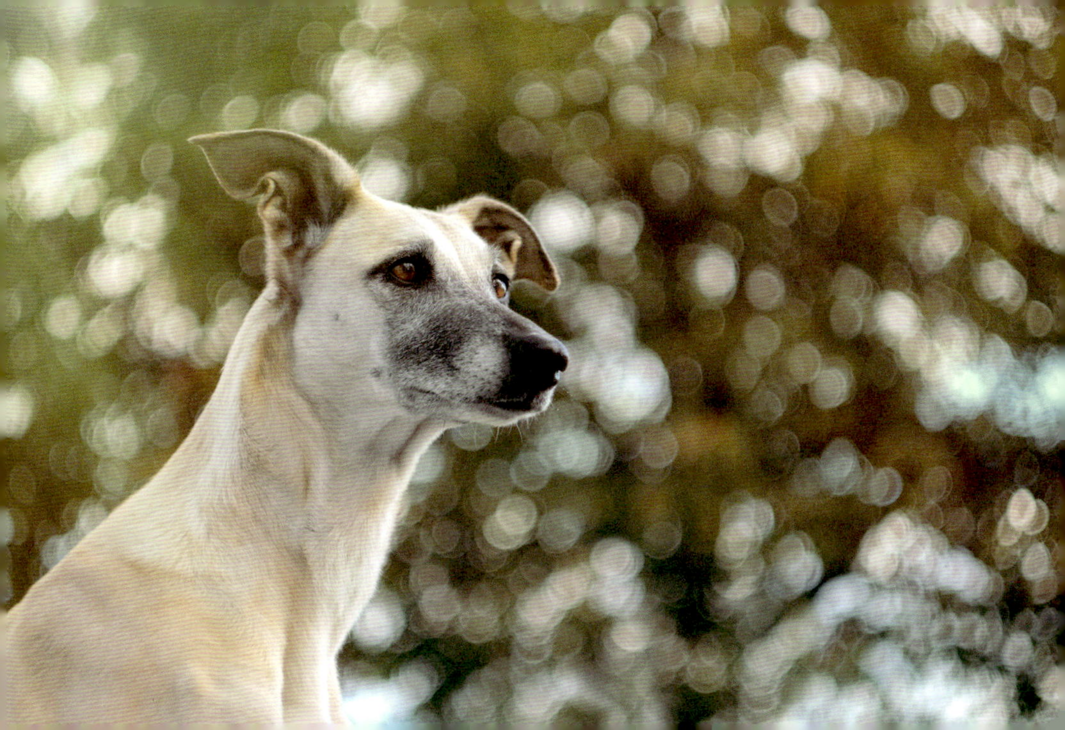

Fensterporträt

Projekt

Fotografiere deinen Hund im Licht, das durch ein Fenster von draußen hereinfällt.

Was du hier übst

Hier kannst du wunderbare atmosphärische Porträts machen. Du lernst, Licht zu „sehen“ und vorteilhaft nutzen.

Umsetzung

Licht, das durch das Fenster in Innenräume hereinfällt, kann sehr gut für emotionale, schlichte Porträts genutzt werden, ohne dass du künstliches Licht benötigst. Direkte Sonne kann zu grafischen Bildern führen, beispielsweise von einem Hund, der wohlig auf dem Teppich im Sonnenschein liegt. Oder du achtest darauf, diffuses Licht an einem hellen bedeckten Tag oder auf der von der Sonne abgewandten Seite des Hauses zu nutzen.

Platziere den Hund so, dass sein Gesicht schön ausgeleuchtet ist. Vielleicht nutzt du einen Reflektor, um auch die lichtabgewandte Seite des Hundes ein wenig zu beleuchten.

Hier habe ich meine Hündin Noodles auf die Treppe gesetzt. ▶ Sie schaut in Richtung eines großen Fensters, durch das Außenlicht einfällt. So bildet die Holzverkleidung des Treppenaufgangs eine schöne Kulisse für ein schlichtes Porträt im Innenraum bei natürlichem Licht. Auf der Fensterbank liegt ein Leckerli, das ihre Aufmerksamkeit auf sich zieht.

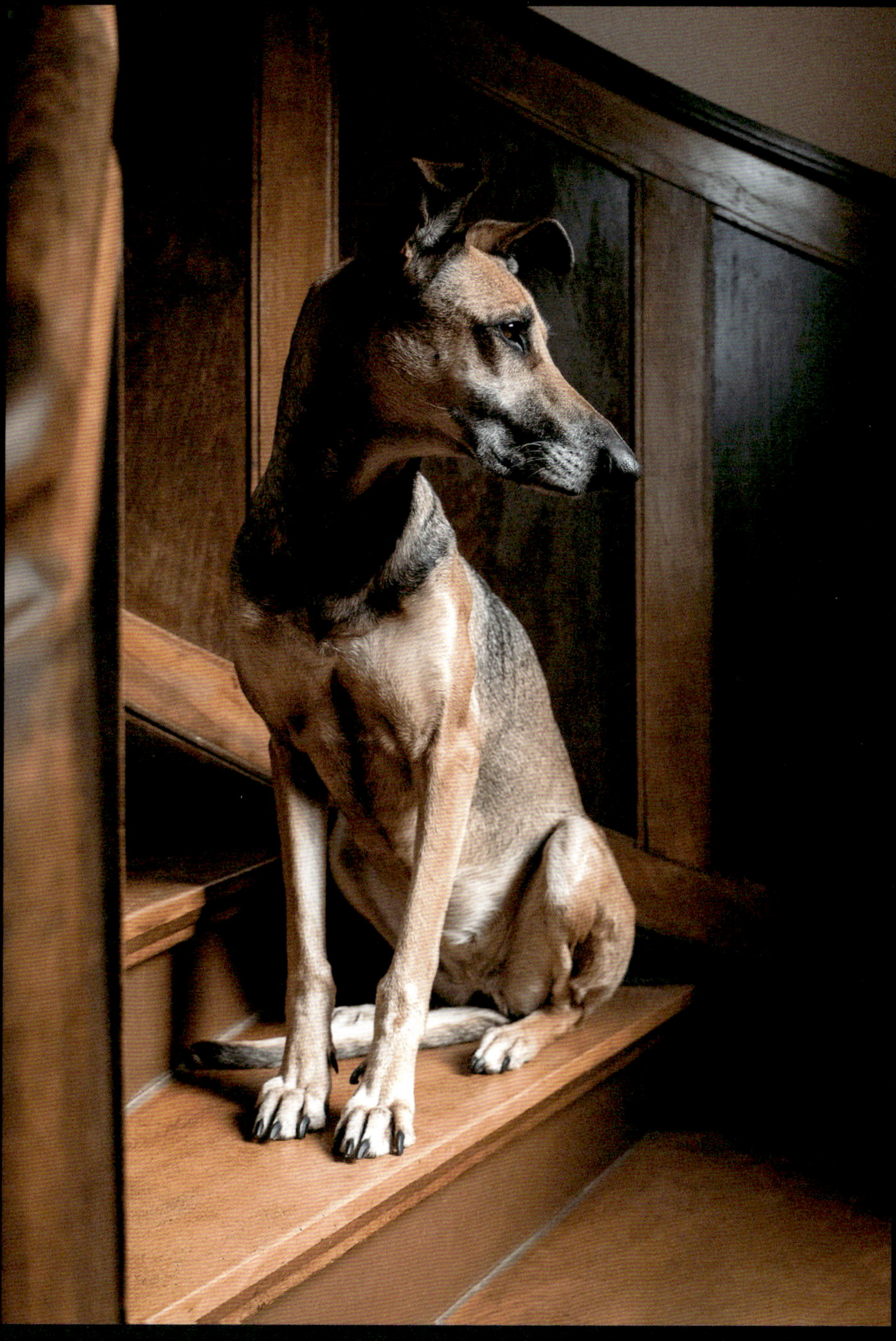

33 mm | f/2.8 | 1/100 s | ISO 1250

Unter widrigen Umständen

Projekt

Fotografiere bei „schlechten“ Bedingungen.

Was du hier übst

Häufig warten wir auf optimale Bedingungen, weil alles schön einfach und auch eben schön sein soll. Aber hier kannst du üben, auch widrige Bedingungen wie schlechtes Wetter zu nutzen. Du öffnest deinen Blick für andere Fotos. Du lernst, die Grenzen deiner Kamera auszutesten, und erfährst, welche technischen Unperfektheiten dir gefallen könnten.

Umsetzung

Für diesen Workshop wählst du einmal Bedingungen, die sonst nicht empfohlen werden, das heißt beispielsweise schlechtes und dunkles Wetter. Wenn das noch nicht reicht, dann geh bei schlechtem, dunklem Wetter in den Wald und fotografiere deinen Hund in Bewegung, wo du zusätzlich eine schnelle Verschlusszeit benötigst, was wiederum dazu führt, dass du einen höheren ISO-Wert wählen musst.

Es wird durch die hohe ISO-Einstellung Rauschen auftreten. Auch kann das Bild insgesamt genau so düster wirken, wie es in natura der Fall war. Hier wird es schwer, ein knackscharfes Bild zu erreichen. Egal – probiere genau das aus und versuche das Beste draus zu machen. Teste dadurch die Grenzen deiner Kamera und schau, bei welchen Bedingungen dir dein Bild wirklich nicht mehr gefällt. Aber vielleicht gefallen dir ja auch die Bilder, die entstehen, da sie „anders“ sind als das übliche, technisch perfekte Hochglanzfoto.

Hier habe ich meine Hündin in Aktion auf einem sehr dunklen Waldweg bei sehr schlechtem Wetter fotografiert. Ich musste daher eine hohe ISO-Zahl wählen, um die Verschlusszeit zu erreichen, welche die Bewegung einfriert. Das Bild ist düster, denn so waren die Bedingungen dort. Es tritt Rauschen auf und die Farben waren eher trüb. Dennoch gefällt mir das Bild. ▶

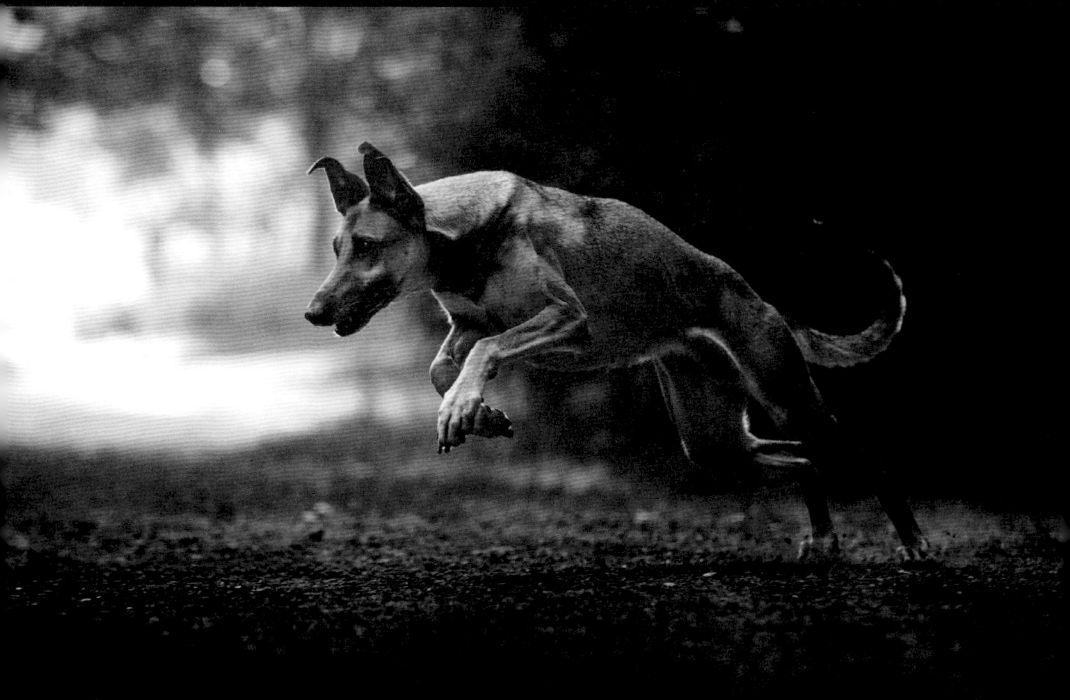

140 mm | f/2.8 | 1/1600 s | ISO 4000

Umgebungsporträt

Projekt

Beziehe die Umgebung mit ein, um eine Geschichte zu erzählen.

Was du hier übst

Häufig gehen wir den Weg des einfachsten Widerstands, indem wir Hundeporträts vor unscharfem Hintergrund fotografieren. Hier kannst du ausprobieren, mit Motiv und Hinter- und/oder Vordergrund eine Geschichte zu erzählen.

Umsetzung

Such dir eine Kulisse, die eine Aussage zu deinem Hund ergibt – z. B. ein Hund in seiner angestammten Umgebung: die Bulldogge der Autowerkstatt um die Ecke, das Maskottchen des örtlichen Feuerwehrvereins mit Leiterwagen, der Hofhund mit Scheune und Hühnern.

Ein Weitwinkel oder eine Normalbrennweite können eine gute Wahl sein, um alles mit auf das Bild zu bekommen, was die Geschichte erzählt. Sorge dafür, dass wirklich nur abgebildet wird, was zur Geschichte gehört. Wähle ggf. eine kleine Blendenöffnung, wenn der Hintergrund nicht zu unscharf gestaltet, sondern alles gut erkennbar ins Bild gesetzt werden soll.

Sammy von Gleis 2 ist der Hund der ▶
Bahnhofsmission in Hildesheim. Trotz Unschärfe ist
zu erkennen, um welche Kulisse es sich handelt.

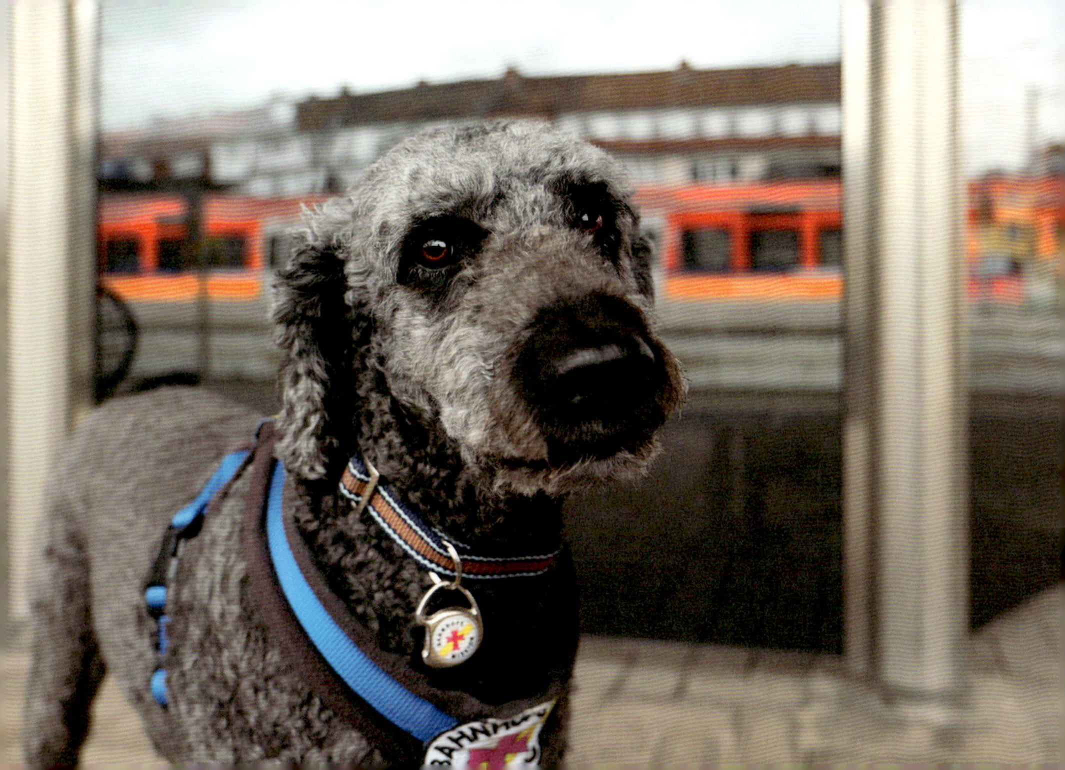

Arbeitstiere

Projekt

Fotografiere einen Hund, wie er seiner Aufgabe nachgeht.

Was du hier übst

Hier setzt du den Hund in einen Kontext, erzählst eine Geschichte und schaffst eine Bilderserie oder einzelne Bilder zur Arbeit des Hundes.

Umsetzung

Suche dir einen Hund, der eine Aufgabe hat. Da gibt es die Hunde des Schäfers oder den Jagdhund, den Polizeihund, den Drogenspürhund, den Blindenführhund, den Rettungshund bei der Lawinen-, Trümmer- oder Wassersuche, den Filmhund, den Schulhund, den Schlittenhund, den Therapiehund, Hunde bei der Sozialarbeit usw.

Befrage die Besitzer oder Hundeführer über die Arbeit. Welche Aufgabe hat der Hund? Wie wird diese ausgeführt? Welche Gerätschaften sind dafür notwendig? Gibt es „Arbeitskleidung“? Sind Menschen oder andere Tiere beteiligt? Wie kann man diese einbinden?

Halte eine Bilderserie fest, in der deutlich wird, welche Aufgaben der Job mit sich bringt. Erzeuge Spannung durch unterschiedliche Perspektiven. Geh nah ran und zeige Situationen, in denen der Hund in Interaktion ist.

MEHRWERT SCHAFFEN

Durch Projekte dieser Art verbesserst du nicht nur deine Fotografie, sondern lernst auch außerhalb deines Hobbys Neues kennen. Außerdem ist es eine schöne Möglichkeit, mit seinem Hobby andere Menschen zu unterstützen.

Im Zuge meiner Reportagefotografie für Vereine und Firmen war ich zwei Tage lang bei Trainingssessions der Rettungshundestaffel des Deutschen Roten Kreuzes dabei. Als stille Beobachterin bekam ich einen Einblick in diese spannende und wichtige Arbeit und lernte eifrige Hunde und engagierte Menschen kennen. ▶

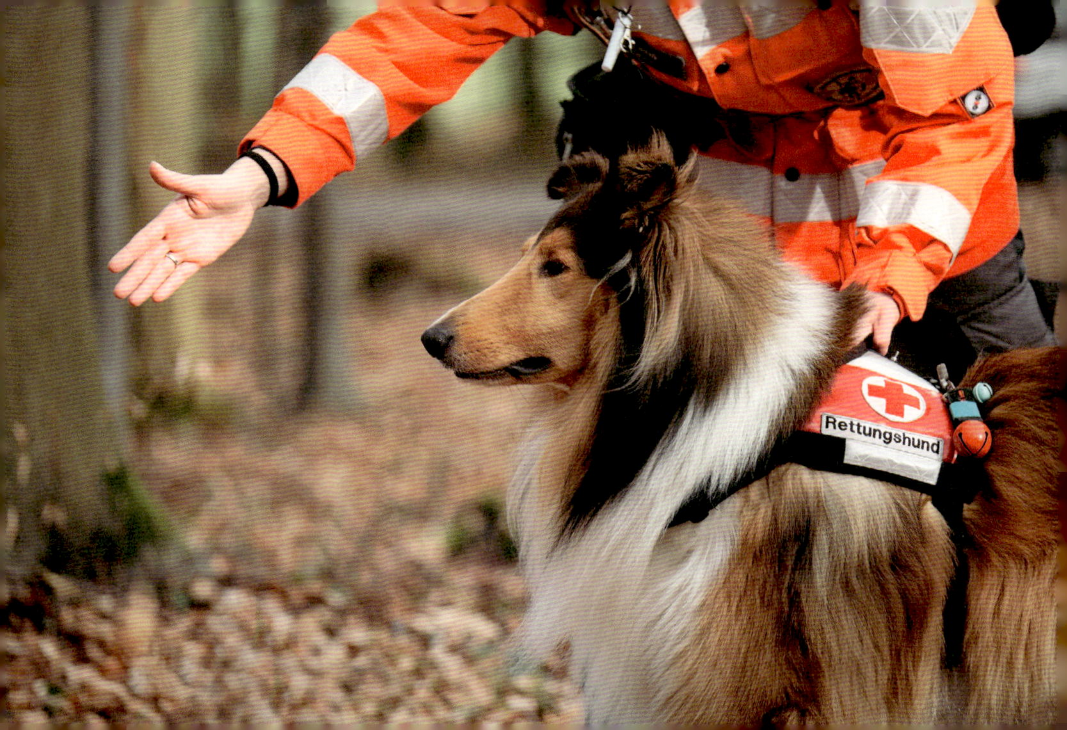
Rettungshund

Die Welt ist bunt

Projekt

Mach Farben in deinen Bildern zum Hauptdarsteller.

Was du hier übst

Hier lernst du, Farben und Farbkontraste zu sehen und deine Bilder durch Farben zu gestalten.

Umsetzung

Mach dir Gedanken darüber, welche Farben zum Fell deines Hundes passen könnten. Suche nach Komplementärfarben oder besonders auffälligen Farben, die das Bild tragen. Ein Hund im bunten Blumenbeet ist natürlich immer ein Hingucker. Oder wie wär's mit bunten Bällen oder Konfetti?

Eine Erweiterung der Übung kann sein, auch im Winter nach Farben in der Natur Ausschau zu halten. Eine Idee wäre es, einen Tag lang nur eine Farbe zu suchen, die du mit dem Hund umsetzt, und einen anderen Tag eine andere. So kann ein Projekt „Rot, Grün, Blau" entstehen.

BUNTE HUNDE

Die klassischen Fellfarben bei Hunden sind Braun, Schwarz und Weiß, wobei das Braun ins Beige oder ins Rote reichen kann. Weiß und Schwarz passen verständlicherweise zu allen Farben. Für einen rotbraunen Ridgeback ist beispielsweise ein Grün oder Blaugrün wunderbar als Hintergrund geeignet. Ein hellbrauner Hund macht sich besonders gut vor Dunkelblau oder gar Lila. Je unruhiger die Fellfarbe des Hundes (z. B. bei gestromtem oder fleckigem Fell), desto einheitlicher sollte der Hintergrund sein.

Dieser entzückende graue Struwwelkopf, zu dem eigentlich jede Farbe passen würde, wird durch die bunte Kulisse des Bällebads hervorgehoben. ▶

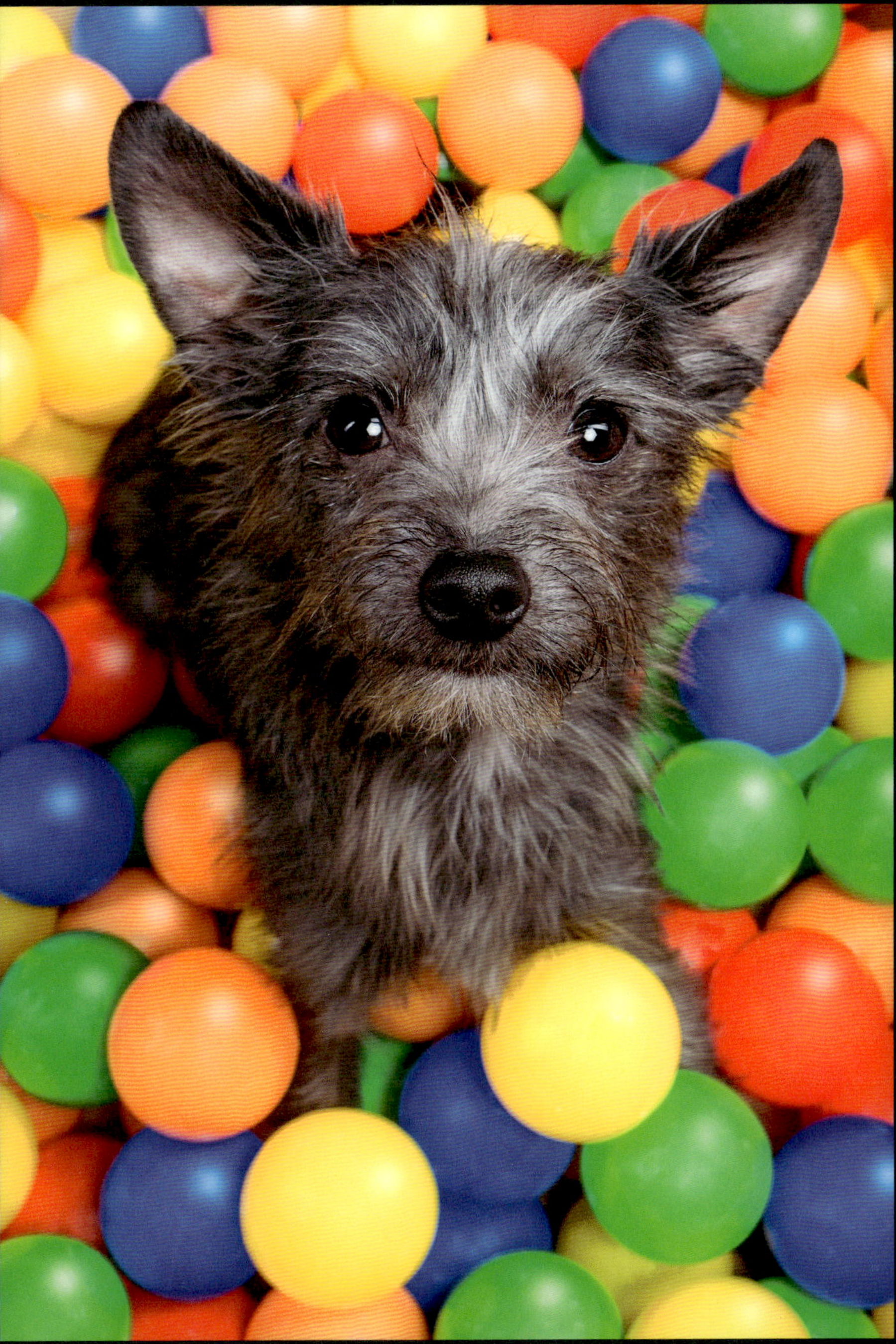

50 mm | f/10 | 1/200 s | ISO 200 | Studioblitz

Die Welt der Schatten

Projekt

Binde Schatten in deine Bilder ein.

Was du hier übst

Hier lernst du, Licht und Schatten zu sehen und Schatten als Gestaltungsmittel einzusetzen.

Umsetzung

Wo kein Licht (egal ob natürliches oder künstliches), da kein Schatten. Dein Hund kann Schatten werfen oder du bindest Schatten ein, die sich durch Gebäude, Pflanzen, Gegenstände usw. ergeben. Sorge dafür, dass diese nicht zufällig aussehen, sondern gestalte gezielt, sodass der Schatten dein Bild bereichert oder gar ausmacht.

Bei natürlichem Licht musst du für Schatten naturgemäß einen Sonnentag auswählen. Die langen Schatten des Lichtes am Morgen oder Abend können hier zu besonders beeindruckenden Schatten führen. Aber vielleicht bietet ja auch der harte Schatten der Mittagssonne einmal die Möglichkeit, ein grafisches Bild zu erschaffen?

Möchtest du mit Kunstlicht arbeiten, kannst du hartes, direktes Licht wählen, um einen besonders klar abgegrenzten Schattenwurf zu erreichen.

Der Schatten meiner Noodles am abendlichen ▶ Strand in Dänemark hatte etwas von den Gestalten in den Werken von Salvador Dalí, wie ich fand.

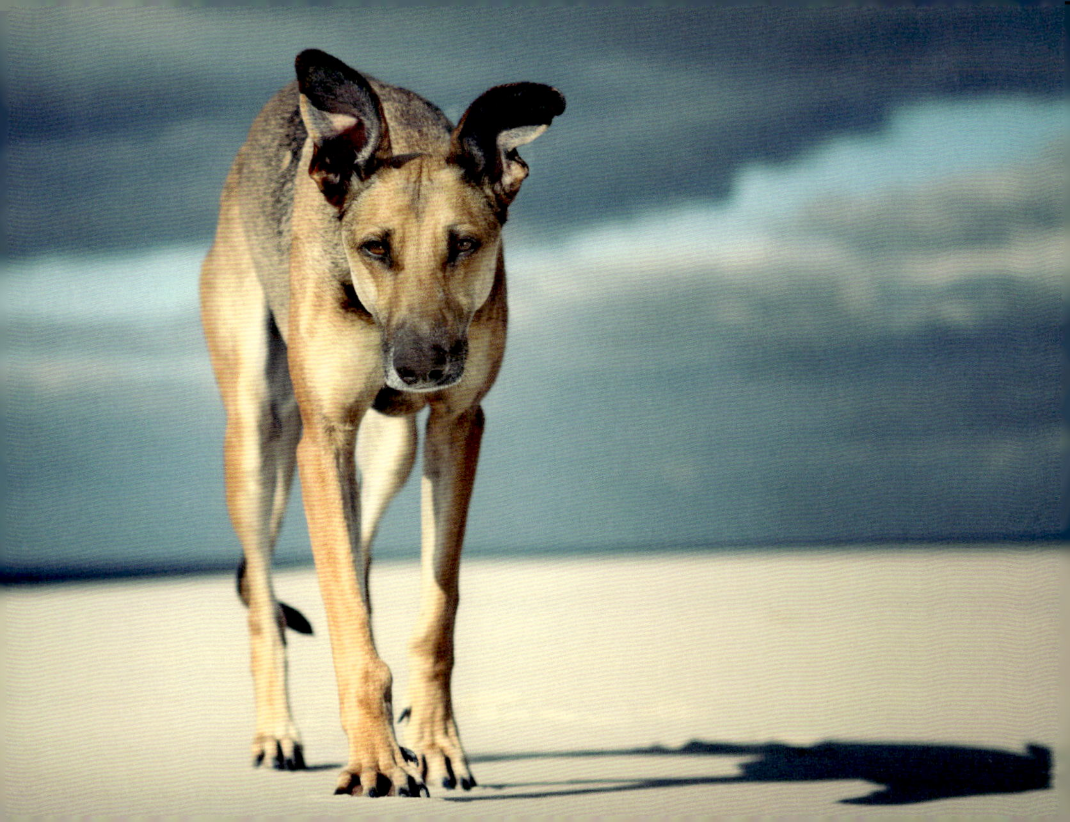

Silhouetten

Projekt

Fotografiere eine Silhouette.

Was du hier übst

Hier lernst du, durch gezielte Unterbelichtung spannende und atmosphärische Bilder zu erzeugen.

Umsetzung

Du fotografierst eine Silhouette deines Hundes, indem du ihn vor einem hellen Hintergrund platzierst. Dein Hund selber wird hier nicht beleuchtet oder er erhält sehr viel weniger Licht als der Hintergrund. Dies ist z. B. bei Sonnenauf- oder -untergang der Fall. Die Farben des Himmels, die sich zur blauen oder goldenen Stunde ergeben, geben deinem Bild eine besondere Dramatik. Aber auch bei bewölktem Wetter kannst du eine Silhouette erstellen, solange der Himmel hell genug und dein Motiv dunkel ist.

Sorge dafür, dass die Umrisse deines Hundes klar zu erkennen sind, er also so steht, dass sein Kopf im Profil gut zu sehen ist und auch nicht ein Bein hinter dem anderen verschwindet. Auch der Schwanz sollte nicht wie ein fünftes Bein aussehen.

Die Silhouette sollte sich eindeutig vor dem Hintergrund abheben und nicht durch dunkle Elemente im Vorder- oder Hintergrund überlagert werden. Fotografiere im manuellen Modus und stelle Verschlusszeit und Blende selber ein, denn die Belichtungsmessung würde hier versuchen, deinen Hund sehr viel heller darzustellen, was dann keine Silhouette mehr ergeben würde. Belichte daher unter, um auch wirklich ein dunkles Motiv zu erhalten.

Der Autofokus kann Schwierigkeiten haben, für den unbeleuchteten Hund gegen das Licht einen Fokus zu finden, da er keinen Kontrast im Gesicht oder Fell hat. Fokussiere daher eher auf die Kontur des Tieres.

Gegen den Abendhimmel, wenn die Sonne bereits untergegangen ist, sind Silhouetten recht einfach zu fotografieren. Man muss unterbelichten, um nicht Gefahr zu laufen, den Himmel zu grell darzustellen. ▶

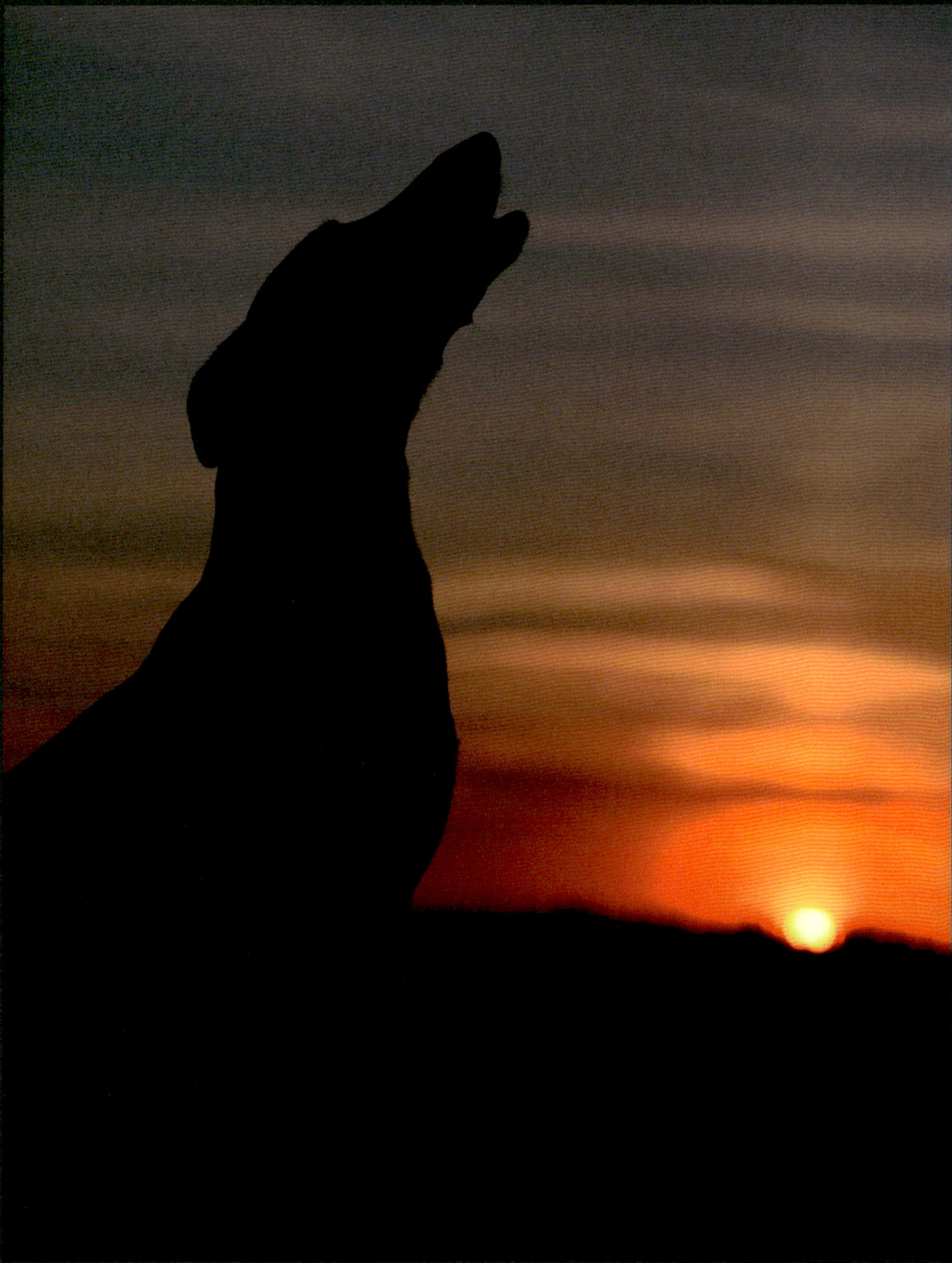

130 mm | f/2.8 | 1/8000 s | ISO 200

Reflexionen

Projekt

Fotografiere ein Porträt mit Reflexion.

Was du hier übst

Hier lernst du, Reflexionen als Gestaltungsmittel einzusetzen.

Umsetzung

Suche dir eine reflektierende Fläche. Das können eine Wasseroberfläche oder andere Flüssigkeiten, ein Spiegel, Glas, Metall, usw. sein.

Platziere deinen Hund so, dass er sich spiegelt. Sorge dafür, dass die Spiegelung gut zu sehen ist, mit dem Hund in Verbindung gebracht werden kann und das Bild ergänzt. Hier kann die Symmetrie zwischen Spiegelung und Motiv ein Gestaltungsmittel sein. Oder dein Motiv scheint sich selber zu betrachten. Vielleicht fotografierst du auch nur die Spiegelung, ohne den eigentlichen Hund mit in den Bildausschnitt zu nehmen. Dies kann zu interessanten abstrakten Bildern führen.

Achte darauf, dass die Oberfläche, in der sich das Tier spiegelt, sauber ist. Eine dreckige Fensterscheibe ist eher unansehnlich, und kleine Störstellen können schnell die Aufmerksamkeit des Betrachters vom eigentlichen Motiv ablenken.

POLFILTER

Probiere hier auch einmal einen Polfilter aus, der Spiegelungen gänzlich verschwinden lassen kann. Bei ruhigem Wasser kannst du die auf der Oberfläche zu sehende Spiegelung durch Drehen des Filters beseitigen, sodass im flachen Wasser die auf dem Grund befindlichen Steine oder Pflanzen sichtbar werden. Drehst du den Polfilter in die andere Richtung, kommt die Spiegelung wieder in voller Pracht zur Geltung. Beides kann spannende Ergebnisse bringen.

Ich liebe Spiegelungen im flachen Wasser, das nach einem Regen auf Beton steht. An einem windstillen Tag kannst du Reflexionen erhalten, die besonders homogen sind. Hier macht Scout eine elegante Drehung, die mir besonders gut gefallen hat und ausschlaggebend dafür war, dass ich mich aus einer Reihe von Bildern für dieses entschied. ▶

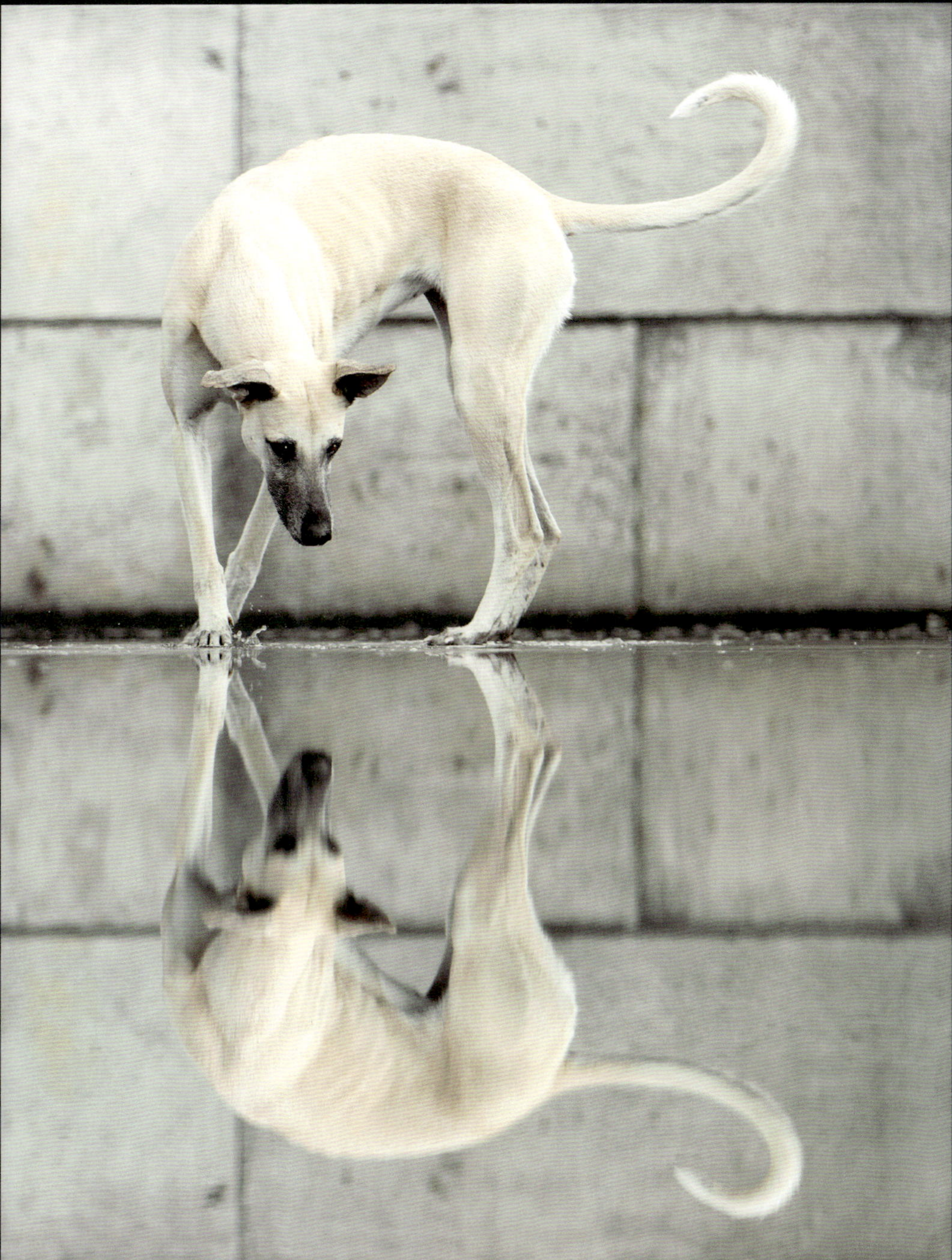

140 mm | f/2.8 | 1/4000 s | ISO 400

Requisiten

Projekt

Nutze Requisiten.

Was du hier übst

Hier lernst du, Requisiten kreativ einzusetzen und dafür zu sorgen, dass dein Hund auch bei albernen Ideen mit Spaß dabei ist.

Umsetzung

Hunde mit Requisiten sind immer ein Hingucker. Zu gerne vermenschlichen wir sie und verkleiden sie gar. Natürlich gilt immer, dass der Hund mit Spaß dabei sein sollte. Schaut er betrübt aus der in diesem Fall nicht nur sprichwörtlichen Wäsche, kann das Bild statt lustig eher traurig wirken. Wie immer gilt: Sorge für Belohnung und Spaß und dafür, dass es so tiergerecht wie möglich abgeht!

Gerade im Studio können Requisiten die doch recht sterile Kulisse aufpeppen, während du in der Natur ungleich mehr Möglichkeiten hast, eine Kulisse zu wählen und den Hund in Szene zu setzen. Aber auch draußen können Requisiten für abwechslungsreiche Fotos sorgen.

Geht dir eine Vermenschlichung des Hundes gegen den Strich, nutze hundetypische Requisiten. Mach dir Gedanken darüber, wie du deinen Hund mit seinem Lieblingsspielzeug, seinem Napf, seiner Decke oder seinem Kauknochen verewigen kannst.

Sorge dafür, dass die genutzten Gegenstände fotogen sind und auch in Farbe, Form und Größe zu deinem Bild und Motiv passen. Das Requisit selber sollte ein Hauptdarsteller deines Bildes sein und zur Bildaussage beitragen. Ein neonfarbener Ball, der unbeachtet durch den Hund im Hintergrund des Bildes herumliegt, ist eher ein Störfaktor als eine Bereicherung.

Für mich ist ein einfaches Handtuch eine Requisite, die ein wenig Vermenschlichung ins Spiel bringt, aber den Hund nicht unwürdig aussehen lässt. Hat der Hund Spaß und Belohnung, wird er es dir nicht übelnehmen. ▶

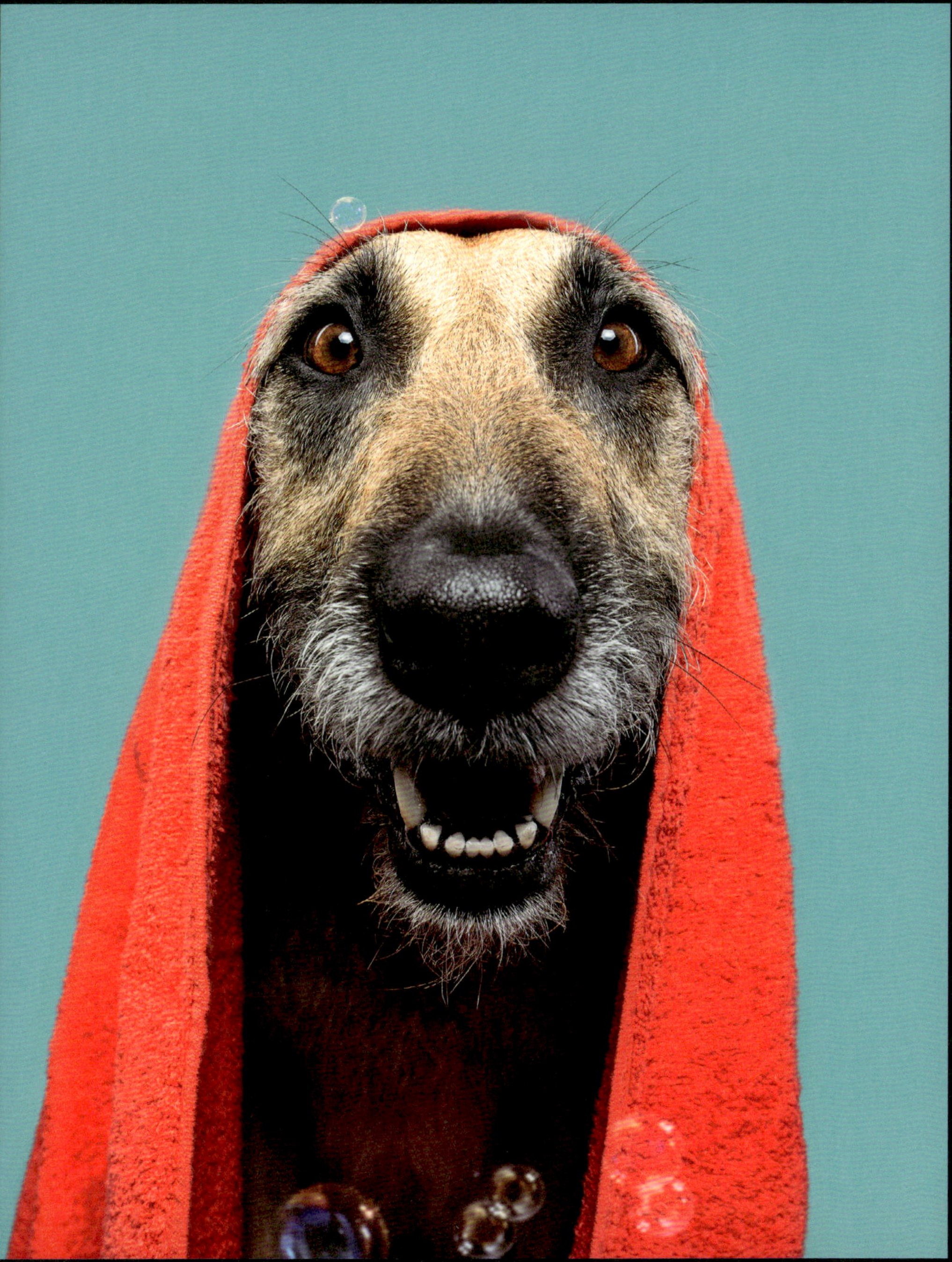

40 mm | f/10 | 1/200 s | ISO 200 | Studioblitz

Minimalismus

Projekt

Fotografiere ein minimalistisches Bild.

Was du hier übst

Hier lernst du, das Bild auf das absolut Wesentliche zu beschränken und den Minimalismus zum Hauptakteur zu machen.

Umsetzung

Minimalismus ist zum Schlagwort geworden. Darüber, wie man sein Leben „entrümpeln" kann, gibt es ganze Tv-Sendungen. Nach dem Motto: Weniger ist mehr. Aber dieses Wenige sollte so spannend wie möglich in Szene gesetzt werden. Minimalismus ist ein Stil oder eine Technik, die durch extreme Einfachheit und Spärlichkeit gekennzeichnet ist. Der Minimalismus ist in der Fotografie eine visuelle Aussage, bei der die Geschichte vereinfacht, die Elemente reduziert und negativer Raum hinzugefügt werden. Hier ist nichts vorhanden, was nicht mit hinein muss.

Halte nach einfachen Linien, Formen, Texturen und Farben Ausschau. Isoliere dein Motiv so gut es geht. Der übertriebene Einsatz von negativem Raum kann einem Bild eine einzigartige Wirkung verleihen. Überlege, welches Minimum an Motiv enthalten sein muss, um eine starke Geschichte zu erzählen. Frage dich: Tragen alle Elemente im Bild zur Geschichte bei?

ES FINDET SICH IMMER EINE LÖSUNG

Es gibt Situationen, in denen es nicht möglich ist, ablenkende Objekte aus dem Bild zu halten. Nutze dann eine sehr geringe Tiefenschärfe, um das störende Element in Unschärfe aufzulösen.

Diese entzückende Rute eines Foxterriers musste herausgestellt werden. Der Hintergrund wurde hier Ton in Ton mit der sonstigen Fellfarbe gewählt, um das Bild noch mehr auf das Wesentliche zu reduzieren. ▶

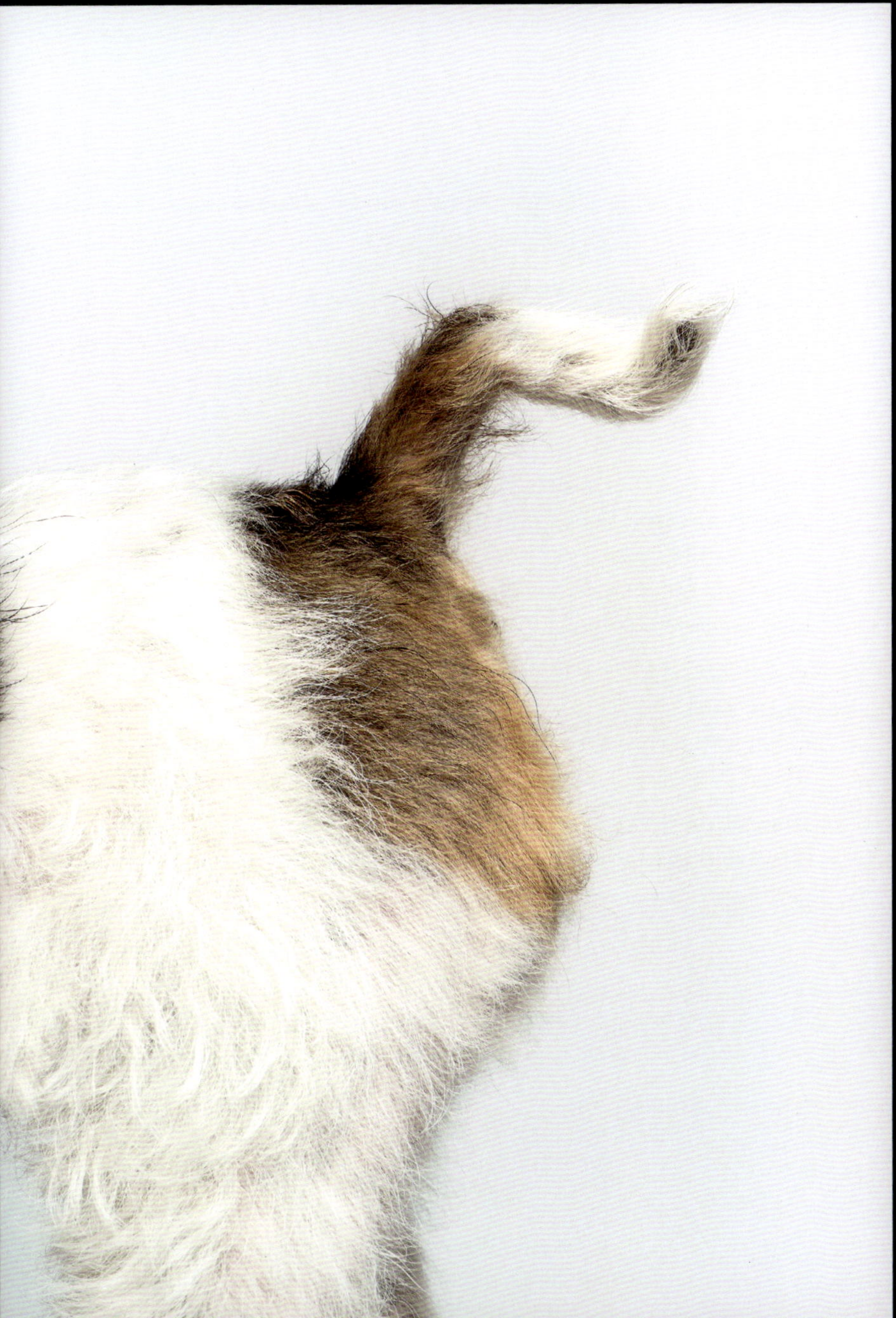

80 mm | f/11 | 1/1600 s | ISO 640 | Studioblitz

Kombination

Projekt

Kombiniere deine Hundefotografie mit einem anderen Hobby oder deiner Arbeit.

Was du hier übst

Du findest neue Ideen, indem du aus Bekanntem schöpfst und es so kombinierst, dass etwas ganz Eigenes für dich entsteht.

Umsetzung

Welche anderen Hobbys hast du? Du malst? Dann integriere die Malerei in deine Fotografie. Du sammelst etwas, das man als Requisite einsetzen könnte? Du liebst Oldtimer? Dann fotografiere deinen Hund mit einem solchen. Oder vielleicht birgt dein Arbeitsplatz eine tolle Kulisse?

Vielleicht hat jemand in deinem Umfeld ein interessantes Hobby oder einen fotogenen Beruf, den du mit Tier zu einem Foto kombinieren könntest? Suche Gelegenheiten für außergewöhnliche Fotos und neue Ideen.

Nimmst du den Hund mit an einen Ort, an dem er noch nicht war, sorge dafür, dass er Zeit bekommt, sich an die neue Umgebung zu gewöhnen. Sorge wie immer für Spaß und Belohnung.

Hier habe ich bei der Arbeitsstelle meines Mannes angefragt, ob ich das Kino als Kulisse für ein paar Fotos nutzen dürfte. So konnte ich ein paar Fotos machen, die sich mir sonst nicht geboten hätten. Scout musste erst einmal die Umgebung erkunden. Die Zeit hat sie natürlich bekommen. ▶

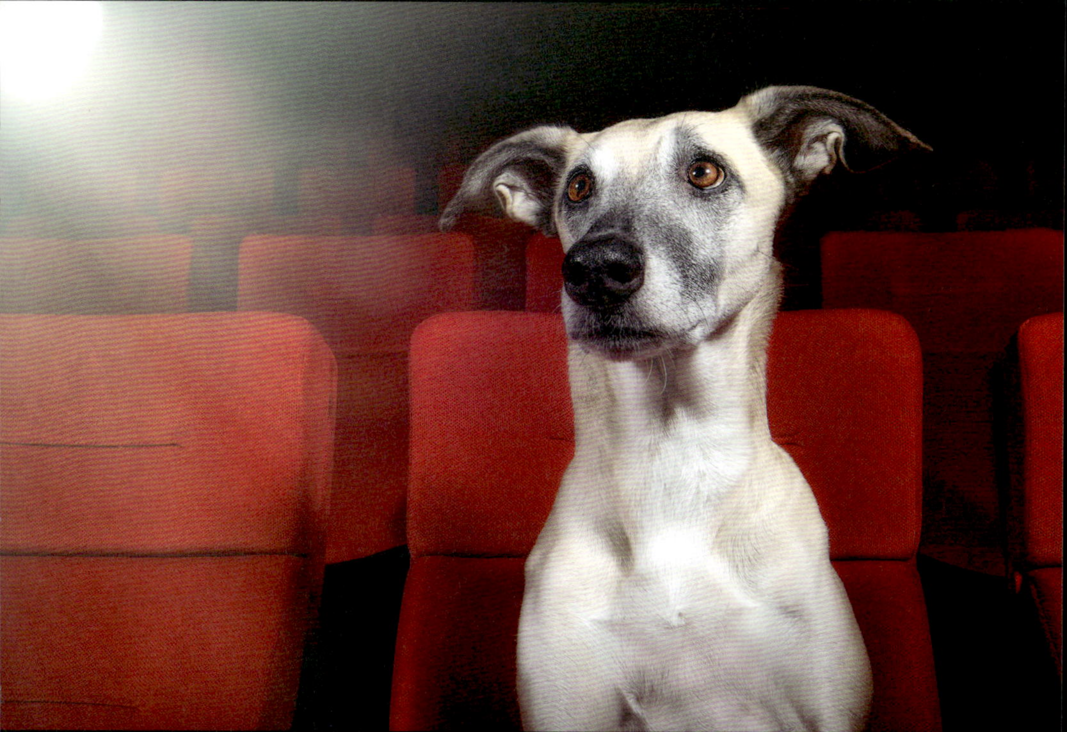

36 mm | f/16 | 1/160 s | ISO 400 | Studioblitz

Reportage

Projekt

Fotografiere eine Reportage zum Thema Hund.

Was du hier übst

Hier übst du, interessante Situationen, die sich dir bieten, zu sehen, in einer zusammenhängenden Bildgeschichte zu erzählen und dem Betrachter durch interessante und emotionale Bilder ein Thema näherzubringen.

Umsetzung

Themen rund um den Hund gibt es viele. Hunde bei der Arbeit, Unternehmen im Bereich Produkte für Hunde, Hunde beim Sport und natürlich der Tierschutz sind nur einige Sparten, aus denen du dir deine Geschichte aussuchen könntest.

Stelle eine Liste an Themen zusammen, die dich interessieren. Welche davon sind für dich erreichbar und umsetzbar? Jemand in deinem Umfeld fertigt Hundehalsbänder an? Wie wäre es also mit einer Reportage über diese Arbeit? Du hast in deiner Stadt einen Hundesportverein, den du mit der Kamera begleiten könnest? Kleine Vereine, die von Privatpersonen betrieben werden, gibt es wie Sand am Meer. Setze dich mit einem seriösen Tierschutzverein in Verbindung, der vielleicht deine Hilfe brauchen könnte. Oder informiere dich über Tierelend. Gibt es in deinem Urlaubsland Straßenhunde? Wenn ja, überlege, ihre Situation in Bildern einzufangen.

Recherchiere und plane. Erzähle die Geschichte und suche Momente, die das Geschehen dem Außenstehenden näherbringen und ohne Worte erklären. Halte die Realität in Bildern fest, die Emotionen und Neugierde wecken. Wähle aus den entstandenen Fotos nur genau die aus, die deine Geschichte am besten erzählen.

Ich liebe es, meine Fotografie mit Reisen zu verbinden, und besonders schön ist es, wenn ich mit meinen Bildern helfen kann. So habe ich mich unter anderem nach Marokko aufgemacht, um die Arbeit eines Tierschutzvereins für die Straßenhunde von Agadir zu fotografieren. Mit diesen Bildern hielt ich Vorträge und sammelte Geld für den Verein. ▶

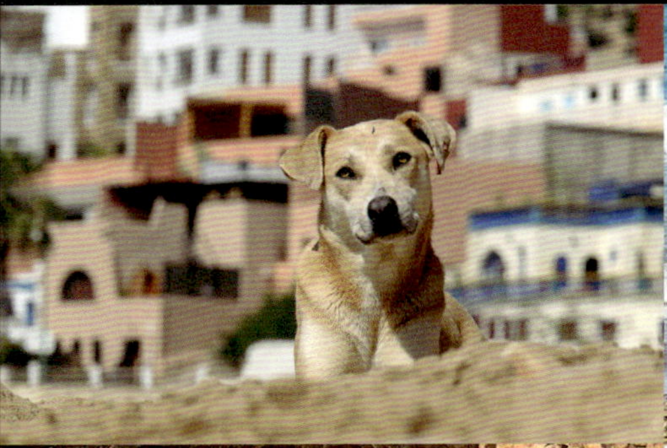
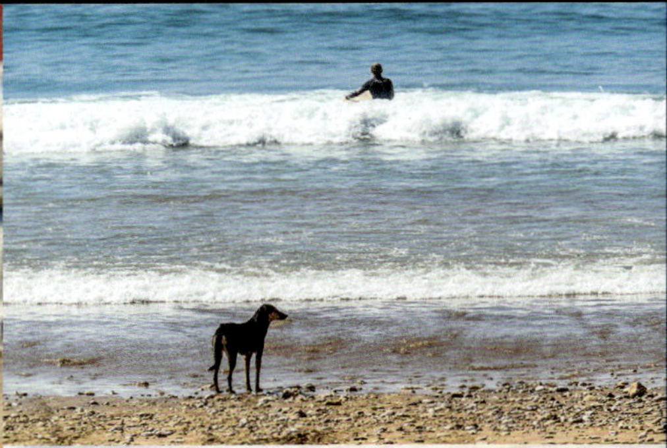
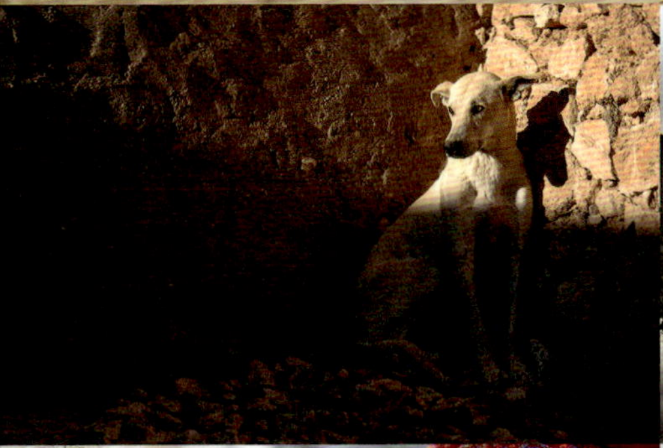
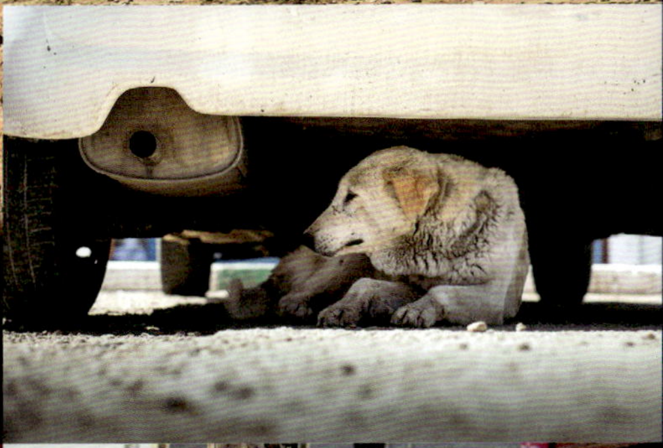
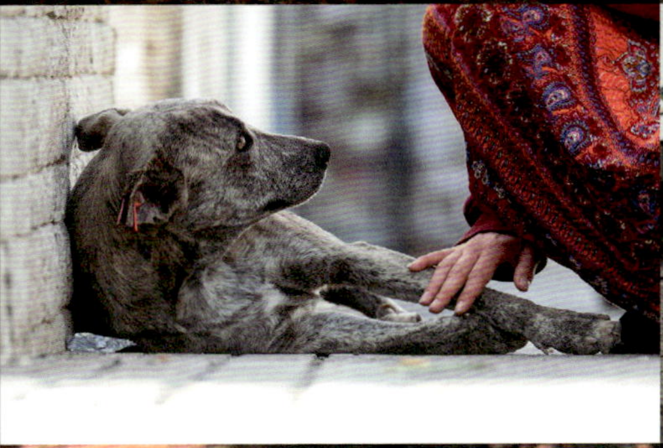
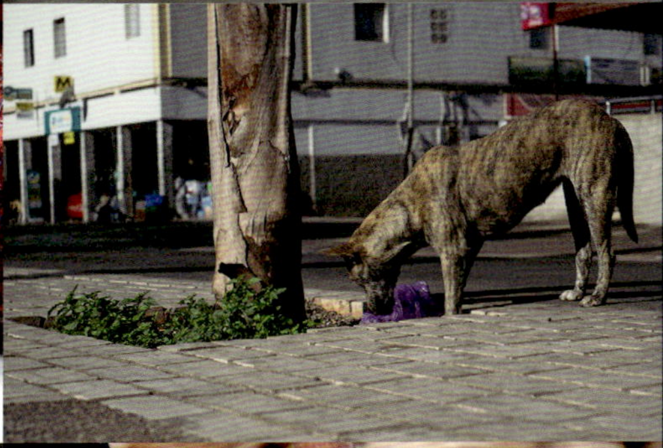
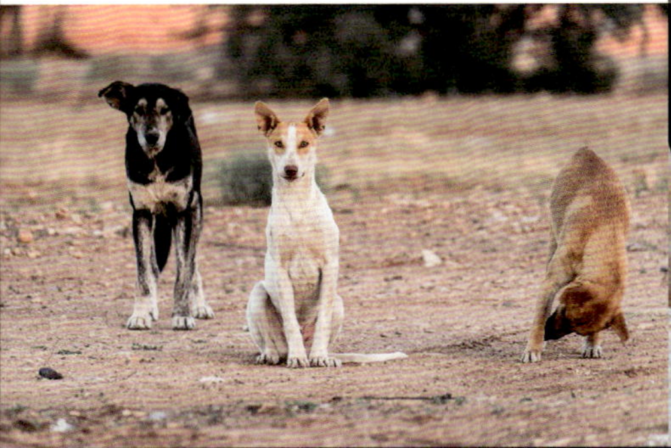
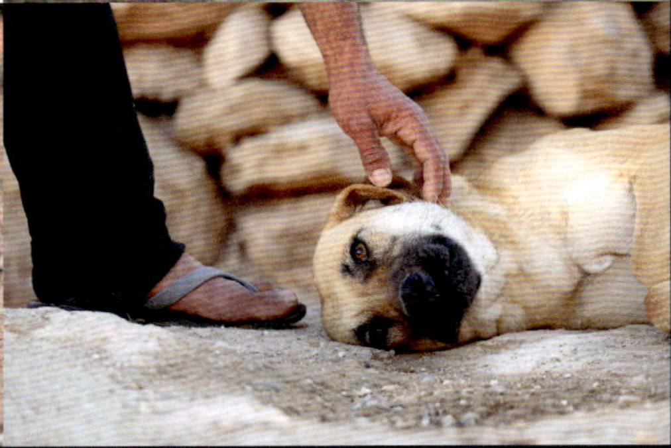

Bilderserien und Projekte

Projekt

Fotografiere eine Bilderserie.

Was du hier übst

Hier lernst du, deine Fortschritte zu erkennen, kohärent zu arbeiten und einen einheitlichen Stil zu entwickeln.

Umsetzung

Suche dir ein Thema, das du immer wieder fotografieren möchtest. Vielleicht hast du auch in der Vergangenheit bereits ein Thema immer wieder fotografiert.

Eine Bilderserie sollte aus Bildern bestehen, die vom Stil her eindeutig zueinander passen und insgesamt ein einheitliches Ganzes ergeben.

Bilderserien schulen das Auge fürs Detail. Sie sorgen dafür, dass du dich mit ein und demselben Thema immer wieder beschäftigst und mit der Zeit darin ein Meister werden kannst. Zudem erhalten Bilderserien mehr Aufmerksamkeit als Einzelbilder, was wiederum eine schöne Möglichkeit ist, seine Fotografie „unter's Volk zu bringen", sollte man daran Interesse haben. Bilderserien können dich dein ganzes Leben lang begleiten.

Im Laufe der Zeit habe ich einige Bilderserien zusammengestellt. Mich faszinieren z. B. Hundeschnauzen beim Bellen, Schlabbern, Kauen, Schnappen, Gähnen. Genannt habe ich diese Serie „Schnauze!". Begonnen habe ich damit vor zehn Jahren. Sie wird immer mal wieder durch neue Bilder ergänzt und macht mir Spaß. Dies ist eines der ersten Bilder. ▶

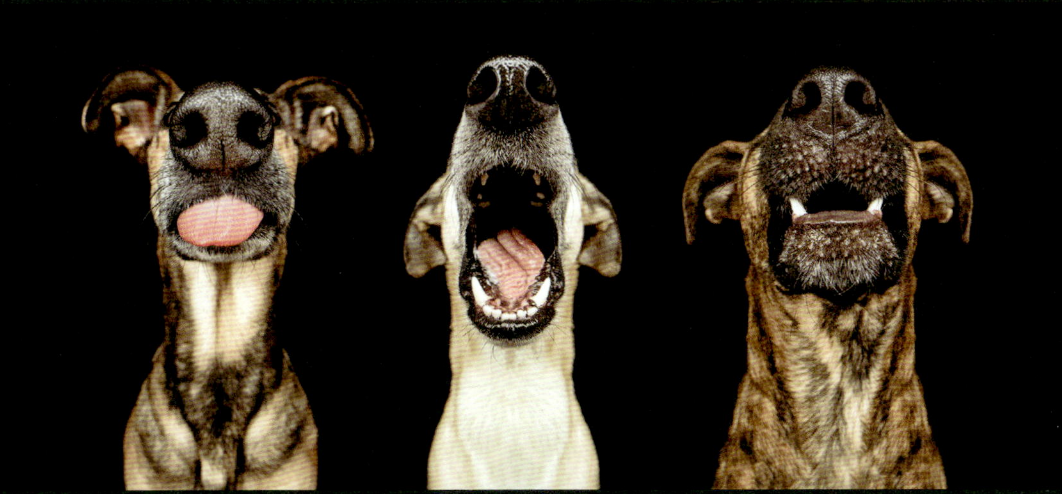

10 mm | f/2.2 | 1/1200 s | ISO 1000 | Collage aus drei Bildern

OUTTAKES

Und um zu zeigen, dass auch bei mir nicht immer alles nach Plan läuft, gibt es hier ein paar sogenannte „Outtakes“ – denn zumeist sind es die nicht perfekten Dinge, die das „wahre Leben“ widerspiegeln.

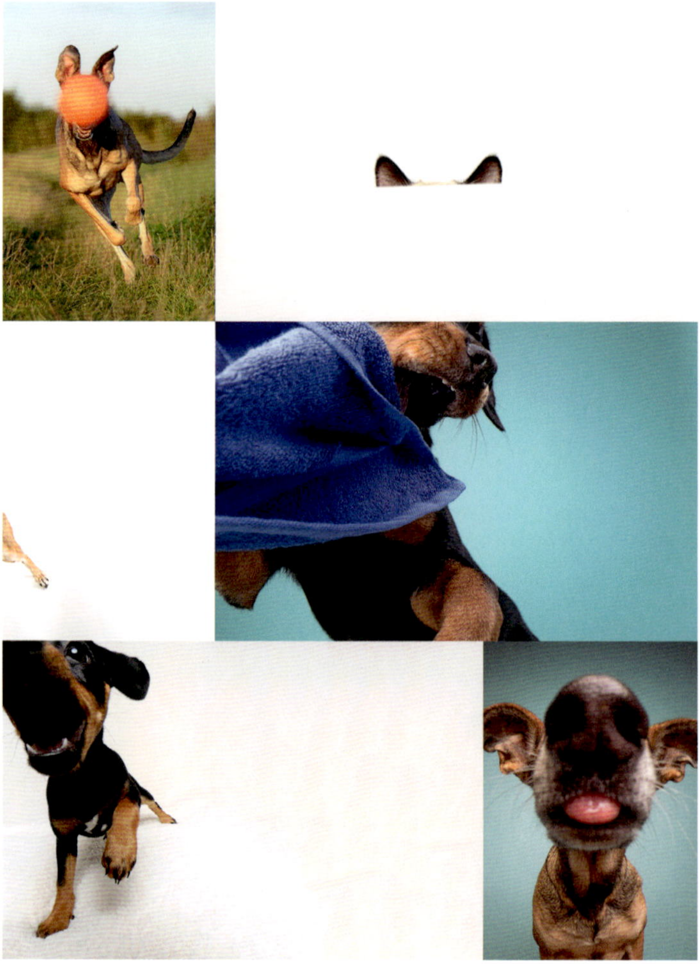

ZUM SCHLUSS

Über mich

Vor einigen Jahren suchte ich einen kreativen Ausgleich zu einer sehr stressigen Zeit. Als Neujahrsvorhaben begann ich ein „Ein Bild pro Tag"-Projekt. Hiermit versuchte ich ein wenig Normalität aufrechtzuerhalten und ein Bildtagebuch für meinen Mann zu erstellen, der kurze Zeit zuvor mit einer schweren Hirnblutung ins Krankenhaus gekommen war. Ich wollte zur Ablenkung neben Arbeit, Krankenhaus und Pflege weiterer Familienangehöriger jeden Tag ein bisschen fotografieren. Meine Hunde waren meine Hauptmotive, denn sie waren meine Freizeit. Mein Mann wurde wieder gesund, aber die Fotografie war für mich zu einer heilenden Beschäftigung geworden.

Ein Jahr lang währte das Projekt, währenddessen ich lernte, meine Kamera zu bedienen und neue Ideen zu finden. Danach beschloss ich, mir mehr Gedanken zu einem Thema zu machen. Ich begann ein 52-Wochen-Projekt. Jede Woche stellte ich mir eine neue Aufgabe. Gänzlich strikt hielt ich das Ein-Wochen-Prinzip nicht ein, denn manche Projekte dauerten länger, einige nur einen Tag und andere wiederum sind Dauerprojekte.

Es fragten immer mehr Menschen, ob ich auch ihren Hund fotografieren könnte. So beschloss ich, mein Leben umzukrempeln und ein Gewerbe als Fotografin anzumelden. Das war vor zehn Jahren. Mittlerweile arbeite ich vollberuflich als Werbe- und Magazinfotografin mit Spezialisierung auf Tierfotografie und freue mich über Buch-, Kalender- und Magazinveröffentlichungen weltweit, darunter *National Geographic, Die Zeit, The Sunday Times Magazine* und viele mehr. Ich muss mich selbst jeden Tag kneifen, um es mir vor Augen zu halten – ein wahr gewordener Traum.

Ich glaube nicht an mein Talent. Ich glaube an Ausdauer und Beharrlichkeit – sich mit etwas zu beschäftigen, was wirklich Spaß macht. Ich hoffe, dir die Motivation und die Grundlagen für deinen eigenen Weg mit diesem Buch zu geben.

Dank

Dieses Buch zu schreiben, ist ein wahr gewordener Traum für mich. So danke ich meinem Verlag für das Vertrauen und die wunderbare Zusammenarbeit.

Meine drei eigenen Modelle – Noodles, Scout und Ioli – ziehen Leckerlis und Spaß einer Danksagung vor, und das, hoffe ich, gebe ich zu Genüge.

Und ich sage „Danke, liebe Besitzer, dass ihr mir eure wunderbaren Schützlinge anvertraut!“ Was wäre ich ohne euch und sie.

Besonders dankbar bin ich meinem Mann Carsten, der als unbezahlter, ausgebeuteter Assistent mehr Geduld mit mir haben muss als meine Hunde und mir dennoch immer mit viel Humor und Verständnis ermöglicht, meinen Traum zu leben.

Danke dir, liebe Leserin und lieber Leser, dass du dich für dieses Buch entschieden hast. Ich hoffe, ich konnte dir viele nützliche Informationen damit geben.

Wenn du dich über uns und unsere Bilder auf dem Laufenden halten möchtest, besuche www.elkevogelsang.com und folge uns auf Instagram: @wieselblitz

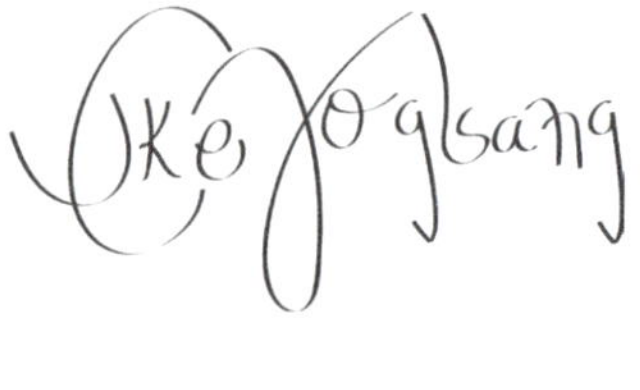

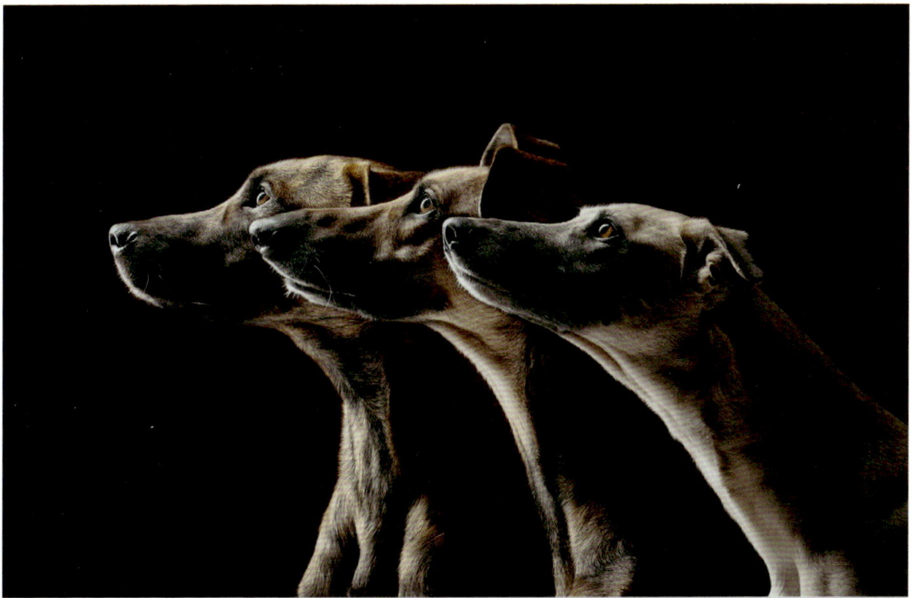

100 mm | f/6.3 | 1/160 s | ISO 100 | Studioblitz | Collage aus drei Bildern – Die drei Stars bei Wieselblitz, von links nach rechts: Ioli, Noodles, Scout

REGISTER

L

M

N

O

P

Q

R

S

T

U

V

W

Z

Bibliografische Information der Deutschen Nationalbibliothek
Die Deutsche Nationalbibliothek verzeichnet diese Publikation in der deutschen Nationalbibliografie; detaillierte bibliografische Daten sind im Internet über https://dnb.de abrufbar.

ISBN 978-3-8426-5525-6 (Print)
ISBN 978-3-8426-5526-3 (PDF)
ISBN 978-3-8426-5527-0 (EPUB)

Originalausgabe

Die Ratgebermarke der Schlüterschen Verlagsgesellschaft mbH & Co. KG
Hans-Böckler-Allee 7, 30173 Hannover
www.humboldt.de
www.schluetersche.de

Aus Gründen der besseren Lesbarkeit wurde in diesem Buch teilweise die männliche oder weibliche Form gewählt, nichtsdestoweniger beziehen sich Personenbezeichnungen gleichermaßen auf Angehörige des männlichen und weiblichen Geschlechts sowie auf Menschen, die sich keinem Geschlecht zugehörig fühlen.

Lektorat: wort + tat, Linda Strehl, München
Covergestaltung: ZERO, München
Covermotiv: Elke Vogelsang, Shutterstock.com - donatas1205
Fotos: Elke Vogelsang, S. 9: Wiebke Haas
Satz: PER MEDIEN & MARKETING GmbH, Braunschweig
Druck und Bindung: gutenberg beuys feindruckerei GmbH, Langenhagen